リーダーはストーリーを語りなさい

顧客と従業員を魅了し、説得し、
鼓舞する究極の方法

ポール・スミス

栗木さつき【訳】

JN237308

日本経済新聞出版社

Lead with a Story:
A Guide to Crafting Business Narratives
That Captivate, Convince, and Inspire

by
Paul Smith

Published by AMACOM,
a division of the American Management Association, International, New York.

Japanese translation published by arrangement with AMACOM,
a division of the American Management Association, International
through The English Agency (Japan) Ltd.

装幀　山口鷹雄
本文デザイン　アーティザンカンパニー

この革命を起こしたデビッド・M・アームストロング（一九五七〜二〇一〇）に捧ぐ

はじめに

「いわゆるビジネス習慣が生まれるずっとまえから……あらゆる言語において、人を引きつけるもっとも強力なせりふは『こんな話がありましてね』だった(1)」
――マシューズ&ワッカー著『ホワッツ・ユア・ストーリー？』

ジェイソン・ゾラーは大学生のころ、敬愛する教授の講義で、あるストーリーを聞いた。強く印象に残ったので、二〇年たったいまでもジェイソンはそのストーリーをいきいきと再現できる。

その教授が以前担当した学生のなかに、ほかの講義でいっぷう変わった研究に参加した者たちがいた。課題は地方裁判所の判事の依頼で、「陪審員が評決をくだすまでのプロセスを調査し、その改善策を提案しなさい」というものだった。若く、理想に燃える学生たちは、このような崇高な任務に関われることを光栄に思い、よろこび勇んで調査に臨んだ。

学生たちは、判事、弁護士、陪審員経験者、地方裁判所の職員ら数十人にインタビューをおこなった。そして、いかにもコンサルタント志望の聡明な学生たちが尋ねそうな質問を投げかけた。陪審員の男女比はどのくらいですか？　陪審員の人種や民族はどのような割合でしたか？　高齢者と若年層の比率は？　陪審員に対する指示にちがいはありましたか？　陪審員室では、どんな情報入手が認められていましたか？　審理にかかった期間は数日間、数週間、それとも数カ月間でしたか？　話し合いは、夜、何時ごろまでつづきましたか？　なかには、遅くなったときの夕食はどんなものでしたか、という質問まであった。

ところが蓋をあけてみると、こうした要素は大した問題ではなかったことが判明した。問題の鍵を握っていたのは、なんと、陪審員室に置かれているテーブルのかたちだったのだ！　テーブルが長方形の場合、その端に座っている陪審員が（陪審長ではなくても）、話し合いの仕切り役になる傾向があった。そのため、ほかの陪審員は、自分の意見をなかなか発言できなかった。いっぽう、テーブルが円形か楕円形の場合、陪審員たちはより平等に、そしてより活発に話し合い、事実を深く掘りさげることができた。そこで、調査にあたった学生たちは次のような結論をだした。「もっとも的確かつ公平な評決をくだすことができるのは、円卓を囲んで審議をした陪審員たちである」と。

この発見に、学生たちは沸きたった。第一に、審議のプロセスの改善策をさがしあてたように思えたから。第二に、それがしごく簡単な方法だったからだ。もしも結論が「もっと教養があり、知的水準が高く、偏見のない陪審員を揃えるべきだ」などというものだったら、改善はずっと困難になる。

学生たちは胸を張り、判事に調査結果を報告した。すると判事も、学生たちとまったく同じふたつの理由で胸を躍らせた。そしてすぐさま、管轄の全裁判所に指示をだした。いわく、「陪審員室にある円形または楕円形のテーブルをすべて撤去し、かわりに長方形のテーブルを置くこと」。

この指示の文章は、書きまちがいではない。学生たちの意向とは反対に、円形と楕円形のテーブルが撤去され、長方形のテーブルに置き換えられたのだ。いったい、なぜだろう？　「陪審員が評決をくだすプロセスを改善する」という判事の目的は、そもそも、より活発で、より公平で、より的確な評決をくだすことではなかったからだ。目的は、審議をさっさと終わらせることだった。判事としては、審理が予定どおりに進まず、裁判に遅れがでている状況を改善したかったのである。

当然、学生たちは屈辱的な思いを味わった。調査結果をだしたときには、不完全な司法システムを自分たちの力で変えることができるような気がしていた。ところが結果として、司法システムをいっそう不完全なものにする片棒を担いでしまったのだ。成績ではAの評価をもらえたかもしれないが、負け犬になった気分だった。

二〇年後のいま、ジェイソンはマーケット・リサーチャーとして活躍している。そして、このストーリーを新米リサーチャーに話し、調査目的を明確にすることの重要性を伝えている。もちろん、「調査に着手するまえに、あらかじめ目的をはっきりさせておくことが重要です」とだけ話すこともできる。だがそれでは、同じ効果はあげられない。ストーリーを話すことで、調査目的を明確に把握していなかった場合の気分を、そしてその結果に悩むことになったときの気分を、まるで聞き手が実際に経験したかのように伝えることができるのだ。

経験は、最高の教師である。だが人はあらゆる経験を積めるわけではない。だからこそ、人の心に訴えかけるストーリーが有効なのだ。

この例は、ビジネスにおけるストーリーテリングの力をみごとに示している。ところが最近まで、ストーリーテリングはビジネスの場で、紙ナプキンにクレヨンで描いたいたずら書き程度のものとしか認識されていなかった。ストーリーテリングは曖昧で陳腐なものと見なされていたのだ。とはいえ状況は変わりつつある。かつてパソコンはおもちゃ扱いされ、まじめなリーダーのデスクに置くにはふさわしくないと見なされていた。[2] だがいまや、パソコンの必要性に異論がある人はいない。同様に、いままさに〝ストーリーテリングの時代〟が到来したのである。

こんにち、マイクロソフト、ナイキ、モトローラ、3M、サーチアンドサーチ、バークシャー・ハザウェイ、イーストマン・コダック、ディズニー、コストコ、ブリストル・マイヤーズスクイブ、サウスウエスト航空、フェデックス、P&G（プロクター・アンド・ギャンブル）、アームストロング・インターナショナル、メアリーケイ・コスメティックス、キンバリークラーク、コンテナ・ストア、REI、ノースウェスタン・ミューチュアル、NASA、世界銀行など、国際的な企業や組織の多くが、リーダーシップのツールとしてストーリーテリングを活用している。[3]

こうした組織はたいてい上層部の管理職を「コーポレート・ストーリーテラー」に任命し、重要なストーリーを伝えさせている。ナイキでは、幹部全員がこのコーポレート・ストーリーテラーに任命されている。[4] またストーリーテリングの技術をリーダーに積極的に教えている企業もある。たとえばキンバリークラークは、二日間のセミナーを開催し、ストーリーを編みだす一三段階のプログラムを教え、これを活用してプレゼンテーションをおこなわせている。[5] 3Mは、何年もまえからプレゼンでの箇条書きを禁じ、〝戦略的ストーリー〟を書くべしと奨励している。[6] P&Gはハリウッドの映画監督に依頼して、幹部にストーリーテリングのテクニックを教えている。モトローラではコーポレート・ストーリーテラーが即興劇などに参加し、技術に磨きをかけている。[7]

ノートルダム大学やデポール大学など先見の明あるビジネススクールは、経営学のカリキュラムにストーリーテリングのコースを設けている。[8]

それにしても、どうしてこれほどストーリーテリングが重視されるようになったのだろう？　少しまえまで職場では認められていなかった技術が、いつからリーダーシップを語るうえで欠かせないものになったのだろう？　いや、こう尋ねたほうがいいかもしれない。「そもそも、ストーリーテリング不遇の時代がなぜつづいたのだろう？」と。

この疑問に答えるには、まず、ストーリーテリングの役割を考えねばならない。ストーリーテリングの専門家、ジャック・マグワイアによれば、まだ印刷技術が誕生していなかった時代、人々のコミュニケーションの手段はほぼ口頭に限られていた。そのためストーリーを伝えるのは、日々の仕事をおこなううえでも欠かせない手段だった。つまり、人間がコミュニケーションの媒体であったため、仕事に関するメッセージもまた物語のかたちをとったり経験談に基づいたりしていたのだ。[9] このように有史以来、ストーリーテリングとリーダーシップは切っても切れない関係にあった。

トレーニングコーチでありベストセラー作家でもあるマーガレット・パーキンは、活版印刷が普及するまで、ストーリーテリングはどこの国でも独自の伝統とともに存在していたと指摘する。ケルト文化のストーリーテリングには吟遊詩人やドルイド僧の存在が欠かせず、古代スカンジナビアの人々は散文物語《サガ》を語り、イスラムの人々は神秘主義《スーフィー》修行者の教えに、モンゴルやシベリアの人々はシャーマンの話に耳を傾けた。[10]

こうして数千年をかけてストーリーテリングは発展をとげたものの、仕事の場で活用される機会は減りはじめた。文字を書く技術や活版印刷が普及し、ビジネスが組織化されると、仕事上のコミュニケーションは形式ばったものになり、情報はデータベース化されるようになった。[11] 報告書やマニュアルといったものがじわじわとストーリーテリングにとってかわり、一九〇〇年代にはいると職業の専門化がこの傾向に拍車をかけた。ビジネススクールは、慎重な調整を必要とする機械のようにビジネスを把握するよう学生を訓練し、分析を得意とする聡明な経営のプロを輩出した。しだいに、物語を語るなどという行為は頭の古い人間がすることだという風潮が広がった——先駆的なビジネスリーダーに、もう物語など必要ないというわけだ。

かくして誇り高きストーリーテリングは社会的ステータスを失った。ではいったい、いつごろから復活の兆しを見せはじめたのだろう？　プロのストーリーテラーであるダグ・リップマンによれば、一九六〇年代から七〇年代にかけて世界各地でストーリーテリング再認識の気運が高まった[12]。そして一九七三年、テネシー州で第一回全米ストーリーテリング大会が開催され、注目を集めた[13]。

しかしストーリーテリングがビジネスの世界で真剣にとりあげられるようになったのは、一九九〇年代になってからのことだ。まず、複数の学術論文が、職場におけるストーリーテリングの有効性を報告した。そして多くの一般読者向け書籍が、この話題をとりあげて人気を博した。さらに、世界銀行のスティーブン・デニングなど、実業界にストーリーテリングの実践者が登場した。

ここ二〇年ほど、とくにこの一〇年で、リーダーシップをとるにあたって、ストーリーテリングは経営幹部にとって欠かせないツールとなり、正当な評価を取り戻した。

ストーリーテリングに関する類書はほかにもあるが、本書にはふたつの新たな特徴がある。第一は、より広い範囲の難局に対して、ストーリーテリングを活用できるようにしたことだ。本書では、リーダーが直面する典型的な六つや七つの状況ではなく、非常に困難な二一の局面をとりあげ、それぞれをうまく切り抜ける際に役立つストーリーを紹介している。ストーリーの数は合計で一〇〇以上あり、巻末の表を参照すれば、その場にふさわしいものを適宜見つけられる。

第二の特徴は、どんな難局に直面したときでも独自のストーリーを編みだせるよう、より的確で、より実践的な方法をアドバイスしていることだ。まず、よいビジネス・ストーリーを形作っている基本的な構造について説明し、そのあと、〝よいストーリー〟を〝すばらしいストーリー〟に変える六つの要素についてアドバイスする。すなわち「比喩」、「感情」、「具体性」、「サプライズ」、「文体」、そして「ストーリーに聞き手を組みいれる」という要素だ。

本書で紹介するストーリーは、基本的に二種類に分けられる。ひとつは、必要に応じてすぐに再現できる既存のストーリー。もうひとつは、オリジナルのストーリーを創作するためのインスピレーションを与える、叩き台となるストーリーだ。多くのストーリーは、どちらの目的にもかなうはずであり、同時に、どのストーリーにも、リーダーシップに関する教訓が含まれている。あなた自身のリーダーシップのスキルを磨くうえでも、また、よりよいリーダーとなる方法を人に教えるうえでも活用できるはずだ。

もちろん教訓を学ぶことは大切だが、まずは物語そのものを楽しんでほしい。思わず声をあげて笑ってしまうものもあれば、ほろりと涙するもの、深く考えさせられるものもある。そしてなにより、本書がなんらかの行動を起こすきっかけになることを願っている。ぜひ、ストーリーをみずから創案し、収集し、人に伝えてもらいたい。肝心なのは、実践すること。実践してはじめて、本書を有効活用できるのだ。

では、はじめよう。

目次

第1章　なぜストーリーが必要なのか？

「すばらしいリーダーは、例外なく、すばらしいストーリーテラーである」[1]
――ハワード・ガードナー（ハーバード大学心理学教授）

P&GのCEO（最高経営責任者）を務めていたA・G・ラフリーに、私はこの一〇年で四、五回、プレゼンテーションをおこなう機会に恵まれた。とりわけ、初回の出来事は忘れられない。あの日、私は貴重な教訓を学んだ。CEOに対するプレゼンでしてはならないことを、身をもって学んだのである。

「エグゼクティブ・グローバル・リーダーシップ協議会」なる名目のその会議には、ラフリーも含め、P&Gの幹部が一〇人以上出席していた。私に与えられたプレゼンの持ち時間は二〇分。かれらは週に一度、役員専用のフロアにある特別室に集合していた。特別室は円形をしており、室内にはモダンな調度品が揃えられ、部屋の中央には円卓が置かれている。私のプレゼンは、その日、スケジュールのいちばん最初に予定されていたので、私は開始時刻の三〇分まえに到着し、パソコンを用意し、音響機材などをチェックした。私にとってはCEOに対する初めてのプレゼンであり、手抜かりがあってはならなかった。

予定の時刻になると、役員たちが次々と入室し、円卓の席に着きはじめた。席が半分ほど埋まったところで、CEOのラフリーが登場した。彼はテーブルの周囲を一周し、幹部ひとりひとりに声をかけてから、着席した。私は青くなった。なんとラフリーは、スクリーンの真下に、それも背を向けて腰を下ろしたのである！

まずい。「プレゼンのあいだ、彼は座ったままスクリーンのほうを何度も振り返るにちがいない」と、私はあせった。「そうなったら、首を痛めるかもしれない。機嫌が悪くなり、こちらの提案に同意してくれないかもしれない」と。だが、ほかの席に座ってくださいなどと、CEOに指示できるはずもない。しかたなく、私はそのままプレゼンを開始した。

五分ほどすると、ラフリーがスクリーンのほうを見ようとしないことに気づいた。ただの一度も振り返らないのだ。こうなると、彼の首の心配どころではない。ラフリーは、プレゼンの内容をまったく理解しないかもしれない。そうなれば提案を認めてはくれないだろう。それでも、べつの席に座ってくださいとは言えなかった。

プレゼンを開始して一〇分が経過し――持ち時間の半分がすぎても――ラフリーはあいかわらず、スライドのほうを一度も振り返らなかった。その時点で、私は気を揉むのをやめたが、わけがわからなくなった。彼はまっすぐにこちらを見ており、見るからに私の話に聞きいっている。それなのになぜ、スライドを見ようとしないのだろう？

持ち時間が終わるころ、私は無事、話し終えた。ラフリーはスライドを一度も見てはくれなかったが、こちらの提案を認めてくれた。プレゼンは成功したのだ。とはいえ、オフィスに戻る私の心境は複雑だった。どういうわけか、失敗したような気がしてならなかった。頭のなかでさきほどのプレゼンをはじめから再現し、いったいどこが悪かったのだろうと考えた。話が退屈だったのか？　論点をもっと明確にすべきだったのか？　ＣＥＯの頭のなかは私の話とは関係のないこと、たとえば数十億ドルを左右する商談のことでいっぱいだったのか？

そこまで考え、はっとした。正当な理由があって、ラフリーは私のスライドを見ようとしなかったのだ。プレゼンで伝えたい重要なことは、私がかならず口頭で説明することがわかっていたのである。もっとも重要な論点は口頭で説明される。スクリーンからでてくるわけではない。スライドはラフリーのためというより、こちらの便宜のためであることがわかっていたのだ。

ＣＥＯとして、ラフリーはおそらく一日の大半を、報告書や財務レポートなど無味乾燥な書類を読んですごしている。そんな日々のなかで、会議はちょっとした息抜きの場、だれかとの対話を楽しむチャンスだったにちがいない。だれかがビジネスの最前線の現状を報告し、聡明なアイデアを提示し、彼のアドバイスを求める機会。つまり彼は、だれかがストーリーを語るのを待っていたのだ。あの二〇分間、私はストーリーを語るべきだった。それなのに私ときたら、なにもわかっていなかった。

思い返すうちに、ラフリーがあの席に座ったのも偶然ではなかったことがわかった。ほかにも空席はあった。だが理由があって、彼はあの席を選んだ。あの席に座れば、スクリーンに浮かびあがる単語ではなく、プレゼンテーターの説明や話し合いに集中することができるからだ。

あの日、ラフリーは貴重な教訓を授けてくれた。もちろん当人にそんな自覚はないだろうが、あの日から、私のプレゼンは変わった。スライドの数を減らし、体験談や逸話を語るようにした。すると、プレゼンはがぜん効果的になったのである。

ストーリーテリングのインパクトは大きい。P&Gには何年もまえから「コーポレート・ストーリーテラー」という肩書きをもつ社員がいる。その役割の歴史は、それ自体がストーリーだ。

四〇年まえ、統計学を学んだジム・バンジェルという若者が、P&Gの研究開発部門に採用された。研究開発部門の社員の例に漏れず、ジムは毎月、一カ月間の研究成果を詳細に述べた報告書を上司に提出した。こうした報告書はたいてい堅苦しいものであり、同僚の化学者やエンジニアにしか理解できない数字や難解な説明文が羅列してあった。

そんな報告書を何年も書きつづけたジムは、ある日、ちょっとちがう工夫をほどこすことにした。報告書を物語風にしあげたのだ。まず、主人公に〝アーネスト・エンジニア〟（「熱意あふれる技術者」の意）と名づけ、この主人公がさまざまな体験を通じて学んでいくストーリーを考えだした。そこにはアーネストと上司や同僚との会話があり、最後にはかならず、学ぶべき教訓があった。そうした教訓は、堅苦しい報告書の結論と同じだったが、ストーリーで表現すると説得力が増し、まちがいなく読みやすくなった。やがて、ジムの報告書を読みたいという希望者が、べつの部署からもあらわれるようになった。

毎月、報告書を提出するうちに、ストーリーに登場する脇役も増えていった。登場人物には、それぞれ茶目っ気のある印象的な名前がついていた。エド・ゼクティブは社長。マックス・プロフィットはCFO（最高財務責任者）。セラ・ケース（「ケースを売る」と読める）は営業部長。登場人物が増えるにつれ、ジムのストーリーは社内で幅広く読まれるようになった。さまざまな部署の社員が自分を登場人物に重ねあわせ、仕事に関連した教訓を学ぶようになったのだ。

ストーリーテリングをはじめて五年後、ジムは会社公認の「コーポレート・ストーリーテラー」に任命された。彼はその後も一カ月に一度の割合で報告書を書きつづけ、勤務時間の大半は、インパクトのあるアイデアを求めて社内をまわってすごし、それをもとにストーリーをつむいだ――読者の心をつかみ、社内に変革を起こすようなストーリーを。二〇一〇年九月に彼が退職するまで、その報告書は毎月、経営幹部を含め、五〇〇〇～一万人もの社員に愛読された。ときにはCEOみずから、こんなテーマでストーリーを書いてくれないかとジムに頼むことさえあった。彼のストーリーならみんなが読むからだ。こうして一介の統計学者は、P&Gでもっとも影響力のある社員のひとりになった。すべての発端は、調査結果を書き連ねた報告書をまとめるのではなく、物語を書こうとした四〇年まえのジムの決断にあった。

＊＊＊

さて、この章のタイトルに掲げた質問への答えはなんだろう？「なぜ、ストーリーが必要なのか？」これに対するシンプルな答えは、この章で紹介したふたつのストーリーによって説明されている。ストーリーには効果があるからだ！　では、なぜ効果があるのだろう？　なぜ、ストーリーテリングには強い力があるのだろう？　私が知るなかで、もっとも説得力のある一〇の理由は次のとおり。

1　**シンプルである。**[2]だれにでもストーリーを語ることができる。国語の学位も必要なければ、MBA（経営学修士）を取得する必要もない。

2　**時代を超越している。**[3]ストーリーを活用すれば、マネジメントを語る際にも、やれTQMだ、リエンジニアリングだ、シックス・シグマだ、5S活動だなどと時流に乗った専門用語を使わずにすむ。リーダーは、時代を問わずストーリーテリングを活用し、かならず効果をあげることができる。

3 **人口の区分に関係ない。**[4] 年齢、人種、性別にかかわらず、みんな、お話を聞くのが好きだ。

4 **人から人へと広がりやすい。** ストーリーテラー本人がそれ以上努力しなくても、ストーリーは野火のように勢いよく広がっていく。

5 **覚えやすい。** 心理学者ジェローム・ブルナーによれば、物語の一部に組み込まれると、事実は二〇倍以上、覚えやすくなる。[5] 組織心理学者のペグ・ノイハウザーは、企業との研究を通じて同様の結論をだした。上手に語られたストーリーから学んだことは、事実や数字から学んだことよりも正確に、しかもはるかに長く記憶に残る。[6]

6 **人を奮いたたせる。** スライドでは人の気持ちを動かし、奮起させることはできない。「このパワーポイントのプレゼンには元気づけられた！」などという感想は聞いたことがないだろう。[7] ストーリーにはその力がある。

7 **あらゆるタイプの人に訴えかける力がある。** どんなグループにおいても、およそ四割の人は、ビデオ、図形、イラストなど、視覚を通じて学んだときに、内容がもっとも記憶に残る。さらに四割の人は、講義や話し合いなど、聴覚を通じて学ぶともっとも記憶に残る。残りの二割は、実行する、経験する、感じるなど、運動感覚を通じて学ぶともっとも記憶に残る。[8] ストーリーテリングは、この三つのタイプすべての人に有効だ。視覚で学ぶ人は、ストーリーを追いながら、頭のなかでその光景を思い浮かべる。聴覚で学ぶ人は、話し手の声や言葉に集中する。運動感覚で学ぶ人は、ストーリーに刺激された感覚や感情を記憶する。[9]

8　**職場における学びの場にふさわしい。**コミュニケーションの専門家イブリン・クラークによれば、「職場では、新たな技能、情報、能力の七割近くが、形式ばらない学習を通して学ばれる」。つまり、チームの立ちあげや、先輩社員による指導、同僚とのコミュニケーションといったもののなかで学ばれるということだ。そしてその基本となるのが、ストーリーテリングである。[10]

9　**聞き手を自然と学ぶ気持ちにさせる。**批判的な聞き手は、言われたことを拒絶しがちだ。トレーニングコーチでありベストセラー作家であるマーガレット・パーキンは、ストーリーテリングについてこう述べている。「大人になってからは失いがちな子ども時代の好奇心を、聞き手のなかに呼び起こす。子ども時代の状態に戻った聞き手は話の内容を受けいれやすくなり、与えられた情報に興味をもつ」。[11]また作家であり、コーポレート・ストーリーテラーでもあるデビッド・ハッチンズによれば、ストーリーを語りはじめると聞き手の態度が変わる。聞き手はペンや鉛筆を置き、姿勢をくずし、ただじっくりと話に聞きいる。[12]

10　**聞き手に敬意を示すことができる。**こう考えろ、こう動け、と命令しなくても、ストーリーはメッセージを伝えることができる。ストーリーテリングに関する著書のあるアネット・シモンズは、「ストーリーは、相手にみずから結論をだす自由を与える。あらかじめ用意された結論に拒否反応を示す人でも、たっぷりと時間を与えれば、自分なりに考えたうえで、あなたの解釈に賛成してくれる」と述べている。[13]なにをすべきかというアドバイスに関しては、コーポレート・ストーリーテラーのデビッド・アームストロングがこう述べている。「こうしろ、ああしろと、部下に命令できる時代もあったかもしれない。だがそんな時代はとうの昔に終わってしまった。『〇〇しなさい』と命令せずにすべきことを伝えたいのなら、モラルをうまく織り込んだストーリーを話せばいい(14)」

これで、ストーリーが必要な理由がおわかりいただけただろう。ではいよいよ、リーダーが直面する二一種類の難局をとりあげたストーリーを学び、魅力あふれるストーリーを編みだす旅をはじめよう。

第1部

成功をイメージする

第2章　ビジョンを描く

「問題を公式やアルゴリズムに要約することはできても、ジレンマを理解するにはストーリーが必要だ。山ほどのジレンマが待ちかまえているであろう未来を理解するには、山ほどのストーリーを知っておくほうがいい[1]」

――ボブ・ヨハンセン

（インスティテューション・フォー・ザ・フューチャー元CEO）

ある朝、ひとりの女性が散歩にでかけ、建設現場にゆきあった。三人の男が働いている。女性は好奇心に駆られ、そのうちのひとりに近づき、なにをなさっているんですかと尋ねた。見るからに迷惑そうに、その男は怒鳴った。「見りゃわかるだろ？　レンガを並べてるんだよ[2]！」

彼女はそれでも引きさがらず、こんどはその横にいる男に、なにをなさっているんですかと尋ねた。すると彼は淡々と説明した。「高さ一〇メートルのレンガの壁をつくってるんだ。幅三〇メートル、厚さが四五センチもある壁をね」そう言うと、彼はひとりめの男のほうを見た。「おい、壁の端のレンガが飛びだしてるぞ。やりなおせ」

二番めの男の返事にも満足できず、女性は三番めの男に、なにをなさっているんですかと尋ねた。

ほかのふたりの男とまったく同じ作業をしているように見えたにもかかわらず、顔を上げた彼の目は輝いていた。「ああ、よくぞ聞いてくれた！　ぼくはね、いまだかつてないほど立派な大聖堂を建ててるんだよ！」見るからに、もっと話をしたがっている。ところが、ふたたび口をひらこうとしたとき、ほかのふたりの男たちの言い争う声が大きくなった。わずかに飛びだしたレンガをどうするかで言い争っている。すると、三番めの男がふたりに声をかけた。「おおい、揉めるなって。そこは内側の壁の角になって、最後には全体にしっくいが塗られるから、外からは見えなくなる。さっさと、次の段に移ろうじゃないか」

このストーリーの教訓は、組織の目標全体と、自分の仕事がそれにどう関わっているかを把握していれば、仕事の質を上げることができるし、同僚や部下にもよいアドバイスができるということだ。

このストーリーは、新たな目標や戦略を発表する会合で話すと非常に効果的だ。ビジョンや計画にじっくり耳を傾け、内容をしっかり把握し、それらを自分のものにすることの重要性を伝えられるからだ。そうした会合は、出席が義務づけられた退屈なものになりがちだが、このストーリーによって、熱心に学ぼうとする意欲を引きだせる。このストーリーに登場したひとりめの男のように、最初、社員は自分たちの仕事を、ただレンガを並べるようなものだと感じているかもしれない。だが、会合が終わるころには、大聖堂を建設しているような気持ちになるはずだ。

「はじめに」や第1章で紹介したストーリーとは異なり、この話は古い民話に由来している。本書では、こうした寓話がほかにも登場する。これからみなさんがビジネスの場で活用することになるストーリーの大半は実際にあった出来事だが、神話や民話にはべつの役割がある。どんな企業や組織にもあてはまるような柔軟性があるため、真実を曲げることなく、目的にあわせて変更をくわえることができるのだ。

私自身がこの民話を初めて聞いたときには、ふたりめの男が壁の端のレンガについて文句を言う場面はなかった。ゆえにふたりの男が口論をはじめる場面も、三人めの男がほかのふたりをなだめる場面もなかった。私がこうした場面をつけくわえたのは、組織の目標の全体像を把握すれば、それを自分の仕事のやりがいにできるだけでなく、リーダーとしてほかの人間を統率するうえでも役に立つという結論を導きだせるからだ。

＊＊＊

当然のことながら、聞き手の関心を引きつけるのは、ストーリーテリングの第一歩にすぎない。聞き手に受けいれの準備ができたら、次は実際のビジョンを話す番だ。いよいよ、ストーリーテリングの本領発揮だ！　将来像をいきいきと描くビジョンには人を駆りたてる力があるからこそ、聞き手は行動を起こす気になる——つまり、ビジョンとはストーリーにほかならない。ただし、そのストーリーはよく練られていなければならない。「ナンバーワンになろう！」と訴えかけるだけのストーリーでは不充分だ。組織心理学者のペグ・ノイハウザーはかつて、「競争に勝つというだけのビジョンでは、大勢の人間を熱狂させることも、本気で仕事に取り組ませることもできない」と記した。[3] ビジョンは、もっと個人的なものでなければならない。すなわち、あなたが描いてみせた未来に、聞き手が自分の姿を見るようにしなければならない。次のふたつの例をぜひ参考にしてもらいたい。

二〇〇二年初め、私はP＆Gの一〇〇人以上のマーケット・リサーチャーのグループをまとめるリーダーに任命された。リサーチャーたちの仕事は、新製品の売上予測を立てること。しかしこれはかれらにとって達成不可能な任務だった。どんな予測を立てたところで、それらはたいてい、高すぎるか低すぎる。かれらは訓練不足であったうえ、時代遅れのデータを基盤にしたお粗末な予測モデルを使っていた。

私の仕事は、このグループに改革を起こしてもらい、仕事の進め方やツールを改善し、もっと有意義な結果をだしてもらうことだった。だが改革は容易ではない。ひとりひとりに努力が要求される。そこで、まず、改革によって未来がどれほど明るくなるかを理解してもらうことにした。私は、あるストーリーを綴ったメールを送った。

「私が立てた計画の詳細をみなさんにお知らせし、そこに参加していただきたいと思います。とはいえ、長々とした書類を読ませられるのは退屈でしょうから、もう少し楽しめそうなものを送ります。次のストーリーは、近い将来、売上予測担当者の一日がこうあってほしいという私のビジョンです。いまの自分の一日に似ていると感じる人もいれば、自分とはかけ離れた一日だと思う人もいるでしょう。どちらにせよ、このビジョンを全員で共有したいのです――そこに自分なりのアイデアをつけくわえてもいいし、そのままとりいれてもけっこうです。私の計画の主要な部分は、このストーリーに組み込まれています。ですから、気にいらないところがあれば、その旨、お知らせください。その反対に気にいった場合も、ぜひ、お知らせください」

私はそのストーリーに「ザ・ビジョン――売上予測担当者の一日」というタイトルをつけた。主人公は、二年後に売上予測を担当している〝シェリ〟だ。ストーリーは、このシェリの典型的な一日を追っていく。シェリは次から次へと難題にぶつかるものの、ビジネスパートナーたちとの出会いを通じて難局を乗り切っていく。彼女がうまく状況に対処できたのは、使うツールを変えたり、プロセスに変化をくわえたり、新たに研修を受けたりするからだ――もちろん、どれも、チームの改革を進めるために私が考えだした計画である。

ストーリーは、一日の終わりにシェリが会議室から外にでる場面で終わる。チームメンバーのふたりが彼女のあとを追い、すばらしいアイデアをだしてくれてありがとうと礼を述べる。そして、かれらの「改善された新しい」役割――いまや売上予測担当者がビジネスで演じようとしている役割――が気にいったと言う。するとシェリ自身も、仕事を本気で好きになっていることに気づく。自分が会社に貢献し、周囲の人たちからも高く評価されていると思えれば、仕事はずっと楽しいものになるのだ。

このストーリーに最初に返ってきた反応は「すごくよかったです！　二年後には、自分もこうありたい！」というものだった。ほかの反応も同様だった。

このストーリーを私はシンプルなメールで送信した。だがほかにも、さまざまな手段を使うことができる。ローリ・シルバーマンは著書のなかで、次のような逸話を紹介している(4)。

ブリストル・マイヤーズスクイブの社員はあるとき、社長の愛読紙《フィナンシャル・タイムズ》の体裁をそのまま真似た企画書を作成した。戦略を述べた五〇ページにもおよぶ書類を提出したところで、読んでもらえないと踏んだからだ。そこで社員たちは、こんな見出しのついた経済紙を真似た企画書を、社長室のドアの下にすべりこませた。〝ブリストル・マイヤーズスクイブ、医薬品関連のグローバル企業のトップに躍りでる〟。社長は第一面の記事を半分ほど読み進んでから、ようやく、これが未来の話であることに気づいた。そして記事を読み終えると、そのチームが承認を求めている戦略をあますところなく理解した。記事でくわしく説明されていたからだ。

同様の作戦が、ゼロックス、ブラウン、P&Gなどの企業でも採用された。そして十中八九、功を奏した。当然だろう。自社のことをおだててくれる新聞記事なら、だれだって読みたい。

＊＊＊

さて、ここまでで、ストーリーを活用すればビジョンに注意を向けさせ、また実際のビジョンの内容を説明できることがおわかりいただけたと思う。では、ほかにもできることがあるだろうか？ もちろん、ある。ビジョンは、ともすれば高尚だったり大胆だったりして、とても達成できない夢物語と受けとられるおそれがある。それは価値あるビジョンの証拠なのだが、相手がその実現を信じなければ、協力を得るのはむずかしい。そんなときにもストーリーテリングが役に立つ。次の話を参考にしてもらいたい。

二〇一〇年のはじめ、私はP&Gで、あるチームの統率を任された。チームの任務は、紙製品事業部の長期的な方向性をアドバイスすることだった。一〇年後、一五年後、二〇年後に、P&Gはどんなタイプの紙製品を、世界のどんな地域で販売すべきか？ プロジェクトの目標は崇高だが、メンバーの意欲を引きだすのは困難だった。まず、どんな結論をだしたところで、自分たちがこの仕事に関わっているあいだにプロジェクトは実現しないし、もしかしたら実現は退職後のことかもしれない。いっぽうで同僚たちは、春に大々的に改良品を売りだす仕事に関わったり、市場で大成功をおさめたりしている。さらに、大半のメンバーが、長期的な計画を立てることにそもそも意味などあるのだろうかと疑っていた。そのためチームリーダーの私は、この任務が会社にとって必要不可欠であること、報われる仕事であることを納得してもらわねばならなかった。

　そこで私はチームメンバーとの顔合わせの場で、Ｐ＆Ｇとよく似た製紙会社の話をすることにした。一八六五年、フレドリク・イデスタムがフィンランド南西部のタンメルコスキ川のほとりにパルプ工場を建てた。ほどなく、彼は工場に製紙機械を投入。当時の製紙会社の生産品は、事務用紙や便箋、新聞印刷用紙、書籍などに利用されていた。どれも、テレビ、ラジオ、電話が出現するまえは、おもなコミュニケーションの手段だった。つまり当時の製紙業は、ある意味でコミュニケーション・ビジネスだった。

　一九〇〇年、社はすでにフィンランド最大の製紙会社になっており、ほかに成長の機会はないものかと異業種への参入を虎視眈々とうかがっていた。当時はちょうど、エネルギー源として電気が急速に普及しはじめたころだった。そこで一九〇二年、社は発電機を備え、地域の企業に電力の販売を開始した。ところが一九一〇年代末、社の財政がひっ迫したため、フィニッシュ・ラバー・ワークス社というゴム会社と合併。

　一九二〇年代を迎えると、こんどは電話サービス事業が急成長をはじめたが、ケーブル線はまだ都市から都市へと敷設されているだけだった。そこで一九二二年、その将来性を買い、フィニッシュ・ケーブル・ワークス社と合併。こうして複合企業はいっそう成長をとげていった。その後の数十年間、社はとどまることなく異業種への参入をつづけ、世界各地に市場を拡大。二〇一〇年には四〇〇億ドル企業に成長、一二〇カ国で事業を展開するまでになった。中核ビジネスは往年と変わることなくコミュニケーション関連であり、いまや社は市場のリーダーとなっている。みなさんは、一〇〇年まえにフィンランドで製紙業を営んでいたころと変わらぬその社名をご存じのはずだ――ノキア、である。(5)

成長過程でさまざまな異業種への参入を選択していなかったら、ノキアはいまだにフィンランド——ミネソタ州ほどの面積の国——における最大の製紙会社にすぎなかっただろう。

私はチームメンバーに語りかけた。ここで言いたいのは、われわれも携帯電話ビジネスに参入すべきだということではなく、わが社もまた成功をとげた製紙会社であるということだ。今後も成長をつづけるには、わが社もまた現在の業界の垣根を越え、異業種へと進出していかねばならない。その際、偶然、そのチャンスが訪れるのを待つことも、ノキアのように抜け目のない戦略を練り、ひとつずつ階段を上がっていくこともできる。わが社の経営陣は後者を好んでおり、その第一歩を踏みだすにあたり、諸君をこのチームのメンバーに選んだ。考えてもらいたい。会社員というものは、生涯働きつづけたところで、ビジネスに影響をおよぼすことができるのはせいぜい一、二年後の範囲だろう。だが、われわれが依頼されているのは、二〇年後の舵取りへの協力なのだ！

「やる気がある人は？」と、私は尋ねた。

すべての手が挙がり、われわれは仕事にとりかかった。

ノキアのストーリーは、この任務が重要であること、そしてわれわれの目標が達成可能であることを、チームに理解してもらう役に立った。もちろん私は、チームの任務に不信感をもつ部下に、「ノキアだって同じことをやってのけた。だから、われわれにもできるはずだ」とだけ語ることもできた。だがそれでは、ノキアのストーリーを語ったときほどには、チーム全体の士気を高めることはできなかっただろう。

まとめと演習

ストーリーは、将来のビジョンを明確にするにあたり、三つの点で有効だ。

1　聞き手の関心を引きつけることができる（〝大聖堂を建てる〟）。

2　聞き手に自分の姿をビジョンのなかに見てもらうことができる。

a　〝売上予測担当者の一日〟のストーリーをひな型として活用しよう。ここから着想を得て、あなたの状況によりふさわしい、効果的なストーリーを編みだそう。

b　相手があなたのビジョンに確実に目を通してくれるよう、工夫をほどこそう。たとえば新聞記事の体裁を真似して、記事のようにストーリーを綴ってもいい（《フィナンシャル・タイムズ》仕様の企画書のように）。

3　あなたのビジョンが実現可能であると示すことができる（フィンランドのタンメルコスキ川のほとりからグローバル企業が誕生したように）。

第3章　目標を設定し、積極的に取り組ませる

「わたし、ここからどっちに行けばいいんでしょう？」と、アリスが尋ねた。
「それは、きみがどこに行きたいかによるねえ」と、チェシャ猫が応じた。
「べつに、どこって決まってるわけじゃないんですけど……」と、アリス。
「それなら、どっちに行ったっておんなじだよ」と、チェシャ猫。

——ルイス・キャロル著『不思議の国のアリス』

不思議の国をあてどなくさまよったアリスとはちがい、政界の目標は明確であり、それが達成できるかどうかにとてつもなく大きなものがかかっている。そのため、選挙後のことなど考えていない候補者もめずらしくないし、次のニュースの話題しか考えていない候補者もいる。というのも、政治は勝つか負けるかの世界だからだ。たとえば、ある企業の今年の売上が目標の二億二九〇〇万ドルに届かず、二億二八〇〇万ドルだったとしても、それは完全な敗北ではない。たしかに株価がわずかに下落し、役員のボーナスが減額になるかもしれない。でも、だからといって支店や工場を一気にたたむわけではないし、従業員を全員、一時帰休にするわけでもない。ところが、もし、一騎打ちの選挙戦で、ある候補者が投票総数のうち五一パーセントではなく四九パーセントしか獲得できなければ、敗

北したことになる。その候補者は――本人のみならず選挙スタッフ全員が――次の選挙まで失業の憂き目にあう。そのあたりの事情を、ベン・ラロッコに尋ねてみよう。

ベン・ラロッコは二〇〇三年、政治学で学位を取得したあと、政界に足を踏みいれた。そして地方選挙、州議員選挙、連邦議員選挙で選挙スタッフを務め、卒業後の四年間で五つの職場で働いた。というのも、選挙戦はたいてい半年から九カ月の期間で終わってしまうからだ。

さて、選挙スタッフの仕事とはいったいどんなものだろう？　選挙シーズン中は長時間の激務がつづく。そのうえ、自分には目標達成の義務があり、その目標を達成できなかった場合どんな結果が待っているかを、つねに自分に言い聞かせなければならない。「八月で、外の気温は四〇度近い。それでも九時間以上、一軒一軒、民家のドアをノックする。そしてこう自分を励まします。次の一〇軒で選挙結果を変えてみせる、と。それが信じられなければ、とっくに酒場で一杯、飲んでますよ」

ベンはまだ新米のころ、この教訓を身をもって学んだ。当時、彼はオハイオ州の州議員選に出馬する候補者の予備選挙のスタッフを務めていた。ほかの候補者たちは互角の相手だった――政治的にも資金的にも。ベンは選挙期間中、必死で支援を訴え、投票日の夜まで懸命に働いた。そして午後七時に投票が締め切られると、彼の仕事はようやく終わった。その後の二時間、ベンは開票速報を眺めていた。午後九時には、ベンが支援する候補者は僅差で二位につけていた。ベンが一時間半ほどかけて帰宅し、テレビをつけると、こんどは五〇票差で一位に躍りでていた。翌朝もまだ六二票差で優位に立っていたが、集計が終わったわけではない。こうした激戦の場合、たいていの投票区が、もう一度票を数えなおす。そのため、トップの座は一日交代で入れ替わった。二週間後、ある郡で数えていなかった票が二三票あったことが判明。残念ながら、そこは対抗馬のほうが強い郡だった。三万四〇〇〇を超す投票の最後の集計で、ベン陣営はたった二二票差で敗れた。獲得票の比率は、五〇・〇四パーセント対四九・九六パーセント。二二歳という若さのベンにとって、それはつらい敗北だった。

だが、この敗北は、目標達成とそれにともなう責任について、ベンに重要な教訓を授けた。以来、新たな選挙戦のスタッフになるたびに、ベンは当時の経験を同僚に語りつづけてきた。そして、これまでとは異なるふたつの行動をとるようになった。まず選挙戦がはじまったら、投票日までの五、六カ月ぶんの日めくりカレンダーをやぶる。そして、その一枚一枚を壁に貼り、その日やその週の目標を書き込むのだ。この日は電話を何本かけるか。この週は資金をいくら集め、何人と会い、何軒の家を訪問するか。こうして目標を定めたら、進捗状況を毎日、書き込んでいく。

毎朝、目覚めると、ベンはこう自問した。「ライバルに勝つために、きょう、自分になにができるだろう？　一一月二日の投票結果に影響をおよぼすには、なにをすればいいだろう？」そして夜、ベッドにはいるときにはこう自問した。「きょう、ぼくは勝ったか、負けたか？　ライバルより努力したか？　それとも努力が足りなかったか？」

ここでの教訓は、成功とはなにか、失敗とはなにかが、選挙結果のように明確であればあるほど、目標達成に向け尽力できるということだ。

＊＊＊

これはなにも政治の世界に限った話ではない。どこの会社にも業績に多少の波はつきものだが、だからこそ、なにが勝利で、なにが敗北かを、あらかじめ明確にしておくことが大切だ。その際、短期目標を設定し、優劣をはかるのも有効だ。たとえば売上目標の二億二九〇〇万ドルを達成できれば成功、それに少しでも届かなかったら失敗だと言明することもできるが、それでは士気があがらない。ここで、メリルリンチのファイナンシャル・アドバイザー、プレッジャー・モンクが編みだした独創的な方法を紹介しよう。

二〇一〇年、プレッジャーは一六年の経験を積んだベテランのファイナンシャル・アドバイザーとして活躍しており、経験の浅いアドバイザーから相談をもちかけられることもめずらしくなかった。その年の四月、トビー・バーケットという同業者が相談に訪れた。トビーはそこそこうまくやっていたが、プレッジャーの指導を受ければもっと業績を伸ばせるような気がしていた。プレッジャーはコーチを引き受け、ふたりは毎週月曜日の午後四時にミーティングをおこなうことにした。

プレッジャーはまず、年末までに達成する明確な目標を設定しようともちかけた。そして相談の結果、大胆にも、年末までにトビーの所得を五〇パーセント増やすという目標を決めた。次にふたりは、新たなクライアントを獲得するための活動案を挙げたリストをつくり、活動案ひとつひとつにポイント数を定めた。たとえば、クライアントになってくれそうな相手に電話をかけたら四ポイント、その相手に直接会ったら一〇ポイントという具合に。そして、一日に四五ポイント獲得できたら成功というルールを定めた。

ふたりはすぐにポイント獲得制度を開始した。最初の数カ月、トビーは健闘し、一日平均三三ポイントを獲得した。以前より、日に一〇ポイント分ほど多く活動していると思われた。ふたりともこの進捗状況に満足し、トビーの収入も増えはじめた。やがて一〇月になると、また新たなファイナンシャル・アドバイザーがプレッジャーにコーチングを頼みにきた。彼の名はサイ・ロビンソン。プレッジャーは月曜の午後のミーティングに参加するように言い、トビーと同じポイント制度も提案した。

サイはその場で同意した。

参加者がふたりになったことで、ポイント制度に変化が生じた。ポイント獲得が競争になったのだ。そこでプレッジャーはふたりに「二五〇〇ポイントを先に獲得したほうを勝者にする」と宣言した。すると、事態は興味深い方向に進展した。ふたりの目標が、五〇パーセントの増収ではなく、「競争に勝つこと」になったのだ。このダイナミックな変化は、日々のポイントのとらえかたにも影響をおよぼした。目標は以前と同じ一日四五ポイントの獲得だったが、もはやそれは問題ではなかった。ふたりの関心は「相手より一ポイントでも多く稼ぐこと」に移ったのだ！　そして一日の終わりを迎えると、選挙スタッフのベン・ラロッコと同様、「きょう、ぼくは勝ったか、負けたか？」と自問するようになった。ただし、このふたりの場合、その答えは明白だった。毎日、獲得ポイント数を比べることができたからだ――そして実際に、ふたりはポイント数を比べた。トビーが勝つこともあればサイが勝つこともあった。

この競争は熾烈をきわめ、ふたりはいっときも気を抜くことができなかった。先に二五〇〇ポイントを獲得したのはトビーだった――それも、たった七週間で。年末を迎えるころには、トビーの所得は四七パーセントも上昇し、大勝利を宣言できる五〇パーセント増収まであと少しとなっていた。二人はその後もポイント制度をつづけたが、あまりペースが速くならないよう、七週間後ではなく一二週間後までに二五〇〇ポイントを獲得するという目標にした。ふたりの成績は確実に上昇をつづけ、二〇一一年八月には、トビーの月間成績は七六パーセント上昇し、いまなお上昇をつづけている。

このふたつのストーリーは、一日の目標を具体的で測定可能なものにし、成功の基準を明確にしておけば、よりよい結果を生むことができるという好例である。こうしたストーリーを伝えれば、チームメンバーは目標に向けて努力をはじめるまえに、目標の価値をしっかりと見きわめることができる。

＊＊＊

さて、次のテーマは〝コミットメント〟だ。目標に積極的に取り組ませるにはどうすればいいか？ ひとつは、結果に対して説明と行動の責任があるという意識をもたせることだ。自分に責任があると思えば、人はおのずと真剣に取り組むようになる。成功すれば自分の勝利となり、失敗すれば自分の敗北になるからだ。そして、コミットメントについてもっともよく学べる場所は、なんといっても軍隊だろう。

一九七一年秋、ボブ・マクドナルドは、ニューヨーク市ウェストポイントの陸軍士官学校に入学した。新入生に対する伝統のしごきを受けるうちに、上官から話しかけられた場合には四種類の返答しかできないことがわかった。「イエス、サー」、「ノー、サー」、「わかりません、サー」、そして「弁解しません、サー」だ。ボブはこう説明する。

「靴をしっかり磨き、ズボンにアイロンをかけた姿で、整列して待っているとしよう。そこにクラスメイトが勢いよく走ってきて、私の靴とズボンに泥を飛び散らせる。すると近くにきた上官が気づき、叱責する。『マクドナルド！　泥だらけの靴とズボンで整列するとはどういうつもりだ？』

ウェストポイントの士官候補生としてどう返答すべきか？　瞬時に四種類の返答が頭に浮かぶ。『イエス、サー』では事実を肯定するだけだから、この場にはふさわしくない。だいいち、そんな返事をしたら、いっそう怒鳴られる。だが『ノー、サー』とも言えない。事実を否定することになって、うっかりすると放校になりかねない。では『わかりません、サー』は？　これでは、たんなる間抜けと思われてしまう。新米士官候補生として、もう間抜けな真似は充分にやってきた。ということは、唯一、残っている、もっとも強力な四つめの返答――『弁解しません、サー』――をするしかない。私の身に起こったことは自分の責任ではなかったが、どんな言い訳もしてはならないのだ。ゆえに『弁解しません、サー。二度とこのような真似はいたしません』と言うしかない。それがウェストポイント士官候補生の責任のとり方であり、気概というものなんだよ」

一三年後、ボブはこの教訓の力を痛感することになった。彼は妻のダイアンと、六歳の娘のジェニーのことで話し合いをしていた。ジェニーときたら、いくら部屋を片づけるよう言っても、どこ吹く風なのだ。部屋はひどいありさまだった。思慮深い親として、夫妻は育児書をあれこれ読んでは、言いつけを守らない子どもをどんなふうに叱ればいいのだろうと頭をひねった。案をだしあい、ジェニーとの会話を想定して、台本までつくった。台本を手に、ふたりはジェニーの部屋に向かった。「ジェニー、おまえの部屋のことでちょっと話がある」と、ボブが口をひらいた。しかし、用意しておいたせりふをつづけるまえに、ジェニーが彼を見あげ、士官学校の生徒のように真剣なおももちで言った。「言い訳しないわ、パパ。もう二度としません」

ボブとダイアンは驚きのあまり口もきけず、呆然と立ちつくした。台本はもはや役に立たない。ジェニーは簡潔な言葉で、自分の部屋の状態を認め、部屋が散らかっている責任が自分にあることを言明し、二度としませんと約束した。叱ってさせようとしたことを、すべてしていた。もう叱る必要はない。ふたりは娘の頬にキスをし、子ども部屋をでた。

それから二三年が経過し、ボブはいまもなお、このときの体験を伝えつづけている。P&GのCE

Oとして、彼は企業の理念や目標を明確にし、一二万七〇〇〇人の社員にその理念を浸透させ、目標達成に取り組ませなければならない。目標達成に真に取り組むとは、目標が達成できない場合にはその責任をとり、なんとしても最後までやりとげるということだ。「弁解しません」という返事には、関与と責任が明確に示されている。この言葉は、陸軍士官学校や六歳の娘の躾《しつけ》において有効であるように、ビジネスの世界でも有効なのだ。また上司だけではなく、部下にとってもすぐれている。「弁解しません」という返答を聞けば、上司には、部下が責任をもっていること、目標達成に向けてまだ努力をつづけていることがわかる。いっぽう部下にしてみれば、「弁解しません」と返答することで、ジェニー同様、それ以上、長々と説教をされずにすむ。

こんにち、ボブは陸軍士官学校での体験や娘とかわした会話を、世界じゅうのP&Gのリーダーたちに伝えている。それは責任をとること、目標達成に取り組むことを教えるための彼独自の方法だ。

＊＊＊

目標達成に行動と説明の責任をもてば、人は本気で仕事に取り組む。その目標や、それを実現するための戦略が、自分のものだという感覚が生じるからだ——たとえ人から言われたものであっても。とはいえ、自分で考えた目標や計画のほうが、本気で取り組みやすいのも事実。つまり、部下に本気で仕事に取り組ませるもうひとつの方法は、目標や戦略に、それぞれの意見を反映させる機会を与えることだ。ジェフ・ションバーガーは、次のストーリーでそれをみごとに実証してみせた。

P&Gで最大規模の営業チームのトップに就任したジェフには、課題が山積していることがわかっていた。チームの業績はよかった。しかし、その業績のよさには高いコストがともなっていた。まず仕事量の多さが社員の負担になっていた。顧客との関係はピリピリしていた。そしてチーム内での競争が軋轢《あつれき》を生んでいた。部下はストレスをためており、チームのコントロールがきかなくなっていた。

着任した最初の週、ジェフは昔ながらの問題分析法の〝SWOT分析〟を、いっぷう変わったやり方で利用することにした。SWOT分析とは、ビジネスを四つの観点――「強み（Strengths）」、「弱み（Weaknesses）」、「機会（Opportunities）」、「脅威（Threats）」――から評価する方法だ。たいていはひとりの人間、もしくはごく少数の人間が評価をくだす。だがジェフは、このSWOT分析の評価をおこなう用紙を、チームメンバー二四〇人のうち六〇人に渡し、評価を書き込むようにと伝えた。依頼されたメンバーの多くが、同僚にアドバイスや意見を求め、記入をすませた。

用紙を回収すると、ジェフは六〇人全員との面談に臨んだ。ひとりひとり個別に、それも一時間もの時間をかけて話を聞いたのである。一カ月後、面談を終えたジェフは、チーム全員を集め、すぐに実行に移す予定の改革案のあらましを説明した。当然のことながら、面談した六〇人は、その改革案のあちこちに自分たちの考えがはいっていることに気づいた。だがもっと印象的だったのは、面談を受けていないメンバーも同様の感覚を覚えたことだった。そしてチーム全体が改革案を受けいれ、それを成功させようと一致団結した。一夜にして、チームの文化に変化が生じた。一年後、社員を対象にした年に一度の調査で、ジェフのチームは効率も業績も上げたことがわかった。

ジェフが面談に六〇時間もの時間を割いたのは、たしかに大きな投資といえた。しかし、それは功を奏した。というのも、上司が命令したことを部下にさせるよりも、社員みずからが考えだした目標を達成させるほうが、はるかに簡単だからだ。ジェフの型破りのSWOT分析によって、社員ひとりひとりが目標に個人的なつながりをもてたのである。

まとめと演習

1　以下の条件を満たしているとき、もっとも効果的な目標を立てることができる。①成功と失敗の定義が明確で、曖昧ではない（選挙戦の結果のように）。②プロセスの途中に、具体的で測定可能な達成基準がある（「自分はきょう、勝ったか負けたか」と自問する、獲得ポイント数を毎日勘定する、など）。

a　目標を明確にしたり、ライバルをつくったりして、なにが成功で、なにが失敗かを、チームにはっきりと示すことができるだろうか？

b　週ごと、あるいは日ごとの、チームの目標を立てることができるだろうか？

2　目標達成に責任をもって取り組ませよう。

a　説明責任の文化をつくりだす（「弁解しません」と返答する文化）。

b　チーム目標を設定するにあたり、メンバーひとりひとりの案を盛り込む。上司に命じられた目標よりも、みずから考えだした目標のほうが前向きに取り組みやすい（各自がＳＷＯＴ分析をおこなう）。

第4章　変革を主導する

「母親の胎内から外にでたいと思うように、人は変化を強く求める。そして変化を経験するときには、同じようにショックを味わう」[1]

――ジェームズ・A・ボールドウィン（アメリカの作家）

「CEOのスーパースターといえば、だれを思い浮かべますか?」と尋ねられれば、多くの人が「ジャック・ウェルチ」と答えるだろう。一九八一年、ジャック・ウェルチはGE（ゼネラル・エレクトリック）の会長兼CEOに就任。以来二〇年間、辣腕をふるいつづけた。在任中、GEの売上は四倍になり、時価総額は一三〇億ドルから数千億ドルにはねあがった[2]。こうした経営手腕を認められ、一九九九年、《フォーチュン》誌から「二〇世紀最高の経営者」に選ばれた[3]。

CEOに就任して間もないころ、管理職の社員に現実を直視させ、変革を起こすよう導いたのは、ウェルチの功績のひとつだ。著書『ジャック・ウェルチ　わが経営』のなかで、彼の〝現実直視〟路線が初めて功を奏したときの話を繰り返し社員に伝えたと述べている[4]。

CEOに就任した年、原子力発電事業の視察のため、ウェルチはカリフォルニア州サンノゼを訪れた。現地の経営幹部はウェルチにむかって、原子炉新規受注が一年に三基は見込まれるというバラ色の計画を語りはじめた。これまでの業績を考えれば、それもあながち見込みちがいとはいえなかった。一九七〇年代にはいってから、年に三、四基の原子炉を販売するという実績をあげていたからだ。だが、その年は一九八一年だった。ペンシルベニア州スリーマイル島で原子炉事故の惨事が起こってから、まだ二年しかたっていなかった。原子力エネルギーへの政府のささやかな支援も打ち切られていた。そのうえGEは、事故以来二年間、一基の新規受注も受けていなかった。

ウェルチはしばらくのあいだ、礼儀正しく幹部の説明に耳を傾けていたが、おもむろに爆弾発言をした。「待ってくれ。年に三基も注文をとれるはずないだろう。アメリカ国内では、もう原子炉の注文は一基もないと思うがね」そして、今後は核燃料の販売と、すでに稼動中の七二基の原子炉の保守サービスのみで事業を展開する方策を考えるべきだと述べた。

経営幹部は言葉を失った。原子炉の新規受注という目標を計画からはずせば社員は士気を失い、ふたたび受注するようになったときに仕事を軌道に乗せられなくなる。かれらはそう反論したが、ウェルチは耳を貸さなかった。こうしてGEは原子力発電事業をサービス事業へと方向転換させ、たった二年のあいだに一四〇〇万ドルから一億一六〇〇万ドルへと利益を増加させた。そして二〇年後にウェルチが引退するまで、GEはアメリカ国内の原子炉の新規受注を一件も受けなかった。

変革を起こす際、まず障害となるのは、変革が必要なことを人々に受けいれさせることだ。ジャック・ウェルチのように、厳然と〝現実直視〟路線をとるのは、その方法のひとつである。このストーリーは、リーダーとしてあなたも自分の組織で同様の方策をとる必要があることを教えている。だが、このストーリーにはほかの利用法もある。あなたが〝現実直視〟路線をとるまえにこのストーリーを話せば、これから厳しい現実を伝えるが、その現実に対処することが肝心なのだと、聞き手に伝えることができる。「その後、ＧＥはアメリカ国内の原子炉の新規受注を一件も受けなかった。そして、われわれにとっての現実は、来年はドル安による増益が見込めないということだ」（など、あなたが〝現実直視〟した事実を伝えよう）。

＊＊＊

変革を主導する際、障害になるものはほかにもある。たとえ変革の必要性を認めたとしても、人は、いかんせん習慣に縛られる。いわば変革は、歓迎されざる客なのだ。それにしても、なぜ変革にはこうも魅力が乏しいのだろう？　その答えを、シアトルを拠点に活躍する作家であり、ワークショップも主催するイブリン・クラークのストーリーからさぐってみよう。それは、変化に抵抗しようとする人間の心理と、それを改善するための方策を示している。

イブリンが、西海岸を拠点とする企業の社員向け研修をおこなっていたときのことだ。その企業は、まさに大きな変革を断行しようとしていた。それまで社内に常駐する営業部員の仕事といえば、電話が鳴るのを待ち、注文を受け、処理することだけだった。だが、そんなものは営業とはいえない。ただの受注作業だ。そこで、かれらにも本物の営業部員になってもらおうという計画がもちあがった――こちらから行動を起こし、売り込みの電話をかけ、もっと顧客と利益を増やせという計画が。当然のことながら、営業部員は恐怖に凍りついた。そこで、営業部のマネジャーを対象に、部員が恐怖心を克服する方策を見つけるための研修が企画され、講師としてイブリンが招かれた。イブリンは参加者に、全員のまえで変化に関する体験談を話してくださいと頼んだ。「仕事や私生活で、変化への対応について、なにかを学んだ経験がありますか？」と。個人的な体験談を話し合えば、創造的な解決策を見つける手助けになると思ったのだ。すると、ある男性が、六歳になる双子の息子の話をはじめた。それは、まさにイブリンが求めていた体験談だった。

子どもをおもちのかたにはおわかりいただけるでしょうが、小学一年生が父親や母親と離れ、ひとりでスクールバスに乗るのはおそろしい体験です。さらには午後三時半になり、こんどはひとりで教室からバスのところまで行くのは、もっとおそろしい体験です。ずらりと並んだバス！　おまけに、どのバスもまったく同じに見える。それでも、うちの六歳の双子の息子たちは、教室からバスまでのルートを把握し、なんとかうまくやっていました。ところがあるとき、帰りに乗るバスの位置が変わることになったのです。その大転換の日が近づくにつれ、息子のひとりが見るからに不安そうになりました。もうひとりの息子のバスは自分の教室のすぐそばで待つことになったのに対し、彼のバスの停車場所はこれまでと方向が変わったうえ、以前より遠くなったのです。

大転換の日の前夜、私は息子たちを寝かしつけました。ひとりはじきに、すやすやと寝息をたてましたが、もうひとりは落ち着かないようすで寝返りを打っていました。「どうすればいいのかわからないよ、パパ」そう言われた私は、寝つけない息子に翌日用の服を着せ、想像の旅にでることにしました。「よし、思い浮かべてごらん。おまえはいま、自分の教室にいる。先生が、おうちに帰る時間ですよとおっしゃる」息子は、言われたとおりの光景を想像しました。「さて、廊下を歩いていこう。そして駐車場を横切り、バスのところまで歩いていこう」こうして教室からバスのところまで歩く想像の旅を、二度、繰り返した結果、きっとうまくいくと、私も息子も自信をもつことができました。

「ところでクラスのなかに、同じバスに乗る子はいる？」

「うん。ジョニー・Bが一緒」

「オーケイ。じゃあ、こんどはパパのことを、そのジョニー・Bだと思ってごらん。『バスのところまで一緒に行ってもいい？』と頼む練習をしてみよう」二、三度、その質問を繰り返すと、息子は臆することなく頼めるようになりました。これで、息子にはプランBができたというわけです。大丈夫、きっとうまくいく。そう声をかけ、安心させると、息子はすぐに寝息をたてはじめました。

この父親が気づいたのは――このストーリーを聞いた人たちもまた気づいたように――たとえ子どもであろうと、変化そのものをおそれてはいないということだ。おそれているのは、変化に対して〝準備ができていないこと〟である。変革をとげようとしている組織に対して、このストーリーはふたつの点で役に立つ。第一に、変革を実行する責任者に、充分な指導と訓練の必要性をあらためて伝えることができる。準備をととのえておけば、だれもが自信をもって変革に臨み、成功をおさめることができるのだ。第二に、このストーリーは、変化を目のまえにした人々の士気を高め、不安をとりのぞくことができる。変化そのものがこわいのではない。こわいのは、準備不足のせいなのだ。この点を理解し、事前にしっかりと準備をととのえておけば、恐怖心を打ち消すことができる。そうなればかれらは訓練に身をいれ、積極的に質問をし、みずから準備をととのえるようになる。

＊＊＊

ジャック・ウェルチのストーリーと、小学一年生の男子のストーリーは、変化に対する理性と感情の障害をとりのぞく役に立つ。ジャック・ウェルチのストーリーは、変化の必要性を理性的に認識し、受けいれることを教えている。いっぽう小学一年生のストーリーは、リーダーと部下の双方に、変化にそなえて訓練を重ね、受けいれ態勢をととのえておくことをうながしている。

そのほかにも、もうひとつ、変化を起こしやすくする方法がある。環境そのものを変えて、変化を起こさずにすませることを困難もしくは不可能にするのだ。うまくいけば、これは前述のふたつの方法よりスムーズに変化を起こせる可能性がある。次のストーリーは、シンプルではあるものの、大きな成果をあげることができた例だ。

ある企業で、クリーン・デスク・ポリシーが強化されることになった。ライバル社に見られてはならない重要書類を外にだしっぱなしにせず、鍵をかけた引出しに保存させる。つまりは、いっさいの書類をしまえ、ということだ。

ミーティングでは、もっとも多く違反が見られる場所が問題になった。大半の社員は、毎晩、書類をきちんと引出しにいれ、鍵をかけてから帰宅していたので、もっとも違反が多いのは、一晩じゅう書類が置きっぱなしになっているプリンターのあたりだということになった。それから幹部は、ひとりずつ、事態を改善するアイデアをだしていった。ひとりが、鍵をかけた引出しにすべての書類をしまうことの重要性を、社長に書面で書いてもらうのはどうかと提案した。また〝もっともクリーンなデスク〟コンテストを開催してはどうかという提案もあった。一カ月に一度、夜間に抜き打ち検査をおこない、連続して一二カ月、検査に合格した部には賞品を授与するという案だった。

やがてマーティン・ヘティヒに話す順がまわってきた。するとヘティヒは、まったく別種の提案をした。パナマのオフィスからの電話で、こう説明したのだ。昨年、自分のチームはコスト削減に努めようと、ありとあらゆる試みをおこなった。プリンター用紙に費用がかかりすぎているという声があがり、社員が使ったプリンター用紙の数に応じて各部に課金してはどうかという話になった。そこで、ひとつの方策が提案された。社員は自分のパソコンで印刷を指定したら、プリンターのところに行き、プリンターのキーパッドで自分の社員番号を入力する。すると望みの書類を印刷でき、使用した枚数に応じて各部に課金されるという仕組みである。このシステムを実施したところ、たしかに用紙の使用量は減ったが、ほんのわずかな差にすぎず労力に見合うほどではなかった。

ところがそこに予期せぬ結果が待っていた。コスト削減以上の成果があがったのだ。システム導入以降、一晩じゅうプリンターに置きっぱなしになっている書類が、実質上ゼロになった。書類が置きっぱなしになっていたのは、社員が怠慢で取りにいかなかったからというより、パソコンで印刷の指示をしたあと、そのことを忘れてしまうせいだった。ところが課金システムが導入されてからというもの、一日や二日忘れていても問題は生じなくなった。本人がプリンターのところまで歩いていき、社員番号を入力しないかぎり、書類が印刷されなくなったからだ。そして社員番号の入力を終えると、プリンターのところで印刷が終わるのを待ち、書類をデスクにもちかえるようになった。だれも、プリンターとデスクを二往復したいとは思わない。

問題解決。

提案されたほかの案と、この解決策を比べてみよう。まず最初は、理性に訴える案――書類をすべて引出しにしまうことの重要性を説く書面を社長に書いてもらうという案だ。たしかに社員の一部は、社長の言に納得してルールを守るようになるかもしれない。だが、大半の社員はなんら行動をあらためないだろう。もうひとつ、感情に訴える案もあった――ルールを守った社員を表彰し、プライドをくすぐろうという案だ。これも一部には効果があるだろうが、全員にではない。いっぽうヘティヒの解決策は、だれにでも例外なく有効だった。それは、ベストセラーとなったチップ・ヒースとダン・ヒースの著書『スイッチ！「変われない」を変える方法』で「道筋をととのえる」と呼ばれている手法だ[5]。この本では、組織が変化を起こすためのシンプルな一〇の方法が論じられており、そのなかのひとつをヘティヒは実践したのである。

それは、理性に訴えたり感情に訴えたりするのではなく、環境を変えて、変化を不可避にする方法だ。『スイッチ！』では、製造業にたずさわった経験のある人なら、思わずうなずいてしまう例が説明されている――〝第二のセーフティボタン〟だ。危険な機械を使用している工場は多い。うっかりタイミングをまちがえ、置いてはならない場所に手を置こうものなら、手首や指をすっぱりと切り落とされてしまう危険がある。だが、解決策はある。機械のデザインそのものを変えてしまうのだ。ふたつのボタンを同時に押したときにだけ、機械が稼動するようにする。そのうえ、ふたつのボタンを離れたところに置けば、両手を大きく広げてボタンを同時に押さないかぎり、機械は作動しない。こうすれば、機械の作動中にうっかりまちがった場所に手を置く危険がなくなる。これと似たような工夫が、ATMにもほどこされている。顧客は現金をとりだすまえに、かならずキャッシュカードを受けとらなくてはならない。

肝心なのは、社員の理性や感情に訴えかけることより、変化を起こさずにはいられないようにすることだ。こんど、あなたの組織が大きな変化に直面したら、管理職たちにヘティヒのとった方策の話をしよう。そして時間を割き、社員のために変化への道筋をととのえよう。それがうまくいけば、機械で手にケガを負うことなく、変化を起こすことができる。

＊＊＊

さあ、これであなたはチーム全員に変革が必要なことを納得させ、メンバーはしっかりと準備をし、あなたは職場環境をととのえ、変革の障害となるものをとりぞいた。準備万端、手抜かりなし。これでなにもかも、うまく……いく？

そうは問屋がおろさない。失敗の可能性が残っていれば、人は失敗する。なにごとにも、予想外のトラブルはつきもの。トラブルが生じたときにこそ、あなたの対応がその後の結果を左右する。〝よいリーダー〟は、障害物を上手によけ、組織におよぶ悪影響を最小限に抑える。いっぽう〝偉大なリーダー〟は、そうした障害物を変革への力に変える。次のストーリーで、その例を見ていこう。

二〇〇一年初め、株式市場はＩＴバブルの余波を受け、混乱していた。数カ月まえに株価が暴落して経済は先行き不透明となり、従来の大手企業さえ乱気流に揉まれていた。Ｐ＆Ｇも、そのご多分にもれなかった。たった一週間の取引で時価総額の四割を失うという経験をしてから、まだ一年もたっていなかった。ビジネス誌はインターネット関連の新規事業との蜜月時代をそそくさと終わらせ、旧来のビジネスに関心を戻していた。そこで《ビジネスウィーク》誌は、Ｐ＆Ｇがなぜこれほどの窮地におちいったのかをさぐるべく、特集記事を組むことにした。

《ビジネスウィーク》がＰ＆Ｇの広報部に取材を申し込むと、キッチンペーパー〈バウンティ〉のマーケティング・ディレクターに新たに就任したタラング・アミンが取材に応じることになった。〈バウンティ〉ブランドにとって、この一年は厳しいものであり、タラングは公平な観点から、これまでの〈バウンティ〉の軌跡や今後の計画について記者に説明した。インタビュー後も記者は取材をつづけ、数週間が経過した。

二〇〇一年三月一二日、特集記事が掲載された雑誌が発行され、タラングは初めて記事に目を通した。記事のタイトルは〝Ｐ＆Ｇは更正できるか？〟。本文は次のようにはじまっていた。「Ｐ＆Ｇの

CEOが直面する難題を知るには、キッチンペーパーの棚を見れば充分である」この一文はタラングの胸に突き刺さった。記事は、〈バウンティ〉がここ一年で、P&Gのほかのどのトップブランドよりも市場シェアを失っていると説明していた。そして〈バウンティ〉のあやまった戦略をことこまかにあげつらった。競合他社に比べると、製品面でもコスト面でもイノベーションが遅れているうえ、広告費を削減し、価格を上げすぎた結果、市場での販売力を失っている……。さらには、P&Gではブランド・マネジャーの異動が早すぎるという人事批判まで展開されていた。

タラングはがっくりと肩を落とした。批判的な記事を覚悟はしていたものの、これほど悪く書かれるとは思っていなかったのだ。この記事は〈バウンティ〉ブランドの製造とマーケティングに関わる数百人の社員を失望させ、屈辱を味わわせることになるだろう。なお悪いことに、いままさにリスクをともなう方向転換をしている最中だというのに、こんな記事を目にしたら、社員は仕事に自信がもてなくなってしまう。

その晩は眠れぬ夜をすごした。記者に手紙を書き、不正確な部分や脱線している箇所について文句をつけようかとも考えたが、思いとどまった。翌日出社してチームメイトと顔を合わせることを思うといたたまれなかった。なにもなかったふりをしてすごせたら、どんなにいいだろう？　だがタラングは悩んだあげく、そうした願望とは正反対の行動をとることにした。チームのひとりひとりに「《ビジネスウィーク》の記事に関する私的見解」というタイトルの文書を配付したのだ。そのなかでタラングは、記事を読んではじめは落胆したことを認めた。それでも記事の論点はおおむね正当であると、彼は述べた。たとえば「ターゲットとする購買層の手が届かないところまで価格を上げてしまった」こと、「断行したおもな改革が市場に受けいれられなかった」ことを、すなおに認めたのである。実際、記事のなかで指摘されていた問題点のなかには、新たな成長戦略を提示する際にみずからとりあげていたものも含まれていた。

こうして、タラングは言い訳をするのではなく、自分たちには課題やその改善策がわかっていることを、この記事によって確認しようと主張した。彼はチームに、自分たちが改革計画に着手していること、すでに競争力を高めるために〈バウンティ〉の価格を下げたことを思い出させた。そして、こう締めくくった。「わがチームの人材に、戦略に、そして士気に、私はゆるぎない自信をもっている。これから〈バウンティ〉は押しも押されもせぬブランドに成長していくだろう」と。

タラングの文書は、またたく間に多くの社員に回覧された。最初は〈バウンティ〉のチームメンバーだけが読んでいたが、ほどなく、ほかのチームも読みはじめた。タラングの上司がこれを経営幹部に送り、幹部がまたそれぞれの部下に読ませた。ここまで幅広く回覧されたのは、ひとつには、雑誌の記事を読んだ社員の頭に浮かんだ「経営幹部はこの記事をどう受けとめているのだろう?」、「〈バウンティ〉の現状をどうするつもりだろう?」という疑問に答えるためだった。タラングの文書は、こうした疑問に聡明な答えを提示した。だが、もっと重要な役割もはたしていた。意気消沈させられる出来事を、変化を起こすきっかけにする方法をビジネスリーダーに示したのである。その後の数カ月、そして数年、《ビジネスウィーク》の記事——そしてタラングの文書——は、何度も読み返されることになった。それは、変革を起こす際にあげる〝かけ声〟の役割をはたした。一〇年後、〈バウンティ〉の市場シェアは一〇ポイント伸びて四六パーセントへと成長し、売上は三分の二も上昇した。

こんにち、シフ・ニュートリション・インターナショナルのCEOとなったタラング・アミンは、面目を失ったり屈辱を受けたりして穴があればはいりたいと思うような状況におちいったときにそなえ、社員にこの体験談を話して聞かせている。教訓は、現実から逃げないこと。それどころか、その恥ずかしい現実を直視し、おおやけに認め、利用すること。変革を起こすツールとして活用すれば、組織全体にいわば電流を流し、奮起させることができるのだから。

まとめと演習

1 変革を受けいれてもらう第一のステップは、変革の必要性を認めさせることだ。〝現実直視〟を敢行しよう。ジャック・ウェルチが原子炉販売の現実を直視したストーリーを話そう。そして、あなた自身も現実直視をおこなおう。

2 人は変化をおそれるわけではなく、変化に対して準備ができていないことを不安に思う。だから、準備をととのえよう。〝帰りのバスに向かう双子の少年〟のストーリーを話そう。そうすれば聞き手は、不安を覚えるのは準備ができていないからだとわかる。きちんと訓練さえしておけば、「大丈夫、準備はできた」と自信をもてる。

3 環境を変えれば、変化を起こさざるをえなくなる。社員番号を入力しないとプリンターを使えないようにした話、両手を広げて同時にボタンを押さなければ機械を動かせないようにした話、キャッシュカードを受けとらないと現金がでてこないATMの話などを活用し、変化を起こす方法を伝えよう。

4 変革には障害がつきもの。障害を無視したり、隠したりするのではなく、変革を起こす力に変えよう。《ビジネスウィーク》の記事でこきおろされた〈バウンティ〉の例を参考にしよう。

第5章　提案を強く印象づける

「スピーチは三種類に分けられる。さんざん練習してきたスピーチ、実際におこなったスピーチ、そしてこんなスピーチがしたかったと思うスピーチだ[1]」
——デール・カーネギー（アメリカの実業家、作家）

二〇〇〇年、私は紙おむつ事業部に所属し、〈パンパース〉と〈ラブズ〉の製造とマーケティングを担当していた。その夏、なんと私は、今後五年間の戦略を練り、社長や経営幹部に対してプレゼンテーションをおこなうという僥倖に恵まれた。

数週間にわたり、私はデータ分析に没頭し、周到に準備をした。そしてついに、本番の日を迎えた。幹部たちは、私が昔ながらのP＆Gスタイルのプレゼンをおこなうと思い込んでいたかもしれない。自分が立てた戦略のあらましを説明し、なぜこの戦略が奏功するのかを、くわしい分析結果を述べて正当化するのだろうと。ところが、私はそんなプレゼンはせず、次のように語りはじめた。

「この部屋においでのみなさんは、入社以来、こう教えられてきたはずです。『製品を売れば売るほど利益があがる』と。わが紙おむつ事業部の戦略にも、その考えは反映されてきました。そのため、これまでの戦略は、とにかく一枚でも多くの紙おむつを売れというものでした。そこで私は、この前提がほんとうに正しいのかどうか調べてみようと思いたちました。

手始めに、わが社がアメリカ国内で紙おむつを製造してきた四〇年近い歴史を振り返ってみました。すると、ある事実がわかりました。紙おむつの製造を開始してから最初の二一年間、すなわち一九六一年から八二年まで、売上と利益のあいだにはほぼ完璧な相関関係が見られました。どの年も、売上が上昇すれば利益も上昇し、売上が減少すれば利益も減少していたのです。

ところが、一九八三年以降のデータからはまったくちがう状況が見えてきました。一九八三年から二〇〇〇年にかけての一八年間、売上と利益にはまったく相関関係が見られないのです。利益が増大した年を見ると、売上が増えている年もあれば減っている年もあり、利益が減少した年を見ても、売上が減っている場合もあれば増えている場合もあったのです」

データがばらつきを示しているという話は、聞き手にショックを与えたはずだった。そこで私はデータを示し、聞き手がそのデータの意味を把握するまで間を置いた。そして、こう問いかけた。「一九八三年に、売上が増えれば利益も増えるという事業の性質を永遠に変えてしまう出来事が起こったはずです。いったいそれはなんでしょう？」

ひとりの幹部が応じた。「その年は、キンバリークラーク社が〈ハギーズ〉ブランドの販売をはじめた年かい？」「いいえ、ちがいます。しかし、いい点をついていらっしゃいます」と、私は応じた。「〈ハギーズ〉の販売は、その数年まえにはじまっています。ほかには？」

「各メーカーの紙おむつ製品が均一化し、差別化がむずかしくなり、コストがかさむようになったとか？」と、ほかの幹部が言った。「いいご意見です」と、私。「残念ながら、七〇年代後半にはそうした事態になっていましたが……ほかにには？」

私はその後も、経営陣に推測を挙げてもらった。そのうちに、とうとうだれかが消費者行動に関する質問をし、問題の核心に近づいた。いい線です、その方向で考えてくださいと、私は励ました。ついに、ある幹部がこう言った。

「市場が飽和状態になったんじゃないかね？」

「ビンゴ！」私は声を張りあげた。「そのとおりです！　六〇年代前半、わが社が紙おむつ市場に参入しはじめたころ、アメリカのおむつ市場は、母親が洗って再利用しなければならない布おむつで占められていました。その後、年を追って、母親たちは使い捨ての紙おむつを試すようになりました。そしてついに、汚れた布おむつを洗うという骨の折れる労働から解放されたのです」

一九八三年を迎えるころには、おむつを使用する乳幼児がいる世帯ではほぼ一〇〇パーセント、紙おむつが使われるようになっていた。そして布おむつは市場から姿を消した。それまで、紙おむつの製造業者はどこも販売数を急速に伸ばしており、それにともない利益も急速に上昇していた。まさに、上げ潮がすべての船をもちあげていたのである。

だが、一九八三年、すべてが変わった。アメリカ国内、津々浦々の母親たちが紙おむつユーザーに転向したとたん、紙おむつ業界全体の総売上の上昇がとまった。毎年、うなぎ登りをつづけていた売上のグラフは横ばいとなった。アメリカ国内における紙おむつビジネスは、一九八三年、かつてP&Gが「成長市場」と呼んだものから「成熟市場」へと変貌をとげたのである。だが、われわれはその事態に気づかずにここまできてしまった。そして成長市場時代と変わることなく「もっと売れ」路線をとっている。だが成熟市場においては、ビジネス戦略を大きく変えなければならない。もちろん、私の聞き手もそれを承知していた。

こうした結論――私がだした結論――を、経営陣はすらすらと口にした。まるで、私が望んでいたせりふをだれかが探りあてたとたん、よく下稽古をした台本をもとに芝居が進んだかのようだった。そしてものの数分のうちに、私の提案した戦略は、経営陣みずからが提案した戦略となった。大成功。

私は経営陣に、自分の提案を前面に押しだしたプレゼンをおこなうこともできた。だが、そうはしなかった。私はかれらを旅にいざない、その数週間まえに調査をしていた私が驚きのあまり目を見張ったような瞬間を体験してもらうことにした。つまり、ずっとわからなかったことが突然わかる瞬間、いわゆる〝アハ・モーメント〟を体験してもらうことにしたのだ。〝アハ・モーメント〟は、理性と感情に強烈な印象を残す。だがそれだけではなく、この「発見の旅」にはもうひとつの利点があった。というのも人間は、他人のアイデアより、自分が考えだしたアイデアのほうに、より真剣に取り組むからだ。私が経営陣におこなったこのプレゼンのように、質問を投げかけ、答えを自分でだしてもらえば、あなたのアイデアはかれらのアイデアとなる。この方法を活用すれば、聞き手はあなたのアイデアを記憶にとどめ、熱意をもち、懸命に実行しようとする。だからこそ、聞き手を発見の旅にいざなう方法は、非常に効果的なテクニックだ。相手に提案を受けいれてもらい、それを実行に移してもらいたいときには、お試しあれ。

＊＊＊

もうひとつのテクニックは、シンプルな比喩を使う方法だ。比喩を利用すれば、たった数語でストーリー全体に匹敵する内容を表現し、その力を伝えることができる。これについては、のちほど第24章でくわしく説明しよう。次のストーリーは、うまく比喩を活用すれば相手に強い印象を与えられることを示している。

一九四三年創業のオールテル・コーポレーションは、アメリカ有数の携帯電話の通信事業者に成長し、二〇〇七年には国内三四州で事業を展開していた。同年五月二〇日、当時のオールテルのCEOスコット・フォードが次のような声明を発表した。二社の投資ファンド、テキサス州フォートワースのTPGキャピタルと、ニューヨーク州のゴールドマン・サックス・キャピタル・パートナーズが、オールテルの買収に合意した、と。

二社との顔合わせの場で、スコットは新オーナーに対して、通信事業の経営について微《び》に入り細《さい》をうがった説明をするものと思われていた。ところがスコットは、たった二枚のスライドしか用意していなかった。一枚めは、ナイアガラ・フォールズの写真。滝の幅いっぱいに端から端へとロープが渡されており、そこを綱渡り芸人がバランスをとりながら歩いている。このスライドを背景に、スコットは買収側の経営陣に説明をはじめた。「この事業の経営の鍵を握っているのは、加入者が要求する顧客サービスの維持と、投資家に相応の見返りができるキャッシュフローの維持とのあいだで、うまくバランスをとることです」そう言うと、スコットは自分の体験と哲学を披露し、その微妙なバランスを維持する方法を伝えた。

二枚めのスライドは、もっと重要だった――スコットにとってではなく、買収側である聞き手にとって。たいていの投資ファンドは、買収した企業を数十年ものあいだ経営することに興味はない。ほかの企業と合併したり、経営方針を変えたり、少しばかりキャッシュを投入して梃子入れをすれば、その価値がぐんと上がると踏んだ企業だけを買収する。かれらの目的は、買収した企業の価値を急速に上げ、できるだけ高く売却することにある。そしてまたほかの企業で同じプロセスを繰り返すというわけだ。スコットは、その事実を充分承知していた。そこで二枚めのスライドには、せわしいニューヨーク市の街角でひとりの男がタクシーに飛び乗る写真を使った。そして、今後、この会社の価値を上げ、可能なかぎりの高値で売却するには、ごくあたりまえのことをしていてはなりません、と語りはじめた。

「第一に、新たな売却先は、AT&T、ベライゾン、スプリントといった大手通信会社に絞られてくるでしょう。たいした見返りが得られないのに買収を望む投資ファンドなどありません。第二に、買い手にとって利益があがるよう、買収に必要な数十億ドルの利子が低い必要があります。そのためには、堅調な債券市場も求められます。そして最後に」と、スコットはつけくわえた。「政府は、弊社より規模の大きい競合他社による買収なら、なんとか認めるでしょう。しかし司法省は、企業の合併や買収の結果、独占企業が誕生しないかどうか、つねに目を光らせています。そして問題ありとにらんだら即刻介入し、買収や合併を阻止したり、合意を無効にしたりする。つまり、そうした状況で買収や合併のチャンスをうかがうのは、ニューヨークでタクシーを拾うようなものです。ニューヨークでは空車がくるのをしばらく待たなければなりません。しかし、空車が近づいてきたら、迷わず手を挙げ、乗り込むほうがいい。これを逃したら、もう当分、チャンスはめぐってこないからです」

一年後、スコットは一本の電話を受けた。あの日、彼がプレゼンをおこなった買収側の役員のひとりからだった。じつはベライゾンから二八一億ドルでの買収の打診があり、このオファーをどう思うか、買収に応じるべきかどうか、スコットの意見を聞きたいという。スコットは受話器をもったまま、だまって話に耳を傾けていた。その顔には、抜け目のない笑みが浮かんでいる。しばらく間の悪い沈黙がつづいたあと、とうとう相手の役員が口をひらき、自分でその答えを言った。「これが、例の夕クシーなんだね、スコット?」

それから彼はスコットが一年まえに述べた話を繰り返し、この打診がまさにチャンスだとは思ったが、ほかにもオファーがあるかもしれないと思うと自信がもてなかった、やはりこのオファーを受けようと思う、相談に乗ってくれてありがとうと、礼を述べた。スコットは幸運を祈り、受話器を置いた。こうして、二八一億ドルの買収に関する相談を受けたスコットは、自分からはほとんど言葉を発しなかったし、〝オールテルの売却〟という言葉は一度も口にしなかった。

〝タクシー〟というみごとな比喩は、一年まえ、買収側の経営陣を納得させた。そして今回は、もっと条件のいいオファーがくるのを待つのではなく、ベライゾンからのオファーを受けるという聞き手の決断を後押しした。これぞ、比喩の力だ——こちらの提案を、可能なかぎり強く印象づけることができる。こうした比喩は、あなたのビジネスでも同様の力を発揮する。あなたが所属する部署が、来年、どこの通信会社と契約すべきかを決める際にも。あるいは、その会社の買収に何百億ドルを支払うべきかを決める際にも。

＊＊＊

自分の提案を相手に強く印象づけるための第三のテクニックは、聞き手の根本的な思い込みに疑問を投げかける方法だ。提案とは、あらかじめ共有している前提をもとに結論を導きだすもの。だからこそ、そうした前提が事実ではないことを証明できれば、これ以上ないインパクトを与えることができる。次に紹介するジョー・ウィルクのストーリーは、そのすばらしい例である。

一九八三年、ジョー・ウィルクは、ニールセンＢＡＳＥＳ——新製品の売上予測や評価を専門におこなう消費者リサーチ会社——でアナリストを務めていた。こうした予想を立てる際には、まず数百人の協力者に対して、新製品のコンセプトを説明する。この新製品にはなにがどのようにできるのかを簡単に伝えるのだ。説明を受けた協力者たちは、その後の一、二週間、製品を使用する。

ところが、ジョーが手がけた最初のプロジェクトのテスト結果は、予想に反したものだった。消費者は、新製品のコンセプトには新味がないと考えた。ところが、実際に製品を使ってみると、気にいったのである！　コンセプトに対する感想と、製品を使用してみた感想とのあいだに、これほどギャップがある例はめずらしかった。こうした状況に直面した場合、前例を参考にすれば、とにかく大量の試供品を用意して消費者に使ってもらうという方法を薦めるところだ。コンセプトにそれほど魅力がないため消費者が進んで新製品を購入するとは考えにくい。しかし、すばらしい新製品を実際に使ってみれば、その後は自腹を切って購入してくれるだろう、と。

しかし、ジョーと彼のチームには、もっといい案があった。とはいえ、それを実施するには、この会社のべつのブランドの製品が何年もまえから謳っている効能が実現できていないことを、クライアントに認めてもらわなければならなかった。それはたやすいことではない。そこでジョーは思い切った手法をとることにした。会議の冒頭でジョーのチームメイトが立ちあがり、参加者に出席への礼を述べたあと、一枚の紙を引っ張りだし、高く掲げた。そこには消費者テストでよく使われる、短くまとめられた商品コンセプトが記されていた。彼はそのコンセプトを音読したあと、こう言った。「ご確認いただきたいのですが、このコンセプトは、みなさんがこの新しいブランドの消費者テストで使ってほしいとお望みのものですね？」

全員がうなずいた。

すると彼は爆弾を落とした。「ところがこれは、新製品のコンセプトではありません」全員が驚きに声もなく、彼を見つめていた。「このコンセプトは、三年まえに、同じカテゴリーで新ブランドを立ちあげたとき、消費者テストで使ったものです。まあ、混同なさるのも無理はありません。三年まえのコンセプトと、今回のコンセプトは、ほぼ同じといえますから」

全員の注視を浴び、ジョーのチームメイトは説明をつづけた。今回の新製品のコンセプトは不評だったが、製品自体は好評を得たと述べ、なぜそのようなことが起きたのか、仮説を披露した。「みなさんは、この三年間、さまざまな広告で製品の効能を消費者に請けあってきました。ところが、実際に使ってみると効能が謳い文句ほどではないと消費者は思っています。われわれが三年まえに調査を実施したとき、消費者はこのコンセプトを気にいっていました。ところがいま、かんばしい結果がでないのは、立派なコンセプトを掲げてはいるものの、製品の効能がそれに追いついていないからです。ですから消費者はもう、貴社の製品を信用していません」

いますべきなのは新たなブランドを立ちあげることではなく、三年まえから販売してきた製品を、この驚異の新テクノロジーを使って改良することだ、とジョーのチームは考えた。そのときようやく、三年まえの約束をはたすことができるのだ、と。この予期せぬ型破りのプレゼンに納得したクライアントは、かれらの案を採用した。そして、提案どおりの方策を実行に移した。

こんにち、ジョーは、ニールセンＢＡＳＥＳの親会社であるニールセンの副社長を務めている。そして、相手が聞きたがってはいないことがわかっている話をあえて切りだし、こちらの提案に納得してもらうという大胆な手法の例として、このストーリーをよく話している。

ジョーのチームは、定石どおりに、ただ今回の消費者テストの結果を伝え、そのあと三年まえの製品のコンセプトとそのテスト結果を教え、両者を比較することもできただろう。だがそれでは、かれらの提案の基盤となる理由がかすんでしまう。プレゼンの冒頭で、三年まえのコンセプトを音読してみせたからこそ、聞き手の前提が根本的にまちがっていることを明示できたのだ。それははるかに説得力のある方法だった。前提がくつがえされたときには——理性のうえでも感情のうえでも——聞き手は不快な提案を受けいれやすくなる。これまでまちがった前提に基づいて行動してきたことがわかれば、方向転換が必須なことは明らかなのだから。

＊＊＊

最後に、認めたくはないが、じつはけっしてめずらしくない状況について考えてみよう。そもそも内容に納得していないプレゼンをおこなうよう指示されたら、あなたならどうするだろう？　たとえば中間管理職のリーダーが、会社の方針で新たに設けられたルールを部下に伝えなければならないとき、こうした状況におちいる。気の毒なこの管理職は、新たなルールの実行を命じてきた上司と、実際にそのルールを実行しなければならない部下とのあいだで板ばさみとなる。いやな任務を仰せつかった身としても、気乗りのしない部下に指示を与える身としても、つらいところだ。

私の答えは、読者のみなさんを驚かせるかもしれない。そんな仕事は引き受けないこと！　納得して取り組むことができないのなら、上司に頼み、その仕事をほかの人間にまわしてもらおう。あなたがなんの熱意も示せずに部下に指示をだせば、部下もまたなんの熱意も示さない。どんな仕事を頼むにせよ、それではまったく成果があがらない。だが、あなたが異を唱えれば、上司はあなたの誠実さを認めるだろうし、あなたもまた苦境を脱することができる。

それでも、どうしてもこの仕事を引き受けてくれと言われたら？　さあ、どうする？　なぜ、自分がこの仕事に熱意をもてないのか、その原因をさぐり、事態を改善しよう。原因は、おおまかに次の三つに分けられるはずだ。一、その仕事の内容を理解していない。二、その仕事に納得していない。三、その仕事にそもそも関心がない。ではひとつずつ、分析していこう。

あるコメディアンが劇場で、電話の応対にひどくイライラしたという話をしたことがある。彼は、借りていたアパートを六週間まえに引き払った。ところが、いまだに敷金が返ってこない。部屋に傷をつけてはいないし、どこも汚さずに退去したので、当然、敷金が戻ってくるはずだ。そこで彼はアパートの管理会社に電話をかけた。サリーという女性が電話にでた。彼は名乗り、いつになったら敷金を返してくれるのかと尋ねた。すると、マネジャーに聞いてきます、という返事。そのまま待っていると、サリーが電話口に戻ってきた。そして、淡々と言ってのけた。「ファンドが満期になったら、敷金をお返しします」

観客がどっと笑ったのは、彼女の返答がおもしろかったからではなく、コメディアンが信じられないという表情を大げさに浮かべてみせたからだ。彼が呆気にとられたのは、サリーがなんの役にも立たない返事をしたからではなく、彼女がなんの役にも立たない返事をしたあと、彼の返答をじっと待っていたからだ……まるで返答をする価値のあることを自分が伝えたかのように！　サリーはあきらかにマネジャーが言った言葉を理解していなかった――コメディアンと同様に。それなのにサリーは、まったくわからない言葉を右から左へと彼に伝えた。当然のことながら、サリーはマネジャーのところに戻り、そのファンドなるものがいつ満期になるのか、それはいったいなにを意味するのか、尋ねなければならなかった。

サリーになるな。自分の頭でしっかりと理解していなければ、あなたにはなにひとつ説明できない。ただ、オウム返しに言われたことを繰り返すだけ。理解できない部分があれば、きちんと理解できるまで、とことん質問しよう。

次に、あなたは納得しなければならない。同意や納得ができないのなら、上司に異議を唱えよう。あなたが話の内容に不安や疑問をもっていれば、それは聞き手にも伝わる。あなたの疑問が氷解するまで、上司に、そのまた上司に、疑問を投げかけよう。そのために管理職は高給を得ている――鋭い質問に答えるために。納得がいくまで質問をやめないこと。あなたが充分に納得するか、経営陣に翻意させるかのどちらかの結果がでるまで、あきらめてはならない。どちらの結果がでるにせよ、あなた自身にとっても、聞き手にとっても、事態は改善される。

さて、話の内容を理解し、納得したら、最後に本気にならなければいけない。それが自分にとって、聞き手にとって、あるいはあなたが大切にしている人や物にとって、どんな影響をおよぼすか考えてみよう。いずれかのグループに利益がもたらされるはずだ。そうでなければやる価値がない。「われわれ全員がこれに取り組んだら、だれが恩恵をこうむるだろう?」と自問すれば、おのずから答えがわかる。それがわかれば、本気になる理由ができる。

さあこれで、上司の命令でプレゼンをおこなったり、会社が設けた新たなルールを指示したりする準備ができた。理解し、同意し、本気になる。これでうまくいく!

まとめと演習

1　人は、他人のアイデアより、自分のアイデアに真剣に取り組む。これを踏まえ、あなたのアイデアを相手のアイデアにしよう。ストーリーを活用し、聞き手を発見の旅へといざなおう(一九八三年の紙おむつ市場に関する発見の旅のように)。

2　ストーリー全体の力を凝縮し、ひと言であらわせるような比喩を活用しよう(決断をうながしたひと言、〝タクシー〟のように)。

3　聞き手の想定をひっくりかえすかたちで、自分の結論を提示しよう。前提を疑ってみよう。

4　同意できないことを実施するよう頼まれたら、安請け合いしないこと。熱意をもてなければ、ほかの人間にその仕事をまわしてくださいと上司に頼もう。だが、どうしてもその仕事をしなければならない場合、次の手順を踏み、熱意をもてるようにしよう。

a　理解する。その内容をしっかりと理解できるまで、わからない点を質問する。サリーになるな(〝いつになったら敷金を返してくれるのか?〟というストーリーを思いだそう)。

b　納得する。どうしても納得できなければ、上司に異議を唱え、得心がいくまで疑問をぶつけよう。あなたが疑問や不安をもっていれば、それは聞き手にも伝わる。

c　本気になる。自分や聞き手にどんな利益がもたらされるのか、考える。

第6章　顧客サービスの成功と失敗を示す

「売上は、あなたが追い求めるものではない。夢中で顧客サービスに努めるうちに、いつのまにか生じているものだ」

――作者不詳

一九八〇年代初頭、スターリング・プライスは、アーカンソー州スプリングデールのピザハットで調理の仕事をしていた。サブウェイやブリンピーズといったサンドイッチ店が全米にフランチャイズ店を展開するまえの時代である。スターリングは、当時の経験談を教えてくれた。

「ある日、店にはいってきた女性のお客さまから『ミートボール・サンドイッチはありますか』と尋ねられました。ご用意ありませんと応じると、お客さまはひどく動揺なさり、いまにも泣きだしそうになりました。そこで、私はこう申しあげました。たしかにメニューにはありませんが、サンドイッチ用のロールパンならありますし、ミートボール、トマトソース、モッツァレラチーズもあります。必要な食材は揃っていますから、おつくりしましょう。レジには、メニューに載っているサンドイッチのひとつとして記録しますから、と。

女性は礼の言葉を繰り返したあと、じつは夫が重い病を患っていましてと、事情を話しはじめました。すっかり食欲をなくしてしまった夫に、なんとか食事をとってもらいたいと思い、なにか食べたいものはないかと尋ねたんです。すると『ミートボール・サンドイッチなら食べられるかもしれない』という返事。すぐに、町内のレストランを何軒かまわりましたが、どこの店にもありませんでした。最後にこちらに寄らせていただいて、ダメなら手ぶらで帰るしかありませんでした、と。

それから女性はサンドイッチをもってお帰りになり、その後私はこの出来事について、とくに深く考えることはありませんでした。ところが翌日、女性がピザハットに電話をかけ、私をさがしてくださったのです。そして、夫がなんとかサンドイッチを少し口にすることができました、あなたのご親切のおかげです、ありがとうございましたと、そうおっしゃったのです。夫にとっては、久しぶりにとても満足のいく、楽しい食事でした、と。

それから女性は、ご主人の病状について、こうお話しになりました。数カ月前にがんを告知され、すでに末期でした。さまざまなつらい症状に悩まされたなかで、食欲の喪失は重大なものではありませんでしたが、妻としてなんとか改善できる唯一のものでした。ですから、あなたが注文に柔軟に対応し、メニューにない品を用意してくださったことが、とてもありがたかったのです、と。

昨晩、夫は静かに息を引きとりました、あのサンドイッチが夫の最後の食事になりましたと、女性は涙ながらに語りました。そして、夫の人生の最後の日によろこびを授けてくださってありがとうございましたと、重ねて感謝してくださいました。いま、こうして話していても、あの女性の言葉は私の琴線に触れます。どんなにささやかなことでも、人の役に立てば、相手の人生に大きな影響をおよぼすこともある。そう、思いださせてくれるのです」

これはまさしく、企業のPR担当者が理想とする実話である。このストーリーを社内で活用すれば、一流の顧客サービスはかくあるべしと社員に教育することができる。顧客の期待を上まわるサービスを実施するためには、ときには型破りな発想も必要だと伝えることもできる。また、このストーリーを社外に広めれば、地元で、いや全米で、ピザハットの評判を上げることができるし、すばらしい広告の役割もはたす。ところが残念ながら、スターリングの知るかぎり、このストーリーはまったく活用されなかった。いったい、なぜ？　なぜなら、だれもこの話を書きとめなかったからだ。こうして、金で買うことができない会社の貴重な財産は、活用されることなく浪費されて終わった。

では、このストーリーを、次のストーリーと比べてもらいたい。顧客サービスの観点から見れば、同じように感銘を受ける話だ。しかし、結果として、こちらははるかにいい影響を与えている。

月曜の朝、飛行機がオレゴン州ポートランド国際空港に着陸すると、レイ・ブルックはすぐさまナショナルカーレンタルのカウンターに向かった。倉庫や配送センターなどへの出張が多いレイは、このレンタカー会社のクラブメンバーになっていた。メンバーはカウンターの行列に並ぶことなく、そのまま駐車場に進み、望みの車を選ぶことができる。ところがマシンにカードをいれ、選んだ車のキーを受けとろうとしたところ、キーがでてくるかわりに、カウンターのスタッフにお話しくださいというメッセージが表示された。

多少イライラしたものの、レイはカウンターに戻り、スタッフにカードを見せた。女性スタッフはしばらく照会にあたったかと思うと、運転免許証を見せていただけませんかと言った。レイが免許証を渡すと、彼女はそれをしげしげと眺めた。「この運転免許証は、先週、お誕生日を迎えたときに有効期限が切れています。ご存じでしたか？」

「いや、すっかり忘れてたよ！」レイは仰天した。

すると、彼女はにっこりと微笑んだ。「お誕生日おめでとうございます、ブルックさま」おかげで緊張が少しはやわらいだが、彼女が次に言った言葉の衝撃をやわらげることはできなかった。「恐縮ですが、ブルックさま、車をお貸しすることはできません。お客さまの運転免許証が無効になっていますので」レイは啞然とした。そして、あわてふためいた。この二日間、仕事がぎっしり詰まってるんだよ、なにがなんでも車が要る。そう訴えると、女性スタッフはすぐにマネジャーを呼びだした。

あらわれたマネジャーは、なにが問題か、くわしく説明した。「たとえば万が一、お客さまが事故にあわれておケガをなさったり、あるいは、どなたかにケガを負わせることがあった場合、免許の有効期限が切れたお客さまに車をお貸ししていれば、弊社が法的責任を問われることになります。恐縮ですが、車をお貸しすることはできません」

ところが、そのあとのマネジャーのせりふに、レイはいっそう驚いた。「とはいえ、ご希望の場所まで、お客さまをお連れすることはできます」

なんだって？ 聞きちがいだろうか？

レイは事情を説明した。この二日間、ポートランドのあちこちで商談の予定がはいっている。そのあとはカリフォルニア州のサクラメントに飛行機で移動し、現地でまた車を借り、そこでも二日間の出張をこなす予定になっている。きみの申し出はありがたいが、ずっと部外者を連れて移動したくはないし、きみだって四日もスタッフを貸し出すわけにはいかないだろう、と。

レイの説明を聞き終えると、マネジャーはじつに斬新な解決策を提案した。彼は、レイの運転免許証がワシントン州が発行したものであることに気づいた。そして、もっとも近いワシントン州の自動車局は、そこからほんの数マイルのところにあった。そこでマネジャーは、とりあえず、最初の仕事先までお客さまを車でお連れしましょう、二〇分ほどで到着しますからと、レイに提案した。そして、次のようなプランを説明した。レイが最初の商談を終えるころ、マネジャーが車で迎えにいく。そしてこんどはワシントン州の自動車局に連れていき、免許の更新手続きをすませる。それがすめば、レイは正式に車を借り、その後の出張を支障なくこなすことができる。

「すばらしい！」レイはもろ手を挙げて賛成した。マネジャーの指示を受け、スタッフのひとりが最初の仕事先までレイを連れていき、そのあと、自動車局にも連れていった。ところがそこで、まだ午前中の早い時間であったにもかかわらず、レイはその日三度めのショックを受けた。ワシントン州の自動車局は月曜日が定休日だったのだ。

まいったな、お手上げだ！　イライラをつのらせるレイ・ブルックを、スタッフは空港の営業所に連れて戻り、計画を練り直すことにした。営業所に到着すると、マネジャーはレイと一緒に知恵をしぼり、プランBを考えだした。そして実際に、プランBはこんなふうに遂行された。

レンタカー会社のスタッフが、レイがチェックインできるように宿泊先のホテルまで送り届けた。料金の請求はいっさいなかった。書類上、レイはまだ一台も車をレンタルしていないからだ。車をレンタルしなければ、レイの出張費が浮く。その浮いた金で、レイはタクシー代を支払い、残りの商談をすませた。翌火曜の朝、こんどはべつのスタッフがホテルまで迎えにいき、レイをポートランド最後の仕事先まで連れていって、そのままレイが商談を終えるのを車中で待った。一時間半後、スタッフはレイをワシントン州の自動車局まで送った。こんどは、まちがいなく自動車局は開いている。そこでレイが免許の更新をすませるのをスタッフは一時間ほど待ち、ふたりが空港に戻ったのは、ちょうどサクラメント行きの便に間に合う時間だった。レイは柔軟かつ手厚い顧客サービスに対して心から感謝した。マネジャーは最後に、レイのデータを更新し、サクラメントで車を借りる際にわずらわしい思いをせずにすむようにした。

これは、二〇年まえの話だ。以来、レイはナショナルカーレンタルの顧客でありつづけている。そしていっそう重要なことに、当時の社長兼ＣＥＯであったビンス・ワシクが、その後何年にもわたって、このレイのストーリーをスピーチで繰り返しとりあげ、すぐれた顧客サービスの実例を数千人の従業員や取締役たちに伝えつづけた。[1] ありとあらゆる場面を想定した社員教育をおこなうことはできない。そんな真似をしてもきりがない。だが、こうしたストーリーを活用すれば、すばらしい顧客サービスとはなにかを、社員は直観のレベルで学ぶことができる。

なぜナショナルカーレンタルはレイ・ブルックのストーリーを活用したのに、ピザハットはスターリング・プライスのストーリーを放置したのだろう？　理由は、そうしたストーリーを書きとめる人物の有無である。ナショナルカーレンタルの場合、その人物はレイ・ブルックだった。自分が受けた顧客サービスに感動したレイは、ポートランドの空港営業所のマネジャーとスタッフを賞賛する詳細な手紙を書き、ナショナルカーレンタルのＣＥＯに送った。手紙を受けとったＣＥＯは、このストーリーの価値に気づき、活用することにしたというわけだ。

＊＊＊

顧客は、よほどすばらしい（あるいは最悪の）経験をしなければ、長々と手紙を書き、本社の所在地とＣＥＯの名前を調べ、宛名を書いた封筒にいれて投函する手間をかけることはない。幸い、こんにちでは、もっと便利なツールがある。次のストーリーが示すように、抜け目のないリーダーはそうした方法を見つけたり、つくりあげたりする。

二〇一一年五月、スー・ソルドは、乳がん治療のための一連の化学療法をようやく終えた。心身ともに疲れはてた彼女は、念願の休暇を満喫することにした。しばらくストレスとは無縁の毎日を送ろうと考え、アリゾナ州セドナにあるアドビ・グランド・ビラに四泊することにした。セドナの一等地に立つ高級リゾートビラである。だが、スーがここを宿泊先に選んだのは、インターネットに書き込まれている利用者のレビューに、サービスが最高だという激賞が並んでいたからだ。そして現地に到着すると、自分の選択がまちがっていなかったことを実感した。部屋の天井には木材の梁が渡されており、ジェットバスや暖炉も備えつけられている。そのうえ浴室は、ふつうのホテルの寝室ほどの広さだ。すばらしい休暇をすごせるわくわくした気分は、ビラに滞在中、ずっとつづいた。休暇を終え、自宅に戻る道すがらも、なんて素敵な休暇だったのかしらと、感慨に浸った。自宅に到着し、スーツケースをあけるまでは。

荷解《にほど》きをはじめて、はっとした。うっかりして、高価なマウスピースをティッシュにくるみ、バスルームのカウンターに置き忘れてきてしまったのだ。睡眠中の歯ぎしりを防止するため、前歯にあわせて特注した小さなマウスピースを。彼女は真っ青になり、あわててアドビ・グランド・ビラに電話をかけた。応対にあたったスタッフは、申し訳なさそうな声で同情を示したものの、かならず見つけますと確約はしてくれなかった。「もう、ゴミとして収集されてしまったかもしれません」スーはあきらめて受話器を置いた。マウスピースは見つからないだろう。また歯医者に出向き、五〇〇ドルを支払わねばならない。

三日後、彼女の自宅に郵便小包が届いた。セドナの消印が押してある。なんと、ビラの支配人の夕ニアがマウスピースを見つけてくれたのだ！　タニアは大型のゴミ収集容器に腰までつかり、スーの大切な遺失物をさがしだしてくれたのだという。業務用のゴミ収集容器のなかに身を沈めるのは、どれほど不快だったことか。ビラの厨房からでた大量の生ゴミの悪臭は想像にあまりある。

タニアの尽力は、スーの予想をはるかに上まわっていた。はたして、それほどの努力をする価値があったのだろうか？　たしかに、この涙ぐましい行為は、スーの気持ちを鷲づかみにした。またセドナに旅にでることがあれば、けっしてほかのホテルには泊まらないだろう。だが、それだけではなかった。この顧客サービスに胸を打たれた彼女は、旅行口コミサイトのトリップアドバイザーに自分の体験談を書き込み、アドビ・グランド・ビラへの激賞をもうひとつ増やした[2]。すると、旅行を計画している一〇〇〇人ほどのユーザーが彼女の口コミに目を通した。

スーの書き込みには、マーケティング上の価値があるだけではなかった。口コミを読んだユーザーを「ここに泊まりたい」という気持ちにさせただけではなく、自分たちに期待されているものはなにかをアドビ・グランド・ビラのスタッフに教えることができた。ほかのホテルにはない唯一無二のサービスを提供するからこそ、お客さまもまた自分の体験談を伝えようという気になってくださる。こうしてまた同じサイクルが繰り返されることを、スタッフは学んだのである。

それだけではない。このストーリーにはもうひとつ教訓がある。顧客サービスに関していえば、組織はみずからストーリーをつくりだす必要はない。自分の体験談を披露できる便利な場所さえあれば、顧客があなたのかわりにストーリーを――よきにつけ悪しきにつけ――広めてくれる。もし、業界に口コミなどで感想を伝えられる場所があるのなら、その場所や利用法を確実に顧客に伝え、ぜひご活用くださいと薦めよう。そうした場所やツールが業界にない場合は、いますぐ、つくろう！　そうすれば、顧客は自分が受けたサービスの感想を、世間に気軽に伝えてくれる。いっぽう、組織はそうした感想をデータベースとして活用し、社員教育に利用し、その成果を顧客へと還元することができる。

＊＊＊

人は成功よりも失敗から多くを学ぶと、よく言われる。だが、ビジネスの世界ではかならずしもそうではない。ビジネスにおける失敗は、あまりおおっぴらには語られないからだ。そのため、本来、仕事を通じて学んだ教訓は関係者全員で共有すべきものなのに、実際には成功体験だけが記録され、賞賛され、エゴのかたまりの野火のように勢いよく広がっていく。

次のストーリーは、顧客サービスの失敗と、そこから学んだ教訓を伝えている。あなたがどんな仕事に就いているにしろ、この教訓から得るものがあるはずだ。

「まだダメだってば、パパ！　次のレベルまで行ってから！」これは、一二歳の息子のマシューに「そろそろテレビゲームをやめて、寝なさい」と言うたびに、かならず返ってくる返事だ。スペースインベーダーやパックマンといった親世代になじみのあるゲームとちがい、現代のゲームは非常に複雑で、何層ものレベルで繰り広げられる手の込んだプロットがある。ひとつのレベルをクリアすると、また次のレベルが待っている。何カ月つづけても、同じ経験をすることは二度とない。

ただし、不用意に電源を切ると、最後のチェックポイント以降のデータがすべて消えてしまうため、翌日、またチェックポイントのところからやりなおさなければならない。だからこそ、私の息子は、毎晩、あんな返事を繰り返すのだ。そこで、ゲームをめぐる激しい攻防が勃発し、親子関係が険悪になる。なぜゲーム会社のマーケティング担当者は、これを商機としてとらえないのだろう？　親――

実際にゲームを購入している顧客――にとって、いつでもデータを保存できる「セーブボタン」ほど魅力的な機能はないのに、そんな機能をもった商品はまだ登場していない。

そんなことを考えながら、先日の休暇中、私は車を借りようとレンタカーの営業所に向かった。営業所のなかには、ユニフォーム姿のスタッフが三人いて、それぞれがデスクでパソコンに向かって仕事をしていた。三人は、いっせいに私を見上げ、それから互いに顔を見あわせた。立ちあがる順番がだれかを決めているのだろう。すると、ひとりが声をあげた。「いらっしゃいませ。少々、お待ちいただけますか」

待てだと？　私は店内を見回した。客は、この私だけ。三人のスタッフとひとりの客。それなのに、待たされるとは。実際には二分ほどだったが、こうした状況でひとりぽつねんと待たされていれば、一〇分にも感じられる。私は待ちながら、ここのスタッフにはどうしてものごとの優先順位がわからないのだろうと憤慨した。ちょっと通りにでれば、ライバルのレンタカー会社の駐車場があるというのに、ここの連中は店内にいる唯一の客を無視している！　私はこの日、レンタカーを運転しながら、この対応についてあれこれ考えた。翌日、車を返しに戻ると、前日とはちがうスタッフが勤務に就いていた。そして、レンタカーの返却にともなう手続きをすべて終えると、最後にこう尋ねてきた。

「弊社の顧客サービスは、いかがでしたか？」

習慣から思わず「よかったよ、ありがとう」と答えそうになったが、踏みとどまった。そして、その女性スタッフの顔を見ると、こう言った。「まあ、訊かれたから言わせてもらうけどね、実際のところ、ちょっとばかり驚いたよ」そして、この店にはいってきたときのスタッフの対応のようすを説明した。そんな場合の決まりなのだろう、お詫びになにか埋め合わせをさせていただきますと、彼女が言った。私は礼を言い、それは不要だと応じた。いずれにしろ、ほんの数分のことだったのだから。

「だがね、なぜあんな対応をされたのだろうと、その理由をずっと考えていたんだよ。そして、仮説を立てた」彼女が好奇心に駆られたような表情を浮かべたので、じつは毎晩、ゲームのことで息子とのバトルが絶えなくてね、という話を聞かせた。「それで、似たようなことが原因で、おたくのスタッフがパソコンの作業を中断できないんじゃないかと思ったんだ。たとえば、パソコンでなにかの処理を終わらせるところだったり帳簿を締めていたりしたら、作業を中断し、客への応対を優先するのはむずかしいだろう?」

「実際にご確認になりますか?」と、女性スタッフが提案した。そして私をカウンターの反対側へと案内し、パソコンの画面を見せてくれた。「私はいま、この画面で、お客さまの車の返却手続きをしています。もし、この作業を中断し、ほかのお客さまへの貸し出し手続きをしてしまうと、ここまでの入力情報はすべて失われ、また最初から作業をやりなおさなければなりません」作業の途中でデータを保存することはできないのかと、私は尋ねた。できますと彼女は応じ、やり方を教えてくれた。データを保存するには三回クリックし、三つのページを経由しなければならず、おまけに一度クリックするたびに数秒待たされる。そして三つめのページで、ようやくセーブボタンがでてくるが、セーブするまえに、ユーザーネームとパスワードを再入力しなければならない。それをすませると、ようやく三つのページをまた逆戻りし、ほかの客の処理が可能になる。ここまで、作業全体で一分ほど要することになる。

私が想像したとおりだった。入店した私の姿を認めたスタッフは、瞬時に、なにを優先するか判断した。パソコンでの作業をすぐに中断すれば、それまでの時間がむだになる。これは受けいれがたい。

私を一分ほど待たせて目のまえの作業をセーブするか、二分ほど待たせて現在の作業をすべて終えるか。いずれにしろ客を待たせることになるのなら、それが一分、長くなるくらい、どうってことないはずだ……。

なぜ、こんな事態になったのだろう？　なぜ、作業の途中ですぐにデータを保存し、あとでそこから再開するのが面倒なのだろう？　その答えは、パソコンのシステムが「ユーザー」にとって便利にできているからだ。この場合の「ユーザー」とは、レンタカー会社のスタッフである。だが顧客の立場もとりいれて、システムをデザインしたらどうなるだろう？　プログラムのなかに、顧客サービスへの配慮が組み込まれていたら？　あらゆる画面にセーブボタンがつくはずだ！

このストーリーの教訓は、レンタカーの受付だけでなく、さまざまな場面で活用できる。現代企業は例外なくコンピュータ・システムを利用し、あらゆる処理をおこなっている。そして、どの企業にも顧客がいる。貴社のシステムや手続きは、顧客の意向を無視し、社員の仕事の効率化だけを追求していないだろうか？　答えがイエスなら、あなたにはチャンスがある。あらゆるシステムや作業手続きを考える際に、顧客サービスを優先して組みいれよう。従業員が〝次のレベルに到達する〟ために顧客を待たせずにすむようになったとき、顧客の満足度はぐんと上がる。その成果に驚くはずだ。

まとめと演習

1　すばらしい顧客サービスのストーリーは、すぐれた仕事のやり方を社員に示すことができるうえ、会社自体の貴重なPRにもなる。ピザハットでのミートボール・サンドイッチのようなストーリーをむだにしてはならない。期限切れの運転免許証の話のように、ストーリーをさまざまな場で広め、活用しよう。

2　自分が受けたサービスについて、顧客が感想を気軽に書き込める場を設けよう。ウェブサイトに「ストーリー投函箱」をつくるのもいいし、自社宛ての切手不要の封筒に用紙をいれておき、顧客にストーリーを書いて送ってもらうのもいい。

3　業界のウェブサイトや、口コミやレビューのブログなどで、自社のサービスに関する顧客の感想をさがそう。顧客サービスの成功例と失敗例を発掘しよう。それらを活用し、顧客サービスが成功したストーリーをつくろう。ゴミの山に埋もれながらマウスピースをさがした女性支配人の例を参考にしてもらいたい。

4　人間は、自分の成功談を話すのは好きだが、失敗談を話そうとはしない。だが本来、失敗談こそ、語り継がれていくべきである。勇気をもって失敗談を話してほしいと、部下に伝えよう。

5　会社のシステムや作業手続きを、顧客サービスを念頭に置いて設計しよう。社員の作業効率だけを優先してはならない。顧客サービスを考慮すれば、顧客の満足度が上昇し、顧客の数も増える。顧客サービスより〝次のレベル〟への到達を優先するストーリーを話し、教訓にしよう。

〈HOW TO〉第7章　ストーリーの構成

「人類は幼児期にストーリーテリングの基礎を習得し、この能力を生涯保持する」

――スティーブン・デニング著『ザ・リーダーズ・ガイド・トゥ・ストーリーテリング』

一〇歳の子どもに「おもしろいお話って、どんなふうにできてると思う?」と尋ねれば、「ああ、そんなの簡単! はじまりがあって、真ん中があって、終わりがあるんだよ」という答えが返ってくるだろう。たぶんそのとおり。だが、あまり参考にはならない。これと同じ質問をハリウッドの脚本家に投げかければ、ストーリーには六つの構成要素――設定、きっかけ、最初のターニングポイント、クライマックス、最後の対決、解決――があるという返答が返ってくる(1)。あるいは認知心理学者に尋ねれば、もっと複雑な答えが返ってくるかもしれない。設定、おもな登場人物、対立と問題解決、発端となる出来事、感情の呼応、試み、結果、反応、結論に分けられる、と(2)。

しかしビジネスリーダーがストーリーを語る際に求められるのは、ごくシンプルな構成だ。べつに映画館で二時間も観客を魅了する必要はないし、発端となる出来事と感情の呼応に一貫性がある(その意味するところがなんであれ)必要もない。大人になれば、だれもが自然とストーリーテラーになっている。寝るまえに両親から本の読み聞かせをしてもらったころからずっとストーリーテリングの手法を学んできたのだから、よいストーリーの構成とはどんなものかが、あなたにはよくわかっている。それを思いだせばいいだけだ。

では、じつにシンプルなやり方で、そうした記憶を呼び起こしてみよう。「むかしむかし、あるところに……」という言葉を口にしたとたん、記憶のなかにあるストーリーの構成がよみがえってくるはずだ。その言葉の次につづくのは、主人公の紹介と決まっている。「むかしむかし、あるところに、ピノキオという名前の人形がいました」

そこまでくれば、その主人公の身になにが起こったかを話したくなる。「ウソをつくたびに、ピノキオの鼻は長く伸びていきました……そしてある日、ジミニーという名前のコオロギと出会いました……」こうしてさまざまな冒険談を語ったあとは、もちろん、むすびの言葉で締めくくる。「こうして、みんな、ずっと幸せに暮らしましたとさ」

けっきょく、冒頭で紹介した一〇歳児の答えが正しかったのかもしれない。たしかに、ストーリーには三つの要素がある。「はじまり」、「真ん中」、「終わり」だ。説明しやすくするために、この三つをべつの呼び方で呼べば、「背景」、「動き」、「結末」となる。それぞれにどんな内容が必要かを考えていこう。

背景

リーダーがビジネスの場でストーリーテリングを活用する際、この背景をおろそかにすることが多い。だがそうすると、ストーリー全体が混乱し、おもしろみがなくなってしまう。

背景はストーリーに必然性をもたらす。きちんと説明できれば、聞き手は関心を引かれ、このストーリーには耳を傾けるだけの価値があるとわかり、話の続きに興味と期待をもって聞きいる。そこでは、次の四つの点が説明されなければならない。この話は、いつ、どこで起こったのか？　主人公はだれなのか？　その主人公はなにを望んでいるのか？　だれが、あるいはなにが、邪魔をしているのか？　では、この四つの点について、ひとつずつ見ていこう。

1　いつ、どこで？

まず、状況を説明しなければならない——この話がいつ、どこで起こったかを述べる。これを明確にすれば、聞き手は、この話が事実なのか、それともフィクションなのか、判断できる。たとえば第3章で紹介したストーリーのように、「一九七一年秋、ボブ・マクドナルドは、ニューヨーク市ウェストポイントの陸軍士官学校に入学した」という文章ではじまれば、聞き手には、それが実話であるとわかる。あるいは「むかしむかし、とても遠いところに」という文章ではじまれば、それが民話のようなものであるとわかる。このように事実かフィクションかをはっきり伝えないと、聞き手が実話だと思って聞いていたのに最後に作り話だったとわかって失望するという危険がある。すると聞き手は裏切られたような気持ちになり、当然、あなたはストーリーテラーとしての信用を失ってしまう。私はまさにこの状況を目撃したことがある。

十数人のマネジャーを対象に、ビジネスの長期的戦略を練る研修を企画したときのことだ。それは非常に重要な研修だったので、外部のコンサルティング会社にサポートを依頼した。そこには、グループのリーダーとなり、話し合いをスムーズに進めるプロの進行役《モデレーター》も含まれていた。研修初日、モデレーターは自己紹介をしたあと、じつはきのう、空港でこんなことがありましてね、と話しはじめた。空港に到着し、ターミナルビルから外にでて、タクシーを拾おうとしたところ、手荷物受取所の正面の場所に違法駐車している車に、交通違反チケットを切っている警官がいた。すると、ひとりの男がターミナルビルから走りでてきて、警官を怒鳴りつけた。「なにしてるんだ？　ほんの数分とめて、カバンをとりにいってただけじゃないか！　ほかにすることがあるだろうが！」

男の激しい非難に冷静に耳を傾けながら、警官は違反チケットをワイパーの下に置き、またべつの違反チケットを書きだした。おそらく、警官を罵倒するという馬鹿な真似をした罪をとがめてのことだろう。すると男はいっそう激昂し、不快な言葉を並べたてた。警官が三枚めのチケットを書きはじめると、男はついに戦闘を放棄し、あわててターミナルビルのほうに戻りはじめた。そこで自分は男を呼びとめ、尋ねた。「どうして警官にわめきたてたりしたんだい？　あんな真似をすれば、よけいにチケットを切られるだけじゃないか」すると、男がにんまりと笑い、こう答えた。「かまわないさ。あれは、おれの車じゃないからね」

ただのジョークだったのだ。もちろんそのモデレーターは、ただ聞き手の緊張をほぐそうとしたのだろう。室内には愛想笑いが広がったが、そのあと、ぎこちない沈黙が訪れた。実話だと思って聞いていたものがただのジョークだったとわかり、聞き手は気持ちを切り替えなければならなかったのだ。

まちがえないでほしい。ストーリーにユーモアを織り交ぜるのは悪いことではない。だが聞き手を勘違いさせ、信頼を裏切ってはならない。このモデレーターはせめて、「先日、おもしろい話を聞きましてね。空港のターミナルビルからひとりの男がでてきて……」と話をはじめれば、もう少しましな印象を与えることができただろう。

2　主人公はだれ？

これは、ストーリーの主語だ。だれの視点から語られているのかを明確にする。ここで問題となるのは、主人公にどんな人物を選ぶかだ。もっとも重要な基準は、聞き手が主人公に一体感をもてること。そうすれば話を聞いているうちに、聞き手は主人公に感情移入し、自分自身が同じ体験をしたような気持ちになる。「あ、それ、自分のことかもしれない！」と思わせることが肝心なのだ。主人公がスーパーマンだったら、聞き手は愉快な話を楽しむかもしれないが、リーダーシップを学ぶことはできない。聞き手は空を飛ぶことなどできないし、鉄を曲げることもできない。いくらスーパーマンが世界を救ったという話を聞かされたところで、自分にも同じことができるという自信にはつながらない。

本書の「はじめに」で紹介した陪審員室のテーブルのストーリーでは、調査を依頼された大学生たちが主人公だった。私にこの話を教えてくれたジェイソン・ゾラーがこのストーリーを聞かせてきた相手は、ほぼ全員がかつては大学生だった。この話で主人公たちが「コンサルタント志望の聡明な学生がいかにも尋ねそうな質問を」すべて尋ねるとき、聞き手がコンサルタントならますます主人公に一体感をもつ。すると、いま聞いた話が自分自身のストーリーとなる。

だからといって、かならずしも主人公が実在の人間である必要はない。あなたの業界によくいる典型的なタイプの客を、架空の主人公に仕立ててもかまわない。だが、やはり、もっとも強い印象を残せる主人公は、語り手であるあなた自身だ。あなたの体験談なら信頼できるし、いったいだれの話なのか不安を覚えることなく、聞き手はストーリーに没頭できる。

3　主人公の望みはなに？

ヒーローはなにを達成しようとしているのだろう？　主人公の情熱、目的はなんだろう？　世界を救おうとしているのか？　売上目標を達成しようとしているのか？　それとも、ただ解雇されたくないのか？　ジェイソンのストーリーの学生たちの目的は、陪審員の審議のプロセスを改善することだった。役員のお歴々をまえにプレゼンテーションをおこなった私の目的は、ＣＥＯに関心をもってもらうことだった。このように、主人公の目的をはっきりさせなければならない。

4　だれが、あるいはなにが、邪魔をしている？

邪魔者、敵。そう、ストーリーの敵役だ。それはあなたの高校時代の強敵や、あなたを昇進させなかった上司のように、人間かもしれない。あるいは、ライバル会社や、社内ソフトボール大会で対戦する部署のように、組織かもしれない。あるいは、主人公が挑もうとしている山や、あなたが格闘しているコピー機のような物体かもしれない。あるいは、主人公のまえに立ちふさがる状況かもしれないし、第１章でジム・バンジェルが課された報告書作成という退屈な作業かもしれない。

ところが下手なビジネス・ストーリーには悪役が登場しない。すると話は退屈なものとなり、本来の目的をはたさなくなる。まるでただの自慢話だ。悪役がいなければ、ヒーローは逆境に打ち勝つ必要もない。難局を乗り切ることもない。つらい経験から貴重な教訓を学ぶこともない。ただ、ラッキーだっただけ。自分がどれほどラッキーかという話をいくら聞かせたところで、リーダーとしてなにかを教えることはできない。敵役のいないストーリーは、ストーリーにあらず。

さらに、敵役が登場しない話など、相手は聞きたくもない。企業で人材の育成開発を専門にするリチャード・パスコーはこう語る。「人は、不誠実を嫌う。そして不誠実とは、延々と成功がつづき、なんの問題も起こらないことだ。人生はそんなものじゃない」

陪審員室のテーブルのストーリーにおける悪役は、大学生チームを雇った判事だった。判事は、ストーリーの最初の段落で紹介されている。そして読者には、ストーリーの最後にくるまで、判事が悪役であることがわからない。

さあ、これで背景の構成がわかったはずだ。いつ、どこでを説明したあと、主人公、主人公の目的、そして悪役や障害を紹介しよう。

動き

これは、主人公の身に起こったことだ。ここでは、主人公が悪役と対決することが大事だ。争いが起きたり問題が表面化したりする。主人公は解決策をさぐろうとするが、最初は思うようにいかない。ストーリーのなかで主人公がつづける旅には、つまずきや一時的な後退が欠かせない。山あり谷ありだからこそ、ストーリーに興奮がともなう。だがもっと重要なのは、そこにかならず教訓が含まれていることだ。

たとえば、陪審員室のテーブルのストーリーでは、第二段落で動きがある。「学生たちは、判事、弁護士、陪審員経験者、地方裁判所の職員ら数十人にインタビューをおこなった」と、調査の内容を説明したあと、最初のつまずきが起こる。効果的な審議を妨げているかもしれない要素をあれこれ調べたにもかかわらず、「蓋をあけてみると、こうした要素は大した問題ではなかったことが判明した」のだ。論理的思考を駆使して道をたどってきた学生たちは、袋小路にはいってしまう。

こうして障害にぶつかったあと、とても解決策とは思えないようなもの、すなわちテーブルのかたちが一因だったことがわかる。当然、学生たちは興奮する。たいしてお金がかからない、有効な改善策を見つけることができたからだ。しかし、動きはまだ終わっていない。あわれな学生たちは、判事がすべての円卓を長方形のテーブルに交換するよう命じたことを知らされ、驚愕する。つまりたった数段落のあいだに、主人公たちは失望し、よろこびに沸き、ふたたび肩を落とすのだ。ハリウッドの脚本家が提唱するような手順をすべて踏んでいるわけではないが、ビジネス小噺としては充分に聞き手を引きつけることができる。

結末

結末は、ストーリーの最後のステージだ。そこでは、三つの目的を達成しなければならない。物語がどう終わるかを伝え、聞き手に学んでもらいたい正しい教訓を述べ、そもそも、なぜこのストーリーを話したのかという理由に立ち戻るのだ。

結末は、もちろんストーリーの終わり方であり、主人公の運命を説明するものだ。主人公は生きているのか、命を落としたのか？　悪役はふさわしい懲罰を受けたのか？　陪審員室のテーブルのストーリーでは、その結果は、最後から三番目の段落で説明されている。学生たちがどのように調査を終え、判事の決定を聞かされたときどんな気持ちになったのか。そして結末は「成績ではAの評価をもらえたかもしれないが、負け犬になった気分だった」という一文で終わる。

正しい教訓

最後から二番目の段落に、このストーリーの教訓が述べられている。「実際に調査に取りかかるまえに、調査目的を明確にする必要がある」ことを伝えているのだ。

ストーリーの教訓を明確にすべきか、するとしたら、いつ、どのように説明すべきかは、意見の分かれるところだ。ストーリーをうまく伝えることができれば、教訓は明白なのだから、わざわざくわしく説明するまでもないと考える人もいる。そのいっぽうで、ストーリーが多くの人たちの口から何度も繰り返されているうちに、明確に説明されないモラルが見失われるおそれもある。とくに失敗例を紹介するストーリーの場合は、聞き手がそこからなにかを学べるように、教訓を明確に伝えるほうがいいだろう。

ストーリーの教訓を明確に伝えるべきか否かという問題に関して、唯一の正解はない。どちらの方法をとっても、すばらしいストーリーが損なわれはしない。自分なりに判断し、工夫しよう。

理由に立ち戻る

陪審室のテーブルのストーリーの終盤の文章は、なぜ、そもそもこの話を伝えることにしたのかという理由に立ち戻っている。「経験は、最高の教師である。だが人はあらゆる経験を積めるわけではない。だからこそ、人の心に訴えかけるストーリーが有効なのだ」と述べている。ストーリーを聞いたあと、聞き手になにか行動を起こしてもらいたいのなら、ストーリーの最後でそれを明言しよう。

さあ、これで人の心に訴えかけるストーリーの基本的な構成がおわかりになったはずだ。巻末に、この構成要素の一覧を表にまとめたものを付録につけた。これを活用し、自分なりのストーリーを考えだす際の参考にしてもらいたい。

＊＊＊

ここまで、ストーリーの背景、動き、結末について見てきたが、次に、あるストーリーの三通りの書き方を比べながら、構成の重要性を説明しよう。慣れない人は、つい動きの部分から話をはじめてしまう。ゴルフ業界のブランド・マーケティングのストーリーで、その例を見ていこう。

バージョン1　動き、背景、結末

〈動き〉二〇〇〇年代初め、タイトリスト社はＮＸＴというゴルフボールの新ブランドを立ちあげた。ＮＸＴはごく平均的なプレーヤー向けで、スピンはあまりかからず、ソフトな打感で、安定性がある――まさに、製品のターゲットである九五パーセントのゴルファーが望む条件を満たしていた。タイトリストの上位商品であるプロＶ1がもつ性能には欠けていたので、長年、プロＶ1を購入してきた上級者の顧客は、ＮＸＴへとボールのランクを下げようとはしなかった。

〈背景〉ＮＸＴブランドは、増大しつつある購買層を獲得するために立ちあげられた。タイトリスト社はすでに、ハンディキャップ一五以下の上級者のあいだでは七五パーセントの市場シェアを獲得していた。とはいえ、上級者はアメリカのゴルファーのたった五パーセントにすぎず、残りの九五パーセントのゴルファーの市場では二〇パーセントしか獲得できていなかった。こうした状況で誕生したＮＸＴは、非常に大胆な試みといえた。というのも、このブランドは従来の常識に反した手法をとったからだ。従来の手法をとるなら、一般ゴルファー向けにはタイトリストの上位商品プロV1の低価格・低品質版をだしただろう。しかしその場合、これまで一個五ドルのプロV1を購入してきた上級者が、廉価版の新製品の性能で充分だと考え、一個三ドルのボールを買いはじめるおそれがあった。

〈結末〉NXTブランドが平均的ゴルファーの要望に的を絞った戦略は、結果として吉とでた。戦略が奏功し、平均的ゴルファーにおけるタイトリストの市場シェアは、二〇パーセントから四三パーセントへとはねあがった。さらに、上級者の市場でもシェアは上昇をつづけている。

結論。タイトリストは、平均的ゴルファーの要望が上級者層に比べて少ないわけではないことに気づき、大胆な戦略を立てた。平均的ゴルファーには、上級者とはまったく異なる要望があるのだ。このように顧客の要望を深く理解し、それぞれの購買層に満足してもらえる製品をデザインすることが肝心だ。

話として、悪くはない。だが、ストーリーテリングにおいてもっともよく見られる構成上のミスがある。背景と動きの順を逆に述べているのだ。実際に、このストーリーの聞き手になれば、あるいは語り手になっても、このミスにすぐ気づくだろう。このバージョンでは、まず動きから説明しているため、聞き手は混乱する。語り手はしばらく話したところで「すみません、ええと、説明が足りませんでした……」とかなんとか言い、必要な背景や状況の説明をするだろう。すると聞き手の顔が輝き、「ああ、そうか。それならわかる」と、また話に集中する。そこで語り手は、さきほど中断したところからストーリーを再開する。

なぜ、このようなミスを犯してしまうのだろう？　動きの部分がもっとも強く印象に残るため、思いだしやすいのだ。語り手の体験であれ、他人から聞いた話であれ、動きの部分はわくわくする。だからストーリーを語るとき、自分の興奮を一刻も早く伝えたくなり、聞き手がまだ背景をのみこんでいないのに、なにが起こったかを説明してしまう。語り手の運がよければ、聞き手の顔に浮かんだ表情からはたと気づいて、いったん話をとめ、背景の説明に戻るかもしれない。だが運悪く気づかなければ、ストーリーそのものがつまらなくなってしまう。

では同じストーリーを、適切な順番で述べてみよう。

バージョン2　背景、動き、結末

〈背景〉一九九〇年代後半、タイトリスト社のゴルフボールは、国内の上級ゴルファー（ハンデ一五以下）の市場では七五パーセントのシェアを獲得していた。だがその市場は、ゴルファー全体のたった五パーセントにすぎず、残り九五パーセントのゴルファーの市場では、二〇パーセントのシェアしか獲得できていなかった。その層をつかむために従来のマーケティング手法に頼るとすれば、タイトリストの上位商品であるプロV1の低価格・低品質版を売りだすことになる。だがそれでは、一個五ドルのプロV1を購入している顧客が、廉価版の新製品で充分だと考え、一個三ドルのボールを買いはじめるおそれがあった。

〈動き〉二〇〇〇年初め、タイトリストはついにNXTブランドのボールの販売を開始した。平均的ゴルファーの要望に応じ、この新製品はあまりスピンがかからず、ソフトな打感で、安定性があるようデザインされていた――全体の九五パーセントのゴルファーがボールに望む条件を満たしていたのである。上位商品のプロV1の性能は望めなかったため、これまで長年、V1を購入してきた顧客が

NXTへとレベルを下げることはなかった。

〈結末〉NXTの戦略は、英断であったことが立証された。平均的ゴルファーの市場では、タイトリストのシェアが二〇パーセントから四三パーセントへとはねあがった。そのうえ、上級者の市場でもシェアは上昇をつづけている。

結論。タイトリストは、平均的ゴルファーの要望が上級者層に比べて少ないわけではないことに気づき、大胆な戦略を立てた。平均的ゴルファーには、上級者とはまったく異なる要望があるのだ。このように、顧客の要望を深く理解し、それぞれの購買層に満足してもらえる製品をデザインすることが肝心だ。


さあ、流れがだいぶよくなった。

では最後に、三つめのバージョンも見てみよう。正しい構成を維持しながら、このバージョンにはもっとストーリーテリングの要素をくわえている。それらの要素についてはのちにくわしく説明していくが、ここでは、第13章で説明する「具体性」、第18章の「感情」、そして第19章の「サプライズ」といった要素が盛り込まれている。

バージョン3　改良版——背景、動き、結末

〈背景〉一九九〇年代後半、タイトリスト社のゴルフボールは、国内の上級ゴルファー（ハンデ一五以下）の市場では七五パーセントのシェアを獲得していた。だがその市場は、ゴルファー全体のたった五パーセントにすぎず、残り九五パーセントのゴルファーの市場では、二〇パーセントのシェアし

か獲得できていなかった。その層をつかむために従来のマーケティング手法に頼るとすれば、上位商品であるプロV1の低価格・低品質版を売りだすことになる。だがそれでは、一個五ドルのプロV1のボールを購入している顧客が、廉価版の新製品で充分だと考え、一個三ドルのボールを買いはじめるおそれがあった。さて、タイトリストはどんな行動をとっただろう？

考えてほしい。もし、ティーショットで三五〇ヤードは確実に飛ぶと保証する新製品のボールがあったら、あなたはどうするだろう。ただし、ボールはまっすぐに打たなければ、スライスして林のなかへと三五〇ヤード飛んでいってしまう。はたして、その製品を買うだろうか？　その答えは、当然、あなたの腕前による。上級ゴルファーで、ハンデが1か2という人なら、このボールがおおいに気にいるだろう！　だが、それ以外のゴルファーなら、すぐに紛失してしまうおそれのあるボールに金を浪費しようとは思わない。

では、どんなにひどい打ち方をしても、フェアウェーをまっすぐ飛んでいくと保証するボールがあったら？　ただし、どんなに飛んでも飛距離は二二五ヤードまでしかでない。このボールを買うだろうか？　やはり、それもあなたの腕前による。いつまでたっても初心者の域をでないゴルファーなら、ゴルフバッグがいっぱいになるまで、そのボールを買い込むだろう。だがプロなら見向きもしない。

〈動き〉一〇年まえ、タイトリスト社はまさにこうした熟慮を重ね、業界の常識を破ってNXTブランドを立ちあげた。どのショットもかならずフェアウェーをキープするとは保証していなかったが、このボールはあまりスピンがかからず、ソフトな打感で、安定性があるようデザインされていた――上級者以外、つまりゴルファー全体の九五パーセントがボールに望む条件を満たしていたのである。上位商品であるプロV1が満たしている性能は考慮されていなかったため、これまで長年V1を購入してきた顧客が低価格のＮＸＴへとレベルを下げることはなかった。

〈結末〉ＮＸＴの戦略は、英断であったことが立証された！　平均的ゴルファーの市場では、タイトリストのシェアが二〇パーセントから四三パーセントへとはねあがった。そのうえ、上級者の市場でもシェアは上昇をつづけている。

結論。タイトリストは、平均的ゴルファーの要望が上級者層に比べて少ないわけではないことに気づき、大胆な戦略を立てた。平均的ゴルファーには上級者とはまったく異なる要望があるのだ。このように顧客の要望を深く理解し、それぞれの購買層をよろこばせる製品をデザインすることが肝心だ。

構成を調整し、すばらしいストーリーに必要なほかの要素をつけくわえれば、よいストーリーを、よりよいストーリーに、そして最高のストーリーへと変えることができる。

まとめと演習

1　ビジネス・ストーリーは、小説や映画に比べると、構成がずっとシンプルだ。それでも、構成が必要であることに変わりはない。順序が重要で、それは「背景」、「動き」、「結末」である。

2　背景は軽視されがちで、省略されてしまうことも多い。だがその説明は必須だ。聞き手の関心を引き、このストーリーが聞き手に関係があることを知らせ、聞き手が興味と期待をもって話の続きに耳を傾けるようにしよう。

3　背景は、次の四つの疑問に答えなければならない。

a　このストーリーは、いつ、どこで起こったのか？　実話かどうか、あなたの体験談なのか他人から聞いた話なのかを明確にしよう。

b　主人公はだれ？　聞き手が一体感をもてる主人公にすること。主人公がスーパーマンであってはならない。

c　主人公の望みはなに？　聞き手にとっても、それは価値ある目標でなければならない。

d　だれが、あるいはなにが、邪魔をしている？　ストーリーの敵役。悪者がいないストーリーはつまらない。主人公はただ運がいいだけになってしまう。

4　動きは、主人公が悪者と戦うところにある。大半のストーリーテラーがもっともいきいきと再現できる場面でもある。

5　結末は三つのことを説明する。

a　ストーリーの結末——主人公は勝つのか、負けるのか？

b　正しい教訓。聞き手が誤解しないよう、わかりやすく説明してもかまわない。

c　そもそも、なぜ、あなたはこのストーリーを話しているのかという理由に立ち戻る。こうすれば、聞き手に起こしてもらいたい行動を示すこともできる。

第2部

勝利に向かう環境をととのえる

第8章　文化を重視する

「文化は、その明晰な声によってつくられ――もしくは破壊される」[1]

――アイン・ランド（アメリカの小説家、哲学者）

二〇一一年一月二五日、エジプト各地で反政府デモが発生。警察の蛮行、高い失業率、激しいインフレに抗議し、数百万もの民衆が自由選挙を求め、路上で抗議を繰り広げた。

この抗議活動は、当初は暴力をともなわなかったが、ほどなく、ホスニ・ムバラク大統領の支配下にある治安部隊との攻防へと激化していった。デモ開始後、数日のうちに、数百人の死者、数千人の負傷者がでたと報道された。首都カイロは交戦区域の様相を呈し、多くの民衆が安全を求め、首都からの脱出をはかりはじめた。シンシナティのP&G本社から現地に赴任していたラソウル・マダディもそのひとりだった。そして、マダディの妻と六歳の息子も。

一月三〇日日曜日、ラソウルは家族をカイロ国際空港に連れていった。目的地はエジプト国外であればどこでもよかった。その二日まえ、政府が夜間外出禁止令を発令したため、人や物資の動きは滞っていた。パイロットと乗組員は空港への出勤が困難となり、フライトのキャンセルが生じていた。外国の航空会社のなかにはすでにエジプトへのフライトの中止を決定したところもあり、その結果、国外に向かう便のキャンセルはさらに増えた。空港に人が押し寄せ、すぐに食糧と水がなくなり、あちこちでパニックが起こりはじめた。

ところがラソウルは、周囲の人たちより冷静だった。というのも彼は「もっとも大切な資産は社員である」と、ただ謳うだけではない企業に勤めていたからだ――P＆Gは、その週末、それを実証したのである。

空港に殺到した多くの人々の手に航空券《チケット》はなく、幸運な者だけがチケットを手にしていたが、それもいつなんどきキャンセルされるかわからなかった。三台の携帯電話機を操りながら、ラソウルはさらにチケットを入手しようと、旅行会社に電話をかけはじめた。国外脱出というわずかなチャンスに賭けるには、なるべく多くのフライトのチケットを買い、そのうちの一便でも運航することを願うしかない。

幸い、その前日の土曜日に、ラソウルは支援を求めはじめていた。勤務先の工場のマネジャーに電話をかけ、家族の安全を確保するために、どこまで自分の一存で動いてよいかと尋ねた。するとマネジャーはこう応じた。「ご家族のことを第一に考えてください。ご自分でベストと思った行動をとってください。全面的に協力します。いま、ドバイとヨハネスブルグのグローバル・セキュリティの担当者と連絡をとり、どこの国にせよ渡航先での行動をアドバイスできるよう準備を進めています」

海外からは女性の同僚が、なにか力になれないかと電話をくれた。「飛行機やホテルの手配をお願いしたいんだが」と、ラソウルは頼んだ。彼女はすぐに、世界じゅうの旅に精通している上司にかけあってくれた。そして土曜日を費やし、複数のフライトを予約し、複数の都市のホテルも押さえてくれた。

さまざまな人の支援を得た結果、ラソウルはその日、家族三人全員分の五つのフライトのチケットを確保することができた。空港では周囲の人たちも必死になって会社の担当者と連絡をとろうとしていたが、うまくいっている人はほとんどいないようだった。ラソウル一家はひたすら待ちつづけた。最初の便は、離陸予定時刻のほんの数分まえにキャンセルとなった。ふたつめの便も、ほどなくキャンセルとなった。ほかの客が途方に暮れるなか、ラソウルだけが、また次のフライトを待つ列にくわわった。「どうやって、そんなにたくさんチケットを確保できたんです?」と、ラソウルは訊かれた。

五時間が経過した。四本のフライトがキャンセルになったあと、ラソウルがチケットを確保した五つめの、そして最後のフライトはむだにならずにすんだ。シンガポール航空のドバイへの便がようやく離陸したのだ。その日、カイロから国外へと離陸する一便めか二便めの民間航空会社のフライトだった。

ドバイ到着後、事前に手配されていたホテルにチェックインすると、ラソウルはドバイの人事部のマネジャーに連絡をいれ、状況を説明した。手持ちの現金なし、エジプトの銀行口座へのアクセス不可能、クレジットカードは利用限度額目前なんですが、と。だが人事部マネジャーは、心配無用だと応じた。「あなたがこちらにおいでになる可能性があることは知らされていました。お世話させていただきます。必要なものをおっしゃってください」

いま、ラソウルはよく承知している。会社のもっとも大切な資産であるとはいったいなにを意味するのかを。だから会社の価値を評価するときには、給与や福利厚生といったものの先を見なければならないと助言する。「社員こそがもっとも大切な資産である」と述べている企業は多い。だが、カイロ空港で右往左往していた人たちのなかにも、そう宣言する企業に勤務する人はいたはずだ。ラソウルは自分の体験から、そう「宣言する」企業と、それを「実践する」企業のちがいを痛感した。そのちがいとは、マネジメントの権威であるスマントラ・ゴシャールが言うところの「職場のにおい」だ[2]。それは、自分は認められていると社員に感じさせ、やる気をもたせ、自分から積極的に仕事に取り組ませる雰囲気のことだ。なにより先に、自分は認められている、自分には価値があると社員が思えなければならない。P&Gでのラソウルのストーリーを繰り返し語れば、社員に期待される文化と価値観、同僚に期待できることを、ひとりひとりに伝えられるだろう。

企業文化は、社員の態度や品行で決まり、社員が語るストーリーで強化される。社員の品行とストーリーは、企業がだすどんな声明や方針の発表、CEOのスピーチよりも強い力をもっている。「われわれは社員を家族のように扱います」と発表したら、実際に社員を家族のように扱わなければならない。そのストーリーを語り継ぐことで企業文化がはぐくまれ、すべての社員が同様の行動をとるという期待が生じるのだ。

＊＊＊

とはいえ残念ながら、不品行のストーリーが企業文化を物語る場合もある。たとえば、チャールズ・ハムデン－ターナーとフォンス・トロンペナールスはその共著で、規則違反を指摘した社員に、まったくちがう対応を見せたふたりのCEOの例を紹介している[3]。

レブロン社の社長、チャールズ・レブソンは、受付デスクにかならず来訪者帳を置き、来訪者には例外なくサインをしてもらうという規則を設けた。あるとき、その週に受付係になったばかりの女性がデスクに座っていると、見覚えのない男性がやってきて、来訪者帳を手に歩いていってしまった。

受付係は彼のあとを追い、声をかけた。「申しわけありません。その来訪者帳は貸し出し禁止になっております。その旨、きつく命じられておりますので」すると、その男性、レブソンが振り向き、彼女をにらむと、こう言った。「今夜、きょうまでの給料をもらったら、私が何者か、訊くがいい」

これと対照的なのが、IBMの社長トム・ワトソンのストーリーだ。彼が役員陣とともに、セキュリティが厳重なIBMビルにはいろうとすると、入り口で一九歳の警備員から行く手をさえぎられた。ワトソンがセキュリティバッジをもっていなかったのだ。役員のひとりが声を荒らげた。「どなたか知らないのか？　わが社の社長だぞ！」しかし、ワトソンは一行をとめ、部下に自分のバッジをとりにやらせた。「警備員のほうが正しい」と、彼は認めた。「われわれがこのルールをつくった。それを守らなければ」

こうした逸話は、その後の数十年にわたり、社内で語り継がれるだろう。社の規定がどうであれ、こうした逸話が企業文化の土壌となり、社員の品行の模範となる。なにがあろうと社員がルールに従う文化をつくりたいのなら、トム・ワトソンのようなストーリーが必要だ。

＊＊＊

では、企業文化にそぐわない行動をとる社員のストーリーはなんの役にも立たないのだろうか？　幸い、そんなことはない。そうした行動をとったことで困難に直面したとか、厳しく叱責されたといった話をさがせばいい。次のストーリーがその好例だ。世界有数の金融会社モルガン・スタンレーに長く語り継がれてきた逸話である。

一九九〇年代、当時の社長ジョン・マックが朝の八時に社内を歩いていると、注文された朝食を届けにきた少年が通路で待っていることに気づいた[4]。その三〇分後、同じ場所を通りがかると、さきほどの少年がまだそこに立っていた。そこでジョンは少年に尋ねた。「さっきからずっと待ってるね。そのお客さん、なかなか受けとりにでてこないのかい？」

「はい」という返事。

ジョンは少年に、その客の電話番号を尋ねた。そして朝食を注文した当のトレーダーに電話をかけ、配達の少年が待っている通路に即刻出向きなさいと命じた。トレーダーがやってくると、ジョンは叱責した。チップで生計を立てている相手をけっして待たせてはならない、と。「いいか、きみと同じように、この少年もまた生活の糧を稼いでいる最中なんだ。そんな相手を三〇分も待たせてはならない。二度とこんな真似をするな」

このストーリーには、ふたりの人間が対決する場面が含まれているが、対立や衝突の場面がなくても、不品行が企業文化におよぼすダメージを指摘することはできる。社員のモラルの低下、有能な社員の退社など、悪影響が及ぶことを指摘するのだ。いくら悪行をはたらいても、なんのおとがめもないというストーリーが広がることだけは避けること。

＊＊＊

職場の文化とは、会社の規則や方針として経営陣から明示されていなくても、社員みずからが示す行動規範でもある。こうした規範は、社の定めた規則を凌駕する。勤務時間がその好例だ。たとえば、会社のガイドラインでは勤務時間が夕方五時までとなっていたとしよう。しかし、ほかの社員がみな午後六時まで働き、五時に退社するあなたを奇異な目で見れば、あなたもすぐ午後六時まで働くようになるだろう。

　最近の例でいえば、ＦＷＡ、すなわち柔軟な勤務形態《フレキシブル・ワーク・アレンジメント》の普及に、ストーリーテリングはおおいに貢献している。ＦＷＡは、一日の労働時間の短縮、職場以外での勤務など、社員がさまざまな条件下でも仕事を継続する環境をつくる制度だ。とはいえ、会社員である読者はよくおわかりだろうが、ＦＷＡ制度を形だけ採用している企業と、この制度を実際に、かつ気持ちよく活用できる文化をもっている企業のあいだには雲泥の差がある。たしかにＦＷＡ制度を採用している企業は多いが、なかには、明文化されていないルールが幅を利かせている企業もある。フレックス勤務や自宅勤務を活用しにくい雰囲気が社内にあるのだ。制度を利用しないよう、経営陣が社員に釘をさす場合さえある。たとえ、あからさまな嫌がらせを受けなくても、制度を利用しようものならやる気のない社員だという烙印を押され、出世に響くとおそれる社員もいる。

　ではＦＷＡ制度を本気で推奨していることを、どうすれば組織全体に伝えることができるのだろう？　制度を活用している社員をおおやけに褒め、その実例を広めるのがいちばんいい。たとえば二〇一一年六月、Ｐ＆Ｇの社員向けウェブサイトが、一本のショートビデオを公開した。ビデオには、Ｐ＆Ｇのサンノゼ支社とコスタリカ支社に勤務する三人の社員――シルビア・ポラス、アンネッテ・ロドリゲス、マリア・ティノコのストーリーがおさめられていた。

　シルビアがＰ＆Ｇのサンノゼ支社で勤務をはじめたのは、二〇〇〇年三月のことだった。原価計算のスペシャリストとして活躍したあと、二〇〇二年一一月に結婚。二〇〇五年にはアントニオという息子を出産した。子どもが生まれると、多大な時間とエネルギーを子どもに向けなければならなくなる。シルビアと夫のオーランドは、この新たな生活に協力して取り組み、ほどなく夫妻は次の子どもをもとうと決めた。だが、かれらも、よもや三つ子を授かるとは思ってもいなかった！　当然、お産にリスクがともなうため、シルビアは妊娠五カ月で傷病休暇を取得した。そして不安と期待をもってお産に臨み、二〇〇七年六月六日、ビクトリア、カタリーナ、イザベルという三人娘が家族にくわわった。

三歳未満の子どもを四人も抱え、シルビアと夫の手はふさがった。シルビアは丸一年、育児休暇を申請し、上司に気持ちよく認められた。とはいえ、シルビアにとっては仕事もまた人生の大切な要素だった。そこで上司は、彼女が職場でも自宅でも効率よく働けるよう、うまくワーク・ライフ・バランスをとる体制をととのえた。

一五カ月間、休職したあと、シルビアは仕事に復帰した。以前と仕事の内容はまったく同じだったため、新たな職務について学ぶ必要はなかった。そのうえ週に三日間、自宅での勤務を認められた。おかげでシルビアは、フルタイムのベビーシッターを雇わずにすみ、乳幼児であるわが子との絆を強めることもできた。自宅勤務の日は、朝、子どもたちを入浴させ、昼には一緒に食事をとり、そのあいまに仕事をこなすことができたのだ。

アンネッテとマリアには、それぞれの事情があり、勤務地と勤務時間に柔軟性が欠かせなかった。会社のＦＷＡ制度は、そうした彼女たちの要望によく応じた。彼女たち三人の体験談を特集したビデオは、会社のウェブサイトに公開され、数千人の社員が視聴した。もし、あなたの組織で、明文化された規範と明文化されていない規範のあいだに隔たりがあるのなら、社として強化したい規範を守っている社員のストーリーを見つけ、それをあまねく広めよう。

本章の最後を飾るストーリーは、文化を理解し、文化に順応することの重要性を示している。ここでいう文化とは、企業文化ではなく国の文化であり、ストーリーの主人公は、残念ながら現地の文化を理解していなかったひとりの外国人である。

＊＊＊

一九九五年一月一七日、午前五時四六分、日本の神戸を巨大地震が襲った。六〇〇〇人以上が命を落とし、三〇万以上の人が避難を強いられた[5]。地震のマグニチュードは七・三、過去七〇年、日本が経験したことのない規模の地震だった。もっとも大きな揺れに見舞われた地域のひとつが、神戸港につくられた人工島、六甲アイランドだった。本土とは二本の橋でむすばれているが、どちらの橋も地震で損傷を受け、機能しなくなった。数日間、住民は島からでることができず、食糧や日用品のたぐいはなかなかはいってこなかった。P＆Gの北東アジア統括部は六甲アイランドを拠点としており、多くの社員がそこに暮らしていた。

地震発生からの数日間、食糧を入手できる貴重な手段のひとつが、自動販売機だった。自動販売機がまだ機能していることがわかると、すぐに行列ができ、またたくまに商品は売り切れとなった。P＆Gの敷地内にも自動販売機があり、やはり行列ができていた。並んでいた社員のひとりに、アメリカから赴任してきたマネジャーがいた。ようやく行列の先頭にくると、彼は飲み物を四本——家族ひとりに一本ずつ——買い、列を離れた。もし、彼がもっと注意深く周囲を観察していれば、列に並んだ人間は例外なく、たった一本しか飲み物を買っていないことに気づいただろう。そして二本め、三本めを購入するために、また列の最後に並んでいることにも気づいただろう。

公平という考え方は、日本文化に欠かせない。行列に並んでいる人たちは当然、一度に数本の飲み物を買ってしまいたかったはずだ。だが他者を尊重し、公平を期するために、だれもが一本買うごとに行列の最後に並びなおしていた。アメリカから赴任してきたばかりの男性社員は、日本の現地社員が暗黙のルールに従っていることに気づかなかったかもしれないが、日本人社員のほうは、アメリカ人社員の行為に気づいた。こうした非常事態においても――自分の家族を最優先に考えてもしかたのない状況においても――彼の行為は、恥ずべきものと見なされた。オフィスが改修され、業務再開の運びとなるまえに、アメリカ人社員の不品行に関する噂が社員のあいだに広まった。彼の評判には傷がつき、もはやリーダーとして社員の指揮をとるのは不可能だった。上司を尊敬していない部下を統率することなどできない。

彼はすぐに解任され、アメリカに呼び戻された。

P&GのCEO、ボブ・マクドナルドは、このストーリーをよく役員たちに話して聞かせ、現地の文化を理解することが重要だと説いている。それぞれの国で、なにをすべきであり、なにをすべきでないかを、いちいち教えることはできない。だがこのストーリーを伝えれば、現地の文化を知らなかったばかりに深刻な結果を招くこともあると、実例を教えられる。あなたの組織でもこのストーリーを伝えれば、同じ効果をあげることができる。聞き手はこれから、現地の人たちの行動をもっと注意深く観察し、見本とするよう心がけるだろう。あのアメリカ人社員もそうしていれば、任期途中で呼び戻されることなく、任務をまっとうできたはずだ。

まとめと演習

1　従業員に価値があることを示す方法は、給与だけではない。企業文化や社風、つまり「職場のにおい」が、その指標である。この点を重視して経営陣が行動を起こせば、「職場のにおい」が生じるよう、種を蒔くことができる。そうした企業文化を強化するには、それに関するストーリーを社内に広めることが肝心だ。

2　強化したい企業文化をリーダーが実践しているストーリーを見つけたら、それを広めよう。反政府デモで荒れるエジプトから逃れたP＆G社員の話や、IBMの入り口で警備員に制止されたトム・ワトソンの話を伝えよう。

3　品行のよくない従業員のストーリーもまた、当人が厳しい叱責を受ける結末があれば、反面教師として役に立つ（配達の少年を待たせたモルガン・スタンレー社員の話など）。

4　企業理念がどうであれ、ほんとうに社員の規範となるのは、実際の社員の行動だ（FWA制度を活用している社員など）。あなたが広めたいと思っている行動を実際にとっている社員のストーリーを見つけ、広め、その行動を推奨しよう。

5　それぞれの地域文化の理解を過小評価してはならない。どんなリーダーでも、それ抜きでは成功できない。遠い異国に赴任するマネジャーがいるのなら、神戸で自動販売機に並んだ社員のストーリーを話して聞かせよう。聞き手は赴任先で現地の文化を理解すべく、観察に励むはずだ。

第9章　価値観をつくりあげる

「『われわれは誠実さを重んじます』という言葉には、なんの意味もない。しかし、自分のミスを隠したせいで会社に数千ドルの損失を負わせた元社員の話や、いさぎよく自分のミスを認めたために信頼を獲得し、取引先からの受注を倍増させた営業部員の話をすれば、誠実さがなにを意味するか、社員に教えることができる[1]」

——アネット・シモンズ著『プロフェッショナルは「ストーリー」で伝える』

マーガレット・パーキンはイギリス在住のトレーナーであり、コーチであり、ベストセラー作家でもある。ある企業の貴重な文化的遺産となったストーリーを、彼女はこう伝えている。

大型スーパーマーケットのチェーン店を展開するその企業は、新たなCEOを迎えた。新CEOは顧客第一主義を強く信奉しており、この理念を駐車場の利用法にも反映させることにした。当時、従業員が自分の車を店の駐車場のどこにとめるかは、職階級《ヒエラルキー》をもとに決められていた。管理職はスーパーの正面入口にもっとも近い駐車スペースを確保し、平社員はもっとも遠いところに駐車していたのだ。だがCEOが決定した新たな方針では、入口から近い駐車スペースは顧客のために空けておかなくてはならず、管理職も全員、もっとも遠いところに駐車することになった。そのおかげで、管理職は毎日、駐車場や敷地内のようすを観察できるようにもなった。

CEOに就任してほどなく、彼は各店舗を視察してまわりはじめた。ひどい土砂降りのなか、ある店に到着したときのことだ。傘をもっていなかったので、彼はむずかしい選択を迫られた。駐車場の端に駐車し、雨で高価なスーツを台無しにするか？　それともスペースがたくさん空いている正面入口付近に駐車し、この雨だからきょうは例外だということにするか？　従業員たちはそわそわと新CEOの到着を待ちながら、彼の車が駐車場のなかをぐるりとまわっているのを見て、いったいどこに駐車するだろうと考えていた。その疑問はすぐに解けた。土砂降りの雨のなか、黒っぽいスーツとネクタイを濡らしながら、彼が一〇〇メートルほどの距離を走ってくるのが見えたからだ。全身、ずぶ濡れである。

この店舗では、たまたま紳士服を販売していた——量販店向けの低価格ブランドではあったが。それで新CEOはスーツを一着購入し、視察をはじめるまえに着替えることができた。とはいえ、この新CEOが店の正面入口に全身ずぶ濡れで息せき切って到着したときには、出迎えのため待ちかまえていた従業員のあいだには押し殺した笑い声が広がった。おまけにそのあと、先ほどよりはるかに安物の、それも身体にあっていないスーツに着替えた新CEOの姿を見たときにも、従業員は笑いをこらえることができなかった。そして、この話はまたたく間に広がった。たいていは聞き手の笑いを誘ったが、だれもがそこに、彼が〝顧客第一〟という主義を貫きとおした事実を見てとった。スーツを新調しなければならず、自分の威信に傷がつくことを承知しながらも。

聞き手を楽しませるエンタテイメント性だけではなく、このストーリーには、報告書、スピーチ、会社理念のスローガンが束になってかかるよりも、〝顧客第一〟という価値観を社員に伝える力がある。いうなれば新ＣＥＯは、安物のスーツ一着に投資しただけで莫大な見返りを得られたのだ。

あらゆる企業が、企業理念や、企業がもつ価値観を明確に述べている。自社の「価値観と理念」と呼ぶところもあれば、「われわれが信じていること」と表現するところもある。だがいくら、わが社はこれこれの価値観を尊重しますと述べたところで、それが事実かどうかはわからない。困難な状況で立証されないかぎり、机上の空論にすぎない。厳しいながらもそれをまっとうする道を選ぶか、楽な逃げ道を選ぶかで、それがほんものかどうかがわかるのだ。短期的に見れば、楽な逃げ道のほうが魅力的に見える。そのほうが利益があがり、都合がいいうえ、決まり悪い思いをせずにすむし、場合によっては自分をよく見せることもできるからだ。

先述のスーパーマーケットの新ＣＥＯは、厳しいながらもそれをまっとうする道を選んだ。そして楽な逃げ道を選択しなかったからこそ、〝顧客第一〟主義を貫きとおしているという評判を自分にも自社にも得ることができた。いくら店の休憩室に「お客さまが第一です」という標語を貼りつけても、そのとおりの評判を得られるわけではない。だが、このストーリーを繰り返し従業員に伝えていけば、まちがいなくそうなる。

だからこそ、組織で確固とした価値観をつくりあげる際には、ストーリーが必要となる。そしてこうしたストーリーだけが、苦境に立たされたときにも価値観をまっとうする原動力となる。アネット・シモンズはこうしたストーリーを「行動における価値基準」と呼んだ。自社の価値観を行動に移し、価値観にのっとって行動すればなにが起こるかを、こうしたストーリーは示している。

では企業理念や企業が大切にする価値観として、よく列挙されているものを見ていこう。たとえば「誠実さ」。Ｐ＆Ｇも、自社の価値観のひとつとして「誠実さ」を掲げ、こう定義している。「私たちは常に正しいことをおこなうために最大限の努力をします」、「私たちは、互いに、相手に対して正直かつ率直です」、「私たちは、法律とその精神に則って、ビジネスをおこないます」、「私たちは、あらゆる行動や決断において、P&Gの価値観と理念に従います」

これらは、だれの基準から見ても、すばらしい価値観だ。だが苦境におちいったとき、こうした言葉があなたに正しい決断をさせる原動力となるだろうか？　では、世界有数の保険会社、ノースウェスタン・ミューチュアルの次のストーリーをためしに読んでもらいたい。ノースウェスタン・ミューチュアルでは誠実さがいったいなにを意味するのかが、箇条書きを読むよりも明確にわかるはずだ。

ノースウェスタンは、一八五七年、ウィスコンシン州ミルウォーキーで創業された。その二年後、ウィスコンシン州では初めての大規模な列車事故が起こり、一四人の乗客が犠牲となった。犠牲者のなかにはノースウェスタンの保険契約者が二名、含まれていた。ふたりの犠牲者の遺族は、総額三五〇〇ドルを請求した。だが残念ながら、社の資産は二〇〇〇ドルしかなかった。経営陣は厳しい選択を迫られた。それぞれの遺族に対する支払いに上限を設けるべきか？　はたまた借金をしてでも請求された保険金を支払うべきか？　だが借金を頼んだところで、まだ産声をあげてから二年しかたっていない会社に、そして実際に支払い不能におちいっている会社に、いったいどこが金を貸してくれる？　熟慮のすえ、経営陣は自分たちの責務をはたした。個人的に借金をして差額を埋めたのだ。そして通常は支払い期限が九〇日間あるにもかかわらず、迅速に、請求された保険金を全額支払った。[2]

このストーリーは、ノースウェスタンでは伝説となり、社員はいまでもこの話を語り継いでいる。そして、保険契約者のために正しいことをする選択と、会社に利益をもたらす選択のあいだで板ばさみになると、このストーリーを思いだす。すると、自分のとるべき道がおのずと見えてくる。

こうしたストーリーは、組織の価値観や理念に、いきいきとした意味を与える。それは箇条書きにされた表現ではできないことだ。あなたの会社にも、かならずどこかに、このようなストーリーが隠れている。それを見つけ、褒めたたえ、わかちあおう。

＊＊＊

このように、倫理やモラルの価値観を具体的に説明したいのなら、ストーリーを語るのがいちばんだ。では、善悪の判断とは関係ない企業理念についてはどうだろう？　ジョン・ペッパーの著書から、あるストーリーを紹介しよう。[3]この世界でもっとも成功した小売商のストーリーから、ひとつの企業理念が浮かびあがってくるはずだ。

一九〇五年、テキサス州サンアントニオで創業されたH・E・バットは、こんにち、テキサス州からメキシコ北部にかけて三一五店舗を展開する、地域でも有数の小売チェーン店だ。現在、H・E・Bという名称になったこのスーパーが創業してから五七年後の一九六二年、サム・ウォルトンが、テキサス州と隣接するアーカンソー州に、自分のスーパーの第一号店（のちにウォルマートと名づけられた）を開店した。二〇年後、ウォルマートは全米に出店し、テキサス州最大の小売業者の栄誉をH・E・Bから奪った。こうしてH・E・BのCEOチャールズ・バット（創業者の孫にあたる）と、サム・ウォルトンは、ライバルとして激しい競争を繰り広げることになった。

いまや自社を追い抜き、市場のトップに躍りでたライバル社から学ぼうと、チャールズ・バットがサム・ウォルトンを訪問し、うちの経営陣に貴社のことを勉強してほしいと思っている、ついては貴社の本部にうかがわせてもらってもかまわないだろうかと尋ねた。お役に立てるかどうかはわからないが、もちろん歓迎しますと、ウォルトンが応じた。その当日、チャールズ・バットと役員たちが、指定されたウォルマートの店舗に到着し、サムのもとに向かった。チャールズが店内にはいると、長い通路のはるか彼方で、サムがひとりの顧客と話し込んでいるのが見えた。時間をむだにしたくなかったチャールズは、役員たちを引き連れ、せかせかと通路を歩いていった。すると、近づいてくる一行に、サムが気づいた。「チャールズ、すぐ行くよ。いまちょっと、こちらのお客さまのお話をうかがっていてね」なんとサムは、その若い女性にアイロン台のカバーを売ろうとしているではないか。

しばらく会話をつづけると、女性はカートにアイロン台のカバーをいれ、レジに向かって歩きはじめた。サムはようやくチャールズのほうを振り返り、真剣な面持ちで尋ねた。「チャールズ、ボロボロになったアイロン台のカバーが、この国に何枚あると思う？　よし、月末までに、アイロン台のカバーを一〇〇万枚、売ってみせるぞ」

のちにチャールズは、こう感想を述べている。ウォルマートはまちがいなくカバーを一〇〇万枚売ってみせるにちがいないと、そのとき自分は確信した、と。そして実際、ウォルマートはその目標を達成した。それもこれも、売り手が実際に現場に立ち、顧客と親密に接したからだ。それはチャールズ・バットと経営陣が、その日、学んだ教訓のひとつだった。

こんどは、あなたの番。想像してもらいたい。あなたはいま、ウォルマートの従業員だ。このストーリーから、企業理念について、どんな教訓が学べるだろう？　私の場合、次のような教訓を学んだ。

1　**ほかの小売業者は、われわれのライバルではあるが、敵ではない。**われわれは同じ業界で、共通の目的をもって働いている。互いに相手の秘密を漏らすことなく共通の目的に向かって邁進できるのなら、協力すべきである。

2 **お客さまが第一**。自分と会うためにわざわざ五〇〇マイルもの距離を飛んできてくれたH・E・BのCEOと役員の一行が近づいてきたにもかかわらず、サム・ウォルトンはCEO一行を待たせ、顧客との会話をつづけることを優先した。

3 **顧客の要望や要求をよく理解することが肝心**。サムはどうやって、ボロボロになったアイロン台のカバーが国内に山ほどあることを知ったのだろう？　顧客に質問を重ね、知ったのだ。

4 **粘り強さは報われる**。忍耐強さとは、顧客がさがしている商品を見つけるまで、けっしてあきらめないことを意味する。女性客が自分の選んだ商品に満足し、カートにいれるまで、サムはあきらめなかった。

5 **情熱が勝つ**。ウォルマートが毎年、数え切れないほどの商品を販売しているなか、サムは瞬時にして、月末までに達成するアイロン台カバーの販売目標を立てた。さらには、そうしたチャレンジができることに、見るからに胸を躍らせていた。情熱は伝染する。情熱を浸透させることができれば、あなたはその効果に目を見張るだろう。

このように、ひとつのシンプルなストーリーでさえ、多様な価値観を伝えることができる。自分の組織にどんな価値観を広めたいのか、まず、明確にしよう。次に、そうした価値観をわかりやすく説明しているストーリーを見つけよう。第30章で、目当てのストーリーを見つける方法について説明する。

とはいえ、企業理念や価値観をはっきりと示すストーリーさえあれば、そうした価値観をすぐに実践できるとはかぎらない。ときには、決意や努力をしても、実践がむずかしいこともある。そうした状況に直面したら、少しばかり創造性をはたらかせよう。次のようなストーリーがあれば、どれほどむずかしい状況に直面しても、企業理念をまっとうする知恵を伝えることができる。

＊＊＊

P＆Gのグローバル部門の社長だったマーティン・ニュクターンは、仕事でも私生活でも規律正しい生活を送っていた。あるとき、彼は自分のオフィスに次のようなメッセージを掲げた。「私の勤務時間は、月曜から金曜の朝八時から午後六時まで。それ以外の時間は、家族と自宅にいます」と。つまり、言外のメッセージはこうだ。「上記以外の時間、あなたは家族と自宅にいるべきであり、オフィスで働いていてはならない！」

彼のリーダーシップ哲学には「リーダーは企業の価値観を体現して生きるべきだ——目に見えるかたちで」というものがある。リーダーが企業の価値観を体現すれば、部下たちも同じような行動をとるというのだ。「出張先でリーダーが高価な夕食をとり、高級ホテルに宿泊すれば、部下たちも同じことをする。リーダーが毎日、午後三時に帰宅すれば、部下たちもそうする」

マーティンがニューヨークに出張したときのこと。とある広告代理店の社員が、マーティンをメトロポリタン・オペラに招待した。マーティンがオペラの大ファンであることを知っていたのだ。オペラのチケットは安くない。とくにS席は高額だ。そして広告代理店の社員から贈られたチケットは、まさにS席だった。P＆Gでは、二五ドル以上の価値がある贈り物を受けとってはならないという方針が定められている。万が一、受けとってしまった場合は、贈り物に相応する金額を支払わねばならない。しかし、広告代理店の社員にとってみれば、芝居やオペラのチケットをクライアントの手に渡すのはめずらしいことではなかった。

マーティンは結局、広告代理店の社員と一緒にオペラ鑑賞にでかけた。チケットの金額をどうしても聞きだせなかったので、帰宅するとメトロポリタン・オペラに電話をかけて価格を教えてもらい、こう尋ねた。そちらに寄付金を募集している「オペラの友」のような組織はありますか、と。一週間後、広告代理店の社員のもとに、メトロポリタン・オペラから一通の封筒が届いた。ところが、それは社員宛てではなく、社員の愛犬ジルダ宛てだった。封筒のなかには、犬の名前が記されたメンバーシップカードがはいっていた。そして、このたびはオペラへのご支援として寄付金をお寄せくださりありがとうございました、という礼状が添えられていた。それは、どうにかしてチケットの代金を支払おうと考えたマーティンの苦肉の策だった。

以来、ジルダのもとには半年おきにメトロポリタン・オペラから公演予定の案内が届く。すると飼い主は、正しいことをするために機転をきかせ、洒落た方法をとったマーティンのことを思いだし、気持ちをなごませる。マーティン自身はといえば、この話を聞かせながら、おかしそうに笑う。そして、正しいことをするのはそう簡単ではないと、聞き手に念を押す。それでも少しばかり頭をひねれば、かならず方法はあるものだよ、と。

本章を通じて伝えたいのは、企業の価値観は社員の行動と、そうした行動をよく表現したストーリーによって決まるということだ。キャビネットのなかに埋もれている企業理念の声明文によって決まるわけではない。企業理念をきちんと伝えられるストーリーがひとつも見つからないのなら、社員の立場からすれば（それがもっとも重要だ）、企業理念そのものが明確でないおそれがある。

まとめと演習

1　企業理念は、それが現実に行動で示されないかぎり、言葉の羅列にすぎない。駐車場でずぶ濡れになったCEOの話をすれば、企業理念が実践された例を伝えることができる。

a　あなたの会社の理念や価値観とはどんなものだろう？　それをひとつずつ紙に書きだし、それぞれが実証されているストーリーを社史からさがしだそう。どんな人が、どんな状況で、どんな行動をとったのか。そうしたストーリーは、あなたの会社の財産だ。

b　ふさわしいストーリーのひとつを、週に一度は語る機会をつくろう。企業理念の実践が必要な場面は、思いのほか多いはずだ。

2　企業理念を箇条書きで説明しても、それを具体的にどう行動に移せばいいかを伝えることはできない。ストーリーにはそれができる（ウィスコンシン州の列車事故の話を思いだしてもらいたい）。

3　「社員の採用にあたっては、どんな技能や性格を重視しますか？」と、P&GのCEO、ジョン・ペッパーが質問を受けたことがある。リーダーシップがあるかどうかを重視しますか？　それとも、分析能力？　問題解決力？　戦略的思考？　彼の答えは「誠実さ」だった。ジョンはこう説明した。「ほかのことは、入社後に教えればいい」

- あなたの会社がもっとも重視している価値観とはなんだろう？

●その価値観を伝えるために、現在、活用しているストーリーはなんだろう？
●そうしたストーリーには、伝えたいメッセージをよく理解させるだけの力があるだろうか？

4　自社の価値観を具体的に説明しているストーリーが見つからない場合は、あなたや同僚が次のような状況に置かれたと想像し、ふさわしいストーリーを考えてみよう。

a　非常にむずかしい選択を迫られる。

b　約束をしても、それを守るのがむずかしい。

c　正しいことを明確にするために、会社が手引書をつくらねばならない。

d　むずかしい決断を迫られており、結論をだすまえに人事部や倫理委員会のメンバーに相談しなければならない。

e　あることをしてくれと頼まれたが、自分としては気が進まない。

f　自社の創業者が誇りに思ってくれるような行動をとった。

g　ふたつの異なる価値観のあいだで板ばさみになっている。

5　ストーリーは〝勤労〟、〝忍耐〟、〝お客さま第一〟など、その意味を明確に定義するのがむずかしい価値観に生命を与えることができる（サム・ウォルトンとアイロン台カバーのストーリー）。

6　自分の会社にどんな価値観をもたせたいか考え、そうした価値観をよくあらわしているストーリーを見つけよう。いくらさがしてもそうしたストーリーが見つからないのなら、そもそも、あなたの会社には明確な価値観がないおそれがある。

7　企業の価値観をまっとうして生きるには、少しばかり創造性が必要となる場合がある。〝メトロポリタン・オペラから礼状を送られた犬〟のようなストーリーは、ちょっと機転をきかせて工夫をすれば、正しい行動をとりやすくなることを伝えている。

第10章　協力をうながし、良好な人間関係を築く

「人が集まることが第一歩、一緒にとどまることが進歩、力をあわせて働くことが成功[1]」
——ヘンリー・フォード（アメリカの実業家）

よくある話だが、ある地方支社の一部門が再編成され、大都市からマネジャーが異動してきた。おかげで長年マネジャーを務めてきた前任者は、アシスタント・マネジャーとして補佐役を務めるはめにおちいった。新マネジャーが到着するまえから、チームはすでにその男性のことを悪く思っていた——とくにアシスタント・マネジャーは「どうせ、傲慢で、早口で、なんでも知っているといわんばかりの態度をとるやつだろう。ここでの仕事のことなど、なにひとつわかっちゃいないくせに！」と思っていた。そんなおり、ワシントン州に拠点を置く組織が、この部署に二日間、チームワークと戦略に関する研修をおこなう講師を派遣した。幸いなことに、その講師は第４章で紹介したコミュニケーションの専門家、イブリン・クラークだった。

イブリンはチーム全員に、自分の人生におけるストーリーを披露してもらうことにしたが、その方法たるや、遊び心に富んでおり、斬新だった。数十冊の雑誌、厚紙、ハサミ、糊《のり》を用意し、「ご自分

の過去、現在、未来をあらわすコラージュをつくってください」と頼んだのである。社員はいい大人であったにもかかわらず、みな小学生のようにはしゃいで作業にとりかかり、手を動かしながらずっと喋っていた。

コラージュができあがると、ひとりひとり順番に、使用した絵や写真がなにをあらわしているかを説明し、自分のストーリーを語っていった。当然のことながら、だれもが互いのことを以前より深く知ることができた。だが、このコラージュ制作がもっとも効果をあげたのは、現マネジャーと元マネジャーに対してだった。一見、ふたりはまったくちがうタイプに見えたが、重要な共通点がいくつもあることがわかり、ふたりのあいだの緊張感が一気にやわらいだ。また、どちらも家族のことをなにより大切にしているとわかると、驚くべき変化が生じた。ふたりは一対一でランチをとり、親交を深めたのである。午後の研修がはじまるころにはすっかり意気投合し、まるで古くからの同僚のようになっていた。

＊＊＊

ストーリーテリングによって共通の価値観が見つかれば、良好な人間関係を築くことができるが、ほかにもチームワークを強める方法はある。次のストーリーを読めば、個人の体験談を語ることで、社員のあいだに相手を思いやる気持ちが生まれることがわかるはずだ。そしてまた、社員のあいだの絆が強くなればなるほど、リーダーが力を発揮しやすくなり、その結果、チーム全体がよりよい成果をあげられることもわかるだろう。

就職や転職は、いまの自分を「よりよい自分」に変える絶好の機会だ。こちらになんの先入観ももっていない人たちと仕事をするのは、真っ白なカンバスに新たな自分という絵を描くようなものであり、一種の贈り物といえる。だれにでも、もう少し改善したい点はあるものだ――評判のいい勤勉な人でさえ。それはまさに、二〇〇八年、ジェイミー・ジョンソンが、オハイオ州シンシナティに拠点を置くリサーチ会社、シークに転職したときに考えていたことだった。

ジェイミーは、有能な消費者リサーチャーであり、まじめに仕事に取り組んでいる。話しかけられれば笑みを浮かべ、ジョークを言われればすぐに笑い声をあげる――だれにでも好かれるタイプだ。ところが自分でも認めているとおり、以前の職場での彼にはどこかしらロボットのようなところがあった。仕事と私生活を明確に区別していたのだ。「ぼくは仕事をするために職場にいる。友だちをつくるためじゃない」と、彼は考えていた。その結果、職場での人間関係はどこか表面的だった。同僚と話すことといえば、天気や昨夜のフットボールの試合という程度。そこでジェイミーは、シークに初めて出社する日、こうした態度をあらためようと決心した。一日に八時間ものあいだ一緒にすごす人々と、もっと意義ある人間関係を築こうと思ったのだ。こうしてジェイミーは転職先では親しみやすい態度をとり、同僚とのあいだに垣根をつくらないように努力した。

ところが一年たっても、シークでの人間関係は、以前の職場のそれと比べて深まったとはいえなかった。「なぜ、うまくいかないんだろう?」彼は悩んだ。「ぼくはプロの消費者リサーチャーだ。毎日、消費者のみなさんの胸の奥にある思いや希望を明かしてもらっている。それも二〇分まえに会ったばかりの、まったくの赤の他人に! 消費者リサーチのときには努力していることで、同僚と接するときにはしていないことが、なにかあるんだろうか?」

それは、どんぴしゃりの疑問だった。実際、ジェイミーは消費者に心をひらいてもらうために、いくつかのテクニックを駆使していた。自虐的なユーモアはいつもうまくいった。ときには共通の趣味を見つけることもある。だが、もっとも効果的なテクニックは、自分を包み隠さず見せることだった。自分の弱みを見せ、不安な気持ちや欠点を共有するのだ。

ジェイミーは、仕事ではおこなっていた努力を、同僚に対しては放棄していたことに気づいた。そこで、同僚にも同じテクニックを使ってみることにした。その数週間後、チームワーク強化のミーティングがひらかれたとき、チャンスがめぐってきた。会社の創業者がこう言ったのだ。「それぞれ自分についてなにか教えてくれないだろうか。話したいことを、話したいだけでかまわない」と。そこでジェイミーは思いきって、非常に個人的な話をはじめた。

ジェイミーは、弟のスティーブンについて語った。かれらは、同じ家で同じ両親に育てられた。人生には苦難がつきものだが、ジェイミーは平和な子ども時代をすごした。愛する家族がいて、いい友人に恵まれ、学校の成績もよく、おおむね自分に満足していた。いっぽう弟のスティーブンは、双極性障害、いわゆる躁うつ病に苦しんでいたが、当時は正確な診断がくだっていなかった。気分にもふるまいにも極端に波があり、ある日はとんでもなく興奮し、意気揚々としているかと思うと、翌日には、うつ状態におちいり、不安に押しつぶされそうになっている。治療を受けていなかった弟の感情はジェットコースターのように上下し、とてもコントロールできなくなった。そして二〇〇一年四月一六日、一九歳のスティーブンは自分の車で西に向かった。州の境界線をふたつ越えたあと、車がガス欠になり、ハイウェーの路肩に車を寄せた。それから銃をとりだし、頭を撃った……。その日のドライブは、すばらしい若者がとった最後の立派な行動でしたと、ジェイミーは説明した。自宅近辺で息子の遺体と対面するというつらい思いを、弟は両親に味わわせたくなかったのでしょう、と。

この悲劇はジェイミーにとってまちがいなくつらい体験であったはずなのに、彼はそこに、気持ちをなぐさめる点をなんとか見つけだした。「私はそれまで、人生のすべてをごく当たり前のこととして受けとめていました。でも、その日から、なにひとつ当然だとは思わなくなりました」いまジェイミーは、さまざまな点で自分が恵まれていることに感謝している。そしてまた、多くの時間をボランティアにあてている。地域の子どものためにバレーボールとフットボールのコーチを務め、週末には低所得者層を支援するグループにも参加している。自然の流れともいえるかもしれないが、自殺防止を訴える全米各地の団体にも協力し、資金集めや社会へのアピールに貢献している。「そうすれば弟のことを思いだせますし、弟の存在をポジティブなものにできるような気がするんです」

ジェイミーが話を終えるころには、会議室の半分の人たちが涙を流していた。ミーティングが終わると、会議室をでるまえに何人かの同僚が近づいてきて、彼をハグした。ジェイミーがあれほど豊かな感情の持ち主であり、深みのある人間とは知らなかったと、語りあう同僚もいた。「いや、びっくりした」と、ある社員。「突然、ジェイミーが立派な男に見えたよ!」ふだんはめったに感情をあらわさない同僚たちさえ、ジェイミーの肩をやさしく叩き、賞賛するようにうなずき、「すばらしかったよ」と声をかけてくれた。それから数日もすると、ジェイミーが同僚とかわす会話の中身は、天気やスポーツといった当たり障りのない話題から、彼の家族、人生、夢といった深い話題へと変化していった。

ジェイミーはいま、以前より楽しみながら働いている。むろん、同僚との絆も強まっている。では同僚に受けいれられたあと、リーダーとしての能力にどんな変化が生じたのだろう?「ぼくのチームは、以前よりずっと成果をあげるようになりました。仕事仲間を大切に思えるようになれば、仕事中に時計の針など気にならなくなるものです」意義ある人間関係を築くことができれば、相手の最善の部分を引きだせることを、ジェイミーは身をもって学んだ。そして彼にとって、その意義ある人間関係は、たったひとつのストーリーからはじまったのである。

ジェイミーのストーリーからわかるように、もっとも効果的なチームワーク強化法は、ごくシンプルなものだ。メンバーに車座《くるまざ》になってもらい、自分について語ってもらえばいい――それも、個人的な内容であればあるほどいい。不安な気持ちを明かしたり、これまでの人生で体験した苦難や痛い失敗を告白したりして、自分の弱さを正直に見せると、非常に効果がある。ふつう、よく知らない相手には個人的な話をしない。ところが個人的な話をしなければ、いつまでたっても同僚は「よく知らない人」のままだ。この悪循環から抜けだそう。チームのメンバーに、自分のことを語ってもらおう。そうすれば、もう同僚は「よく知らない人」ではなくなる。

＊＊＊

互いに個人的な話をわかちあえば、チームワークを強化できるが、良好な人間関係を築き、組織力を強化する方法はそれだけではない。仕事のストーリーもまた人間関係に同様のインパクトを与え、その結果、会社の利益に貢献する。大手グローバル・コンサルティング企業でパートナーを務めるトムは、こうしたストーリーの真価を実感している。次に、トムの体験談を紹介しよう。

「すまない、トム。おたくとの契約は解消させてもらうよ――少なくとも当面は」

トムのようなコンサルタントにとって、これはクライアントから聞かされる最悪のせりふだ。

「なにがあったんです？」と、トムは尋ねた。フォーチュン一〇〇社に選ばれた企業からこんな話があるとは、よほど深刻な事態におちいっているにちがいない。実際、そのとおりだった。事態は深刻だった。そのクライアントは四半期の業績予想を大幅に修正せざるをえなくなっており、その内容たるや、ウォール街全体に不安を広めかねないものだった。

なぜこうした事態におちいったのか、クライアントは、その経緯をくわしく説明した。トムは二〇年のキャリアを積んでいたが、これほど変わった問題に直面したことはなかった。それでも、クライアントに支援が必要であることだけは、よくわかった。いくら契約を打ち切られたからといって、あとは自力でやってくださいとクライアントを見捨てるわけにはいかない。そのためには、こうした問題に対処した経験のある人間を見つける必要がある。だが、それは非常にめずらしい問題だった――つまり、会社がおおやけにするのを避けるたぐいの問題だった。そのため、同様の状況におちいったことのある企業を見つけるのは至難の業と思われた。

そこで、トムはクライアントに〝マンスリー・チャレンジ〟の話をした。これは、トムの会社のコンサルタントたちが毎月、楽しみにおこなっているコンテストだ。世界じゅうの全パートナーが、クライアントのとくにむずかしい問題について、名前を伏せた説明を受ける。説明を聞いたあと、かれらはそれぞれのチームで昼食か夕食にでかけ、その問題について論じあい、解決策を提案するのだ。だからそのあいだだけは、数万人ものコンサルタントが同じ問題に取り組んでいる。とはいえ、それはたったの一時間であり、その問題についてリサーチすることも分析することもできない。ただ、互いにいくつかのストーリーを伝えあい、活発な議論を戦わせ、アイデアを練るだけである。その場で共有されるストーリーは、過去にいつ似たような問題に直面したか、そのときどんな対応をとったか、そしてどんな結果となったのか、というものだ。こうして食事を終えると、チームはそれぞれの解決策を報告し、また自分の業務に戻っていく。その後、もっともすばらしい解決策を提案したチームは会社から表彰される。

このコンテストには多くの利点がある。難題に直面しているクライアントは、問題解決に向けて全社員に知恵を絞ってもらえる。そのクライアントを担当しているチームは、解決策を提示し、次の課題に着手できる。だがそれだけではなく、このコンテストは社員の団結力を強化し、人間関係を円滑にするうえでも役立っている。食事をとりながら話し合うあいだ、社員は自分が担当している仕事としばし距離を置き、チーム一丸となってひとつの問題に取り組むことができるからだ。そのうえ一時間、互いにストーリーを分かちあえば、まるで子どもたちがキャンプファイアーを囲むような一体感が生じる。さらには、世界各地のオフィスに勤務するコンサルタントたちのつながりを強めることもできる。考えてほしい。このコンサルタント会社には、世界数十カ国で働く社員がいる。大半の社員は互いの顔も知らないし、同じクライアントの仕事をしたこともない。こうした人材の多様性と豊富な体験が、コンサルタントが直面するさまざまな難問に解決策を提供しているのだ。すばらしいことではないか。

トムは、このクライアントが直面している問題を、すぐにマンスリー・チャレンジでとりあげてもらった。すると四八時間以内に、数万人のコンサルタントが問題解決に向けて話し合いをはじめていた。そして三週間後、同様の問題に直面したことがある、競合関係にない二社のクライアントが見つかった。そして世界各地から、じつに創造的な解決策が三つ提案された。トムはそうした解決策をクライアントに提示し、クライアントと力をあわせ、そのなかから最善の方法を選んだ。

トムが直面した難問とマンスリー・チャレンジで提案された解決策は、コンサルタント企業としての会社の力を強化した。いっぽうトムのクライアントは、トムの尽力のおかげでウォール街に悪影響をおよぼさずにすんだ。当然、その後、トムの会社との契約打ち切りという話は立ち消えになった。

どんな仕事であれ、だれにでも、これまでに体験したことのない問題に直面することがある。だが、そうした問題の大半は、以前にどこかでだれかが体験したものだ。トムの場合はマンスリー・チャレンジを利用し、新旧を問わず、最高のストーリーを求めて世界各地に質問を投げかけることができた。どんな業界であろうと、社員が互いにストーリーを語りあう機会を定期的に設ければ、かならず知恵が浮かびあがってくる。ストーリーを分かちあえば新たなアイデアを得られるし、全従業員を一致団結させることができる。

＊＊＊

ここまで、ストーリーテリングを活用すれば協力的な環境をつくりだせることを示してきた。さて、本章で最後に紹介するストーリーは、協力的な環境が組織に存在することを、異なる部署や社外にも伝えられるという例を示している。

現代の大企業に欠かせないピラミッド型の階級制は、軍隊をモデルにつくられている。士官の階級が高くなればなるほど統率する兵士の数が増えるように、管理職の階級が高くなればなるほど部下の数も増える。階級が上がるたびに大きな権力をもつようになり、収入も増え、尊敬の対象となる。そしてトップに近づくほど、上に立つ者は孤独を感じる。上官や上司には服従しなければならず、まちがったことを言ってはならないという恐怖心も一因となって、管理職は近寄りがたく冷たい人間に見られがちだ。軍隊においては、将校は戦闘の指揮をとり、死闘へと部隊を送りださねばならないから、近寄りがたさも威力を発揮する。ところがビジネスの場においては、近寄りがたさは害にしかならない。冷淡で人間味がないと思われている人物に、リーダーとしてチームを統率するのはむずかしい。

ここで、キャロルにご登場願おう。彼女はフォーチュン五〇〇社に選ばれたグローバル企業で戦略部長として活躍している。彼女の上司としてチームを統率しているのが、グローバル戦略責任者（GSO）のベンだ。キャロルは非常に聡明で、勤勉で、野心にあふれていたが、彼女のことを威圧的だと感じる部下が多いのも事実だった。キャロルの仕事は、世界各地の支社に飛び、数千人のマネジャーに彼女が開発したビジネスモデルを採用してもらって、会社全体に変革を起こすことだった。

ベンは会社の役員として、社用機を利用できるという特権をもっていた。自分が選んだ部下を連れ、小型自家用ジェット機ガルフストリームG４で出張に赴くことができるのだ。今回の出張の目的地はヨーロッパ支部。研修では、とりあげられる話題が激しい議論を呼ぶことが予想され、行きの機内ではだれもが神経質になっていた。しかし、蓋をあけてみれば研修は大成功をおさめ、チームは万雷の拍手を送られた。

その晩、キャロルと三人の部長たちは町に繰りだして祝杯をあげた。ホテルのカジノで明け方までギャンブルに興じ、最高級のフランスワインを堪能した。朝になり、四人がジェット機の居心地のいい座席におさまると、ベンは前日の研修の報告をしてほしいと声をかけた。四人があきらかに二日酔いの状態にあることに気づかなかったのだ。「申し訳ありませんが、いまは無理です。まだへろへろで、とてもまともな報告ができる状態じゃありません。明日、オフィスに戻ってからでもいいでしょうか？」上司の命令を拒否したのだから、不服従と受けとられてもおかしくはない。だが、四人は前日、いい仕事をした。ベンは寛容にも部下の意見を認めた。

離陸後まもなく、四人はぐっすり眠りはじめた。ベンは起きて仕事をしていた。数時間がたったころ、こんどはベンが少しばかり午睡をしようと思ったが、ほかの四人が目覚めはじめた。会社の上司が社用機で昼寝をしたいと思ったら、すやすやと眠る権利があるはず。ところが部下たちはぱっちりと目が覚めており、昨夜のカジノでの興奮をまだ引きずっていた。そこで、四人はふたたびトランプで祝いつづけることにした——騒々しいポーカーで。

騒々しさにたびたび目が覚めたものの、ベンは不平を漏らさず、帰国後もその話を周囲に口外しなかった。ところが、四人の部下はこの出来事をあちこちで話した。こうして、帰国のフライトの話はすぐに社内に広まった——報告をしてほしいというベンの要求に応じなかったばかりかポーカーに興じ、上司の眠りを妨げた話が。このストーリーは、組織に三つのメッセージを伝えていた。第一に、四人の部長たちもまた、ごくふつうの社員であり、同じような欲望と弱い意志をもつ人間であること。かれらはもはや四角四面の企業戦士ではなくなり、一気に人間らしく見えるようになった。第二に、四人の部長は上司を尊敬してはいるものの、その接し方は同僚への接し方と変わりがなかったこと。ポーカーをしたい人間が四人いて、眠りたい人間がひとりいれば、四人はポーカーをする。多数決の原理だ。第三に、ベンの側もまた四人を同等に扱い、不満を述べなかったし、これに関してなんのとがめも示さなかったこと。

つまり、ひとつのストーリーが、威圧的な管理職たちを人間味あふれる親しみやすい人間に変えることができたのだ。こうしてかれらは近寄りがたい人間ではなくなり、ほかのマネジャーたちは、かれらと一緒に仕事がしたい、その力を借りたい、相談に乗ってもらいたいと思うようになった。

企業の階級制は、厳格な軍隊の階級制を基盤にしている。しかし、このストーリーからわかるように、自分の組織のことを杓子定規に考える必要はない。

まとめと演習

1　私たちがふつう、職場で個人的な話をしないのは、職場の人が「よく知らない人」たちだからだ。そしてこちらから自分の話をしないかぎり、いつまでたってもかれらは「よく知らない人」のままだ。この悪循環を断ち切ろう。

2　部下に車座になってもらい、自分自身について話してもらおう――内容は個人的なものであればあるほどいい。相手と共通の価値観があることに気づけば、より協力的な人間関係を築くことができる。個人的なストーリーを共有すれば、個人的な価値観はいっそう明確になる。

a　機会があれば、チームの仲間とそうしたストーリーを交換しよう。大都市から着任した新しい上司に、この方法が奏功した例を考えよう。

b　自分の弱み、不安、つらい体験などを知ってもらうのも、ひとつの方法だ。ジェイミーが弟の話をしたように、自分の弱さをさらけだそう。

3　仕事のストーリーを共有すれば、協力関係が生まれる。クライアントから契約を解消されそうになったトムがとった行動を参考にしよう。自分の会社でも同じような行動を起こせば、自社にもクライアントにも利益が生じ、あなたはもっと協力的なチームを形成することができる。

4　ストーリーを利用すれば、協力的な環境がととのっていることを、社外やほかの部署にアピールでき、人材の採用や雇用維持にも役立つ。社用機に搭乗した四人の部長のストーリーを話せば、社内の協力体制を強化することもできるだろう。

第11章　多様性《ダイバーシティ》を尊重する

「あらゆるデータや個人的体験にかんがみても、多様性を重んじる組織の思考、イノベーション、パフォーマンスは、均質化した組織のそれを上まわる。多様性を最大限に活用するからこそ、勝利をおさめることができるのだ」

——A・G・ラフリー（P&G、元CEO）

ベバリー・キーオンは、一九五五年、アーカンソー州シートンのプランテーション（大農園）で、八人きょうだいの四番めとして生まれた。父親は小作農、母親は地主の自宅で奉公人を務めていた。夏のあいだは、ベバリー自身もきょうだいと一緒に綿摘みに駆りだされた。

一九六〇年代に南部で子ども時代をすごしたベバリーは、侮辱的な言動や冷遇に苦しんだ。それは、こんにち、少しでも想像力のある人間なら大きなショックを受けるであろうたぐいのものだった。レストランには正面からではなく裏口からはいった。水飲み場では「黒人用《カラード》」という標識のあるところで飲んだ。その水は隣にある「白人専用《ホワイツ・オンリー》」の水飲み場から流れてきた排水だった。白人の家の誕生会に呼ばれることも、白人の家に宿泊することも禁じられた。だが当時、それらは当然のこととしてまかりとおっていた。

九年生のとき、黒人専用の学校が閉鎖され、白人専用の学校と統合されることになった。その四年後の一九七三年、ベバリーはクラスの上位二割の成績で卒業し、シャツ製造工場に機械工として就職した。ほどなく昇進し、オフィスで秘書の仕事をすることになった。こうして彼女は、職場で正式に給与をもらえる立場になったふたりめのアフリカ系アメリカ人従業員となった。「ほかの事務員たちは、私のことを馬鹿にして笑いました。まるで私にはなんの感情もないみたいに、外見や話し方をからかうのです。私は自分の肌の色や髪質を四六時中、意識していました。そして、いつも『私が白人だったら、もっとましな扱いを受けられるのに』と考えていました」三年後、ベバリーは会社を辞めた。

次に雇ってくれた会社でも、ベバリーは見くだされ、ひどい扱いを受けつづけた。入社して二五年後、夫の仕事の都合で引越しを余儀なくされたが、幸い、勤務先の会社はその町にべつの工場をもっており、彼女はそこで働くことができた。異動先では、工場のオペレーター一三一人の給料支払いの仕事を任されることになった。すると異動の直前、上司が彼女をオフィスに呼びだし、アドバイスを授けた。「あっちに行ったら、面の皮を厚くするんだぞ」と。「おまえは工場全体で唯一の黒人になるだろう。あれこれ言われるだろうし、攻撃の的になるかもしれない」ベバリーにはそれがなにを意味するのか、わからなかった。これまでと、なにがちがうのだろう?

新たな勤務先に出勤すると、それがなにを意味するのか、すぐにわかった。出勤初日、ベバリーの上司が烈火のごとく怒ったのだ。それは勤続二五年の従業員として、彼女が年に五週間の休暇を取得できることが判明したからだった。「おれだってそんなに休暇をもらったことはないんだぞ。だいいち、おれはおまえのボスだ!」彼女が正当な休みを一日とるたびに、彼は嫌味を並べたて、不満をぶちまけた。そして、ことあるごとに彼女の仕事にケチをつけた。

毎週、手作業で一三一人の従業員の給料支払いをこなしていれば当然の話だが、あるとき、ついにベバリーはミスを犯した。「ああ、もうこれで終わりだと思いました」と、ベバリーは言う。上司はずかずかとオフィスにはいってくると、ドアを乱暴に閉めた。「なんなんだ！」彼は怒鳴った。そして凍りついたように座っているベバリーを、延々と非難しつづけた。それはたった一〇〇ドルのまちがいにすぎず、ほんの数分もあれば修正できるものだったのに。

ベバリーは、工場長の力を借りようとしたものの、無理だとわかった。似たような扱いを二年受けたあと、彼女はＥＥＯＣ（雇用機会均等委員会）に訴訟を起こした。

工場の対応はお粗末だった。ニュージャージーからやってきた地域マネジャーは、ベバリーの部署の責任者が彼女の上司であることを思いださせ、「責任者である彼が言うことには、従わねばならない。それがいやなら、辞めればいい」と言い放った。

その数カ月後、会社が破産申請をおこなったため、ベバリーは長い法の戦いをまぬがれた。訴訟をとりさげる見返りに提示された退職金を受けいれた。二七年間奉仕したあと、ベバリー・キーオンは失業した。それは、一九五二年でも一九六二年でもなく、二〇〇二年のことだった。四六年ものあいだ、ベバリーはその種の扱いしか受けてこなかったのである。

二〇〇五年二月、ベバリーはアーカンソー州フェイエットビルのＰ＆Ｇ支社で、新たな職を得た。就職して一週間もすると、彼女はこれまでとはちがうことを実感した。「ちがう惑星にきたのかと思いました。周囲の人の顔を見るだけで、私に対する偏見がないのがわかりました。自分が黒人であることが、なんの障害にもなっていないのです。私はもはや仕事を割りあてられたひとりのアフリカ系アメリカ人にすぎない。職場にはいろいろな人がいました。中国、日本、ウクライナ、イギリスからきた人もいれば、ボストンやシンシナティのようなアメリカの各都市からきた人もいました。そして自分の扱われ方に、心底、驚きました——ほかの人とまったく変わりがなかったのです！」

ベバリーは、P&Gに入社した直後のころのことを、こう説明する。「まるで貧しい国から飢えた状態でアメリカに連れてきてもらったような気がしました。毎日、新鮮な空気を吸っているような気分でした。だれもが一緒にランチを食べ、一緒に笑い、一緒に働く。自分が黒人であることを恥じる必要はないのです。もちろん、周囲の人には私の肌の色が見えますし、私のアクセントだって聞こえます。でも、私自身を見てくれるのです。私の技術、情熱、能力、チームの一員になりたいという意欲を。ときどき、私、うれしくて泣きたくなるほどです！」

多様性が認められている環境で働くことで、ベバリーの仕事の成果にはどのようなちがいが生まれたのだろう？「いま、私は毎日、職場で最高のベバリーを発揮しています！　仕事を愛していますし、自分が一員となっているチームを誇りに思っています。これまで長年、仕事をつづけてきましたが、黒人女性であることを初めて誇りに思っているのです！」

二〇〇五年、P&Gに初めて出社した初日、これまでより居心地のよさそうな環境で、彼女はどんな行動をとったのだろう？「驚いた表情を顔にださないようにしようと思いましたが、でていたでしょうね……もしかすると、いまだにびっくりした表情を浮かべているかもしれません」P&Gに入社してから六年がたち、ベバリーはようやく、きちんとした扱いを受けることに慣れはじめた。P&Gのチームの仲間と一緒に働いているかぎり、ベバリーがほかの接し方をされることは二度とないだろう。

ベバリーのストーリーからは、労働環境がひとりの人間の自尊心と仕事の実績にとてつもなく大きな影響をおよぼすことがわかる。たしかに、ここ五〇年、アメリカのビジネス界には雇用の機会均等や働き方の多様性において、大きな進歩が見られた。とはいえ、その進歩はどこでも見られたわけではないし、いまだに不完全である。だからこそ、ベバリーの体験談を語りついでいかねばならない。

哲学者であり詩人のジョージ・サンタヤーナは「過去を記憶に残せない者は、それを繰り返す運命にある」と述べた[1]。あなたが一緒に働いている人たちの歴史を知ろう。自分の周囲にベバリーのようなストーリーが数多く隠されていたことがわかり、驚くはずだ。

＊＊＊

多様性の問題は表面化しにくく、ベバリーの例のように、現存する人物が証言できるものばかりではない。それどころか、自分の仕業をまったく自覚しない加害者が、なんの良心のとがめもなく相手を傷つける場合がほとんどだ。シリコンバレーを拠点とするロジテック社の社長、ブラッケン・ダレルのストーリーを紹介しよう。

ロジテックに転職するまえの会社に勤務していたころ、ブラッケンにはひとりの男性上司がいた。この上司を、ここではジャックと呼ぼう。ブラッケン同様、ジャックは三〇代の白人男性だった。教養があり、見聞が広く、世界各地に旅した経験があり、現代的で進歩的なものの見方をする世慣れた男。つまり性別や民族的な背景に関係なく、だれのことも同等に扱うだろうと思わせる男だった。ブラッケンの見るところ——当然、本人の自覚としても——だれが相手であろうと、ジャックはつねに公平にふるまっていた。ブラッケンのチームには、ほかにアフリカ系アメリカ人の男性――ここではドンと呼ぶ――と、白人女性――ここではサリーと呼ぶ――がいた。ジャックはこのチームのところに顔をだすと、いつも三人のメンバーと気取らずに接した。

ある日のこと、ランチを食べながら、リーダーとしてのジャックの資質について、ブラッケンはドンと話していた。そして、ジャックはだれとでも分け隔てなく接していると、その態度を褒めた。ところがドンが同意しないので、ブラッケンは驚いた。「きみには、わからないだろうね」と、ドンが言った。「きみから見れば、フロアを歩いているジャックは、だれとでも公平に接しているんだろう。だが、ぼくから見ればそうじゃない。ジャックはまずきみのデスクに行く。ジョークを飛ばしてきみの背中をぽんと叩く。そしてきみの話に耳を傾け、にっこりと微笑み、声をあげて笑う。それがすむと、ジャックはサリーのデスクに行く。『ご家族は元気？　ご主人は？』と尋ねる。『今週、お子さんたちの予定は？』と尋ねることもある。それから、ぼくのデスクにまわってくる。ジャックはただ微笑み、こう言うんだ。『やあ、ドン』と」

たしかに、ジャックは社員ひとりひとりと気さくに話す。しかし、サリーやドンに対する接し方と、ブラッケンに対する接し方はまったくちがう。ブラッケンに対しては、まるで兄弟のような口調で話しかける。ところがサリーのことは、妻、あるいは母親としてしか見ていない。だから「ご主人は？お子さんたちは？」としか尋ねない。まるで、彼女の存在価値はそこにしかないみたいに。さらにはドンが相手だと、なにかを尋ねようとさえしない。

自分が「ドン」か「サリー」であるところを想像してもらいたい。ジャックの部下として、自分はどの程度、認められていると思えるだろう？　上司の注意を引こうとブラッケンと張りあった場合、自分に昇給や出世のチャンスがあると思えるだろうか？　こんにち、ブラッケンはこのストーリーを社員に伝えつづけている。そして、たとえ悪気はなくても、それがささいなことであっても、自分のふるまいが他人に大きな影響をおよぼす可能性があることを警告している。あなたもこのストーリーを広めれば、マネジャーにもっと自覚をもたせることができる。そのまえに、まずはあなた自身が自分の行動をあらためてみることだ。

＊＊＊

前述のふたつのストーリーは、多様性の問題を理解してもらううえで役に立つ。しかしストーリー自体が、解決策の一部となる場合もある。次のふたつのストーリーがそれを物語っている。

ビジネススクールの教授陣のなかには、地元のビジネスリーダーたちの体験談から多くを学べることを知っている人がいる。そのひとりが、ザビエル大学のアート・シュリバーグ教授だ。教授は定期的に地元の企業の役員を招き、学生のために講演してもらっている。ザビエル大学の所在地であるシンシナティ近郊にはフォーチュン五〇〇社に選ばれた企業が九社もあるため、そこから輝かしい肩書きをもつ役員を選び、講演を依頼するのだ。

二〇〇〇年代初頭、あるリーダーシップのクラスに、そうしたCEOのひとりが講演者として招かれた。講演が終わりに近づいたころ、ひとりの若い女性が挙手し、「EEOCについてどう思われますか？」と尋ねた。EEOC（雇用機会均等委員会）は、人種や性別などによる雇用差別の防止を目的とした連邦政府の機関である。

「EEOCには虫酸《むしず》が走る！」と、CEOは吐きすてるように言った。「だれを雇用するか、政府に指図されるいわれはない。そんなことは反アメリカ的じゃないか！」質問をした若い女性はショックのあまり目を大きく見ひらき、教室には沈黙が広がった。この不快な状況にどう収拾をつけるつもりなのか。シュリバーグ教授は固唾を呑んで見守った。

ところがCEOは顔色ひとつ変えず、話をつづけた。「四年ほどまえ、もっと女性やマイノリティーを雇わないとEEOCから目をつけられますよと、弁護士から忠告された。私は上から命令されるのはきらいだが、アメリカ政府と揉めたくはなかった。そこで人事部のマネジャーを呼び、もっと女性やマイノリティーを雇うよう、伝えた」

その後、二年ほど、会社はEEOCの定めたルールを遵守した。しかし、その後、EEOCはルールを少し緩めた。「だが、うちはなにひとつ変えなかった。というのも、そのころには、社は売上の最高記録を塗り替えていたんだ！　その二年ほどのあいだに雇った女性たちは、女性層をターゲットとした商品のマーケティングの手法を教えてくれた。これが想像以上でね。おまけに各部署に多彩な才能をもった社員が増えたおかげで、わが社の商品開発はいっそう創造的で革新的になった」と、CEOは話をつづけた。

「だれを雇うべきか、指図されるのは気にいらない」と、CEOは認めた。「しかし、おかげで成功できたことに反論の余地はない」

このように、もっとも意外な場所から多様性を擁護する意見がでることもある。差別是正を推進する組織がこうした理念を表明するのもいいが、もともと懐疑的だった人物のストーリーのほうが、はるかに説得力がある。学生はリーダーシップだけではなく、貴重な教訓を学ぶことができたのだ。

このストーリーは、多様性政策の推進が、公平かつ正当であるだけではなく、ビジネスにとっても利益になることを示している。聞き手のなかに懐疑派がいる場合、このストーリーを活用しよう。

＊＊＊

もうひとつのストーリーは、よく練られた民話だ。多様性の価値を伝え、その実践を推奨するうえで、民話はうってつけである。架空の人物のほうが、自分になぞらえて考えやすく、そこから学んだ教訓を実生活でいかそうという気になるからだ。

次に紹介するのは、アフリカ西部に古くから伝わる『旅人』という民話を、私なりにアレンジしたものだ。[2] テキスト全体は、私が勤務先の五〇〇人ほどの社員を対象におこなったスピーチの原稿であり、ビジネスの場でもおおいに民話を活用できるという好例である。

むかしむかし、ひとりの賢い老人がいました。老人は村の外で日がな一日、木陰に座り、考えごとをしてすごしていました。ある日、ひとりの旅人が近づいてきて、老人に声をかけました。「ご隠居さん、こんにちは。ここまで、遠路はるばる旅をしてきましてね。そりゃあ、いろんなものを見てきたし、いろんな人にも会ってきました。で、教えていただきたいんですが、この村に寄ったら、どんな人に会えますかなあ」

賢人は言いました。「ああ、教えてしんぜよう。だがね、まずそちらから、これまでの旅でどんな人たちに会ったのか、教えてはいただけないか」

旅人はこう応じました。「いや、信じられないでしょうが、とんでもない人たちに会いましたよ！自分のことしか頭になくて、よそ者には冷たい連中。自分のことも他人のことも、どうでもいいという連中もいました。なにも学ぶところがない愚かな若い衆。人生への希望を捨ててしまい、一緒にいるだけで気が滅入る年寄連中もいましたっけ」

旅人の話を聞くうちに、賢人の目に悲しみの色が宿りました、そして彼は、よくわかるというようにうなずきました。「ああ、そんな連中のことなら、よくわかっている。残念ながら、この村に寄ったとしても、まさにそのたぐいの連中にしか会えませんぞ」

「でしょうね！」旅人は嘲笑しました。「どこも似たり寄ったりだ」そう言って、旅人は足もとの土を蹴とばしたかと思うと、村に立ち寄ろうともせず、すたすたと歩きだしました。

数時間後、またべつの旅人がやってきました。「失礼します、ちょっとおうかがいしたいのですが」と、旅人は声をかけました。「ここまで長旅をしてまいりました。おかげさまで見聞を広げることができましたし、たくさんの人たちとも出会うことができました。それで、教えていただきたいのですが、この村に寄ったら、どんなかたたちに会えますか？」

賢人は言いました。「ああ、教えてしんぜよう。だがね、まずそちらから、これまでの旅でどんな人たちに会ったのか、教えてはいただけないか」

旅人はこう応じました。「とても信じられないでしょうが、じつにすばらしいかたたちに出会いました！　私のような旅の者にも親切にしてくださいましたし、互いを家族のように大切になさっていた。年のわりにじつに賢明な若者もいれば、若々しい情熱をたぎらせ、出会う相手全員を明るい気持ちにさせる年配のかたもいました。そうしたみなさんから、じつに多くのことを教えていただきましたよ」

旅人の話を聞きながら、賢人はにっこりと微笑み、同意を示すようにうなずきました。「ああ、そうした人たちのことはよくわかります。幸い、うちの村にお立ち寄りくだされば、まさにそんな人たちに出会うことができますぞ」

「それでは、案内していただけませんか」と、旅人は頼んだ。「そして村のみなさんをご紹介ください」

もちろん、このストーリーから得られる教訓は、人の見方は先入観に左右されるということです。私たちは、自分が見たいものを、相手のなかにさがします。ですから、あす出社したら、あなたの部下、同僚、ビジネスパートナー、上司のなかに、自分が見たいと思うものをさがしてください。「この人には、こんないいところがあるはず」と思って相手を見れば、かならずそれが見つかるはずです。

＊＊＊

私がおこなったこの研修は、多様性を推進する立場にあるチームリーダーに向けたものだった。チームリーダーとして部下を統率するいっぽうで、こうした重要かつデリケートな任務を遂行するのは、荷が重いことのように思えるかもしれない。そんなときは「卵を割らなければ、オムレツはつくれない」ということわざを思いだそう。メンバーたちが胸の奥に秘めたつらい経験について語りはじめないかぎり、前進することはできない。メンバーを集め、多様性について話し合うときには、自分の殻をやぶってもらう必要がある。自分とは異なる相手から受けた仕打ち、そうした相手との対立、そこから生じた危機などを告白してもらえば、全員が多様性について真剣に考えるようになる。これは前章で紹介した、弟の悲劇を打ち明けたジェイミーのストーリーと話の中身こそちがうものの、手法は似ている。多様性を推進し、成功させるには、全員が心をひらかねばならない。その口火を切るのは、リーダーであるあなただ。

まとめと演習

1　「自分は評価されている」、「チームの大切な一員である」と実感できない社員は、最高の成果をあげることができない。

2　ここ五〇年で前進が見られたとはいえ、あらゆる人々が平等に扱われる社会はまだ実現していない。就職してから日の浅い若者は、先人が歩んできた苦難の道のりを知らないだろうし、いまなお苦しんでいる人がいることにも気づいていないはずだ。ベバリー（小作農の娘）のようなストーリーを、自分の組織のなかでもさがしてみよう。さまざまなストーリーが埋もれていることに驚くはずだ。

3　こんにち、もっともよく見られるのは、自分が他者の自尊心を傷つけているという自覚をもたずに、同じ行動を繰り返しているパターンだ。ブラッケン・ダレルのストーリー（「サリー」や「ドン」との接し方）を話し、悪気はないにもかかわらず、人の気持ちを踏みにじっていないかどうか、胸に手をあてて考えてもらおう。

4　組織での多様性の実現は、公平かつ正当であるだけではなく、ビジネスのうえでも利益がある。シュリバーグ教授が講義に招いたCEOのストーリー（「EEOCには虫酸が走る！」）を話せば、その理由が相手によく伝わる。

5　もっと多様性のある職場をつくりだす知恵を伝える際に、民話はとても便利だ。旅人の民話を話し、先入観をもたずに相手のいいところをさがしてもらおう。

6　多様性はデリケートな問題を含むため、腹を割って話し合ってもらうのがむずかしいことがある。

こうした話題をミーティングでとりあげる際には、参加者にできるだけ早く胸襟をひらいてもらおう。それにはまず、あなた自身が個人的な体験談を打ち明けるのがいちばんだ。あなたが口火を切れば、ほかの参加者も自分の体験談を明かしやすくなる。

第12章　ルールで決まっていなくても、正しい行動をとる

「就業規則を読み込む人間などいない。書いた本人は読むだろうが、その唯一の理由は、それで稼いでいるからだ。だが、あなたの部下のなかには、おもしろいストーリーならよろこんで読みたいという人間がいるはずだ」

――デビッド・アームストロング
（『ワンス・トールド、ゼイ・アー・ゴールド』の著者）

次のような実験を想像してもらいたい。ケージのなかに五匹のサルをいれる。ケージの天井からバナナを一房、ぶらさげる。バナナの下に、ちょうどバナナに届く高さのハシゴを置く。サルがそのハシゴを昇ろうとすると、ケージ全体にスプレーで冷水が噴射される。ほどなく、サルたちはハシゴに昇るのをやめ、バナナ争奪戦を放棄する。

次に、ケージのなかの一匹のサルを外にだし、新たにほかのサル――ナンバー6――をなかにいれる。新入りのサルは、もちろん、ハシゴを昇るとスプレーで水が噴射されることなど知らず、すぐにハシゴを昇ろうとする。すると、ほかの四匹のサルが新入りのサルを攻撃し、ハシゴに昇らせまいとする。新入りのサルには、なぜ自分が攻撃されたのかがわからない。それにもかかわらず、また新た

なサルが一匹、元からいたサルと入れ替わり、同じことが起こると、ナンバー6のサルでさえ、新入りのサルへの攻撃にくわわる。

こうしてサルの入れ換えをつづけると、最初からケージにはいっていた古参のサルはいなくなる。それでもケージのなかの五匹のサルはハシゴに昇ろうとせず、新入りのサルがハシゴに昇ろうとするたびにとっちめる。サルたちは、以前と同じルールに従って行動しているのだ。なぜそうしなければならないのか、理由はわからないまま。

このプロセスは、組織の経営方針が決まるプロセスそのものだ。

このストーリーは、さまざまな場所で、さまざまなかたちで語られてきた。[1] もとの作者は不明。だが、どうやら実験そのものは、一九六七年にG・R・スティーブンソンがアカゲザルでおこなったようだ。[2] このストーリーの論旨は一目瞭然。「いかなる組織においても、ルールブックが行動を決めるわけではない」ということだ。人間がとる行動は、どんな見返りがあり、どんな懲罰があるかで決まる。たとえ、そうした報酬や懲罰を規定したルールが忘れ去られたり、もはや存在しなくなったりしていても関係ない。その報酬や懲罰を目撃した人間が存在し、それがストーリーで語り継がれているかぎり、人は行動を起こすまえに考える。ケージのなかにいたサルのストーリーでは、懲罰を受けるサルを目撃したサルがいた。いっぽう、企業世界においては、そうしたメッセージを伝えるのはたいていストーリーだ。これをよく示しているストーリーを紹介しよう。

シンシナティは、世界各地の支社を統括するP&Gが本社を置く拠点だ。そのダウンタウンのパイク・ストリートとコロンビア・パークウェイの角――P&G本社の目と鼻の先――に、築一〇〇年の八階建てのビルがある。一九八〇年代から九〇年代にかけて、そこは商業用オフィスビルであり、最大のテナントだったR・L・ポーク&カンパニーの社名に由来し、「ポーク・ビルディング」と呼ばれていた。当時、P&Gの新入社員はポーク・ビルディングにとくべつ親近感を覚えていた。というのも、P&Gはそのワンフロアを借り、研修センターとして利用していたからだ。そのため新入社員は例外なく、入社一年めの一週間をそこですごしていた。そして会社や仕事のやり方について学んだ。このストーリーは、私が新人研修で聞いたストーリーであり、就職して初めて聞いたストーリーでもある。

P&Gは、なぜわざわざポーク・ビルディングで研修をおこなっていたのだろう? オフィスとは別個の建物で学ぶほうが、研修に集中できるからだ。さらにフロアにはカフェテリアも併設され、無料で軽食をとることができた。そうすれば、研修生は同じビルのなかで一日をすごし、集中力を途切らせずにすむ。フロアには講師か研修生しかいないので、カフェテリアには精算用のレジさえなかった。

こうして無料のランチを食べながら、講師のひとりがいくつか昔話を披露し、私たち新入社員を楽しませてくれたことがあった。講師はまず、数年まえに実在したふたりの新入社員の話をした。大学を卒業したばかりのふたりの新入社員が、ポーク・ビルディングで新人研修を受けていた。ぶじに研修を終え、ふたりは本社で働きはじめた。その数週間後、そのうちのひとりが自宅に財布を忘れてきたことに気づいた。すきっ腹で仕事をしたくはなかったが、お金を貸してくださいと先輩に頼むのも恥ずかしい。困りはてていると、ふと名案が思い浮かんだ。すぐそこのビルに行けば無料で昼食にありつけるじゃないか。そこで、彼は本社ビルをでると通りを渡り、まっすぐにポーク・ビルディングのカフェテリアに向かった。そして、無料でランチにありついた。われながら機転がきいたものだ。

にんまりとした彼は、翌日、無料のランチを一緒に食べにいかないかと同僚を誘った。ふたりは肩を並べてポーク・ビルディングに歩いていき、質問されることも、不審そうに見られることもなく、無料のランチをゆっくりとたいらげた。

首尾よくいったことで、ふたりはいっそう大胆になり、その週に二回、そして月末までに数回、同じ行為を繰り返した。当然のことながら、カフェテリアのスタッフが疑問に思いはじめた。いったい、あのふたりはなにをしているんだろう？　研修を担当する講師でさえ、一週間以上つづけてくることはないのに。カフェテリアの女性従業員たちが何本か確認の電話をかけたところ、すぐに事実が発覚した。ふたりが侵入者であり、会社からランチ代をくすねていることが。

知らなかったんですと、ふたりは懇願したものの、結局、別れを惜しまれることなくP&Gを去っていった。このストーリーは、語り手である講師により、とても愉快な話に仕上がっていた。だいぶ尾ひれをつけていたのかもしれない。とにかく、私たちはランチのあいだじゅう笑い、しまいには、不面目かつ愚かなやり方で勤務先で盗みをはたらいてクビになることを〝ポークされる〟と呼ぶようになった。

このストーリーは強く印象に残る。もちろん、研修期間中以外にポーク・ビルディングで昼食を食べてはならないという社則はない。だが、一度このストーリーを聞いたら、同じ違反をしようとは思わなくなる。さらに、たとえ事前に注意されてはいなくても、悪行におよべば解雇されることを思い知らされる。自分の常識と照らしあわせ、善悪の判断をくだす必要があるのだ。ルールブックなど必要ない。正しいことをすれば、よいことが起こる。まちがったことをすれば、それ相応の報いを受け、ことによっては解雇される。このストーリー、そしてそこから生まれた〝ポークされる〟という造語は、私たち社員のあいだで自己監視の役割をはたした。それからというもの、少しでも疑問の余地があることを言ったり、したりすると、すぐにいぶかしげな視線を投げかけられ、忠告されるようになった。「注意しろよ、天才くん。そんな真似をつづけていると、じきにポークされるぞ」

この章の冒頭で引用したデビッド・アームストロングの指摘のように、就業規則をじっくりと読み込んでいる社員などまずいない。では、社員はどうやって組織のルールを学ぶのだろう？　ひとつの方法は、身をもって体験すること。自分のふるまいのせいで懲罰を受ければ、二度とこんな真似はしまいと思う。就業規則のことはよくわからなくても、とにかくルール違反をしたことは学ぶのだ。その反対に、自分のふるまいを褒められたり表彰されたりすれば、もっとその行為を繰り返そうとする。とはいえ、ありとあらゆるルールをやぶり、身をもって学んでいくのは不可能だ。そこで、ストーリーの出番となる。ほかの人に関するストーリー――ルール違反をして懲罰に苦しんだ人や、ルールを守って表彰された人の話――を知ることで、守らねばならないルールを学んでいく。もちろん、法的に有効な就業規則は必要だが、役立つストーリーも必要だ。前述のポーク・ビルディングのストーリーは、ルール違反をし、その責任をとらされた人間の話だった。しかし、ポジティブなストーリーもまた有益だ。アメリカ最古の、そして非常に評価されている企業のストーリーを読み、参考にしてもらいたい。

二〇〇一年八月、サラ・マシューは信用調査を専門におこなうダン・アンド・ブラッドストリート社にCFOとして入社した。一年もたたないうちに、会社の売上予想がわずかに落ちた。とはいえ、彼女が就任してから表立って変化したデータはなかった。それではなぜ、売上予想が落ちたのだろう？　その答えは、いくつかの難解な会計ルールにあった。

どうやら、サラのもとで発足した新たな財務チームは、収益に計上する時間がよけいにかかる会計手法を選んだようだった。そのため、売上予想がわずかに減少したものと思われた。この点に、サラは関心をもった。彼女は自分が選んだ手法が正しいことを確信していた。そこでサラと財務チームは、これまで使われてきた会計手法を調べることにした。すると、まちがった手法が用いられているケースがいくつか見つかった。なかには問題が一〇年まえまでさかのぼるものもあった――就任してまだ一年もたたないCFOが見たいデータではない。

サラには、会社が財務処理をやりなおさなければならないことがわかった。つまり、過去の決算報告を洗いだし、不適切なものをすべてやりなおすという「過年度遡及《そきゅう》修正」を実施しなければならないのだ。だがそんな真似をすれば、利益が数百万ドル減少することになる。そのうえ、時期的に見ても最悪のタイミングだった。ちょうどその一カ月まえ、粉飾決算が明るみにでた結果、エンロンがアメリカ史上最大規模の破綻にいたったばかりだったのだ。サラはすぐにCEOのところに出向いた。

サラが事情を説明すると、CEOの顔色が変わった。「過年度遡及修正だと！　エンロンであったようなことが、わが社にもあったということか？」

「はい」と、サラは応じた。「エンロンと同じようなことをしていたのです。ただし、わが社の場合、故意の粉飾であったとは思えません――ただのミスでしょう。確かなところは――いくらになるのかも――いまのところ、わかりません。徹底的な調査が必要となります」

「時間はどのくらいかかる？」と、CEOが尋ねた。

勘弁してよ、知るわけないでしょ、あたしだって経験ないんだから。サラはそう叫びたかったが、こう答えた。「次の決算発表の予定は、六週間後です。それまでに、すませます」当時の彼女は知らなかった。この規模の過年度遡及修正の作業には、最低でも半年かかるということを。いざ仕事に着手すると、問題の大きさが心配になった。誤算が比較的少額ですめば、ウォール街にそっぽを向かれる危険も少ない。だが誤算が巨額であれば、株価の下落は避けられない。

こうした状況におけるリーダーの反応は、三つに分けられる。その一、問題を無視する。だって、いまは適切な会計の手法をとってるんだから。過去のミスなど、だれも気づきはしないだろう。その二、過年度遡及修正の作業にとりかかるが、問題の規模があまりにも大きいことが判明し、株価下落の可能性が見えてきたら、作業を中断し、なかったことにする。ダン・アンド・ブラッドストリートほどの規模の企業ともなれば、その数字は五〇〇〇万ドルというところだ。その三、事態がすべて明らかになるまで、とことん事実を追求する。問題の規模など関係ない。どんな結果になろうとやるしかない。サラは、三つめの選択肢を選んだ。

昼夜をたがわず働いた結果、サラが約束したとおり、財務チームは六週間で仕事をやりとげた。次の四半期の決算発表で、ダン・アンド・ブラッドストリート社は一〇年まえまでさかのぼって修正した決算を報告した。差額は計一億五〇〇〇万ドル、粉飾決済はなし。これほど巨額のミスが判明したにもかかわらず、株価に大きな変動は見られなかった。過年度遡及修正の規模の大きさとそれを実施したスピードに納得したウォール街は、ダン・アンド・ブラッドストリート社にこれ以上、隠蔽すべき秘密はないと判断したのである。サラと財務チームは記録的な速さで過年度遡及修正をおこない、会社とその経営に対する投資家の信頼を裏切らなかったことを認められ、会社から表彰されたうえ、金一封まで授与された。

サラと財務チームが起こした行動は、社の財務部門の行動の規範を定義した。もちろん、会計基準は財務会計基準審議会によって制定されている。だが、その基準にどう従うかを決めたのはサラだった。このストーリーは、サラが退社したあともずっと語り継がれていくだろう。

現在、サラ・マシューは、ダン・アンド・ブラッドストリート社の社長兼CEOである。サラ本人もほかの社員も、このストーリーを積極的に広めている。そして会計基準に従うだけでなく、なにをするのが正しいのかを自分で判断することの重要性を説いている。正しいことを実行すれば、この会社では報われる。それは、修正報告をする必要がないと断言できる、サラの基準だ。

＊＊＊

本章ではこれまで、就業規則などだれも読まないのだから、社の方針を社員に理解してもらうにはストーリーが必要だと述べてきた。だが、ストーリーが必要な理由はもうひとつある――ひょっとすると、もっと重要な理由が。規則はしばしば、予期せぬ結果を生む。ときには、ダメージを避けるために設けたはずの規則が、より深刻なダメージを引き起こす場合さえある。次のストーリーを読めば、規則には「逆効果」をおよぼす可能性があることがわかるだろう。

フィル・レンショーは、イギリスのバッキンガムシャーで、コンサルタントとして金融業界の管理職にコーチングをおこなっている。彼はこれまで、現行の規則がうまくいかないからと新たな規則をくわえたばかりに悪い結果を生んだ例を、多々見てきた。

典型的なパターンはこうだ。売上が目標にまったくおよばず、苦境におちいっている企業が、経費削減のための一時的な措置として、経費を使う際には、どれほど少額であろうと副社長を含む役員の承認を得なければならないと決めたとしよう。すると、不条理かつばかげた結果が生じる。最初のふたつは、数百人、数千人という単位の部下の経費をいちいち承認していたらどうなるかという話だ。ひとりひとりに経費を認める作業には、一日に数時間を割かなければならない。だが本来、副社長にはもっと重要な任務がある。数日間か数週間はその激務に耐えるかもしれないが、副社長本来の仕事はうまくまわらなくなる。ついに、副社長はその仕事を平社員にまかせる。ここでまた、不条理かつばかげた結果が生じる。あらたにまかされた社員より、もともと経費を承認していた中間管理職のほうが、よほどその仕事に適していたはずなのだ。

そしてもっとも不条理かつばかげた結果は、組織の生産性を上げてチームの士気を高めるという能力を、中間管理職から奪ってしまうことだ。たとえば先週、緊急の業務が発生し、三人の社員が一日に一五時間、働いたとしよう。そして無事、期限までに業務を遂行した。最後の晩、夜も一〇時をすぎたころ、不眠不休に近い状態で働いてくれた部下の労をねぎらい、マネジャーは食事にでかけたいと思う。だが、そのとき、新たに設けられた規則のことを思いだす。夕食を経費で落とすことを承認できるのは、副社長だけだ。部下に夕食をご馳走するのを認めてもらうには長い説明がいるし、そこまでしても承認は得られないかもしれない。とはいえ、自腹で全員にご馳走するのも無理な話。しかたなく、マネジャーはただ部下に礼を言い、自宅に帰す。たしかに経費は削減できた。だが、その代償は？　社員はやる気を失い、マネジャーは意気消沈した。

フィルはこうアドバイスする。そもそも、判断をまかせられないようなマネジャーを雇うべきではない。それより、ボーナス、オプション、有給休暇の追加といった報酬を与えることで、社員が成果をあげ、経費を削減するように工夫すべきだ。そのうえで、どんな経費に価値があるかの判断はマネジャーに委ねる。そうすれば、不条理かつばかげた結果に見舞われることなく、売上目標を達成することができるはずだ、と。

新たな規則の導入を検討する場合、まず、その規則がもたらす予期せぬ結果について考えてみよう。その規則を、フィル・レンショーならどう評価するか、想像してみよう。その反対に、経営陣から毒にしかならない規則を押しつけられたら、フィルのストーリーを伝えてみよう。もしかすると、翻意をうながせるかもしれない。

まとめと演習

1 いかなる組織においても、ルールブックが社員や職員のふるまいを決めるわけではない。各自の行動は、報酬や懲罰があるかどうかで決まる。たとえ、なぜそう行動するのかという理由が――ケージのなかのサルのように――とうの昔に忘れ去られていたとしても。

2 社員は、他人がどんな行動をとり、その結果、どんな報酬を得たのか、あるいは懲罰を受けたのかというストーリーを聞き、ルールを学んでいく。あなたが社員にとってもらいたい行動を奨励するようなストーリーを組織のなかで確実に広めよう。ポジティブなストーリー（過年度遡及修正をおこなったサラの話）と、ネガティブなストーリー（〝ポークされる〟話）の両方を用意しよう。

3 規則は、予期せぬ結果を招くこともある。新たな規則の導入を検討するときには、フィル・レンショーの経費削減のストーリーを思いだそう。そして新たな規則の導入に踏み切るのではなく、このストーリーを広めることを検討してみよう。

4 もし上司が、毒にしかならない規則の導入を検討していたら、フィルのストーリーを話してみよう。考えなおしてくれるかもしれない。

〈HOW TO〉第13章 具体的にわかりやすく話す

「いかにも専門家ぶって、大げさなことを並べたてると、かえって聞き手を遠ざける」

――ジョーン・ルイス
（P&G、グローバル・コンシューマー&マーケット・ナレッジ・オフィサー）

マーケティングの世界では「製品やサービスを万人向けにしようとすると、結局はだれのためのデザインでもなくなる」と、よく言われる。数々の妥協の産物に満足する消費者などいない。そこで「顧客の部分集合を拾うべき」という理論が生まれた。消費者の部分集合のニーズを完璧に満たすよう、製品やサービスをデザインするのだ。その部分集合をうまく選べば、ニーズの内容を明確に把握できる小さな集団をターゲットに絞ることができるし、そこから成長が見込める市場が生まれる可能性もでてくる。こうしたプロセスをマーケティング界の言葉で「セグメンテーション」（市場の細分化）と呼ぶ。P&Gも自社ブランドにこの手法をとりいれており、小売業のパートナーに、セグメンテーションを活用するよう助言している。

たいていの小売店は、このセグメンテーションというコンセプトをすぐに受けいれてくれるが、なかなか理解してくれない小売店もある。そうした小売店のために、P&Gは可能なかぎりもっともシンプルなセグメンテーション・モデルを提案している。それは〝ハイポテンシャル・ショッパー〟というコンセプトであり、これは「パレートの法則」に基づいている。パレートの法則とは、たいていの社会では、全体の一部分が、数値の大部分を生みだしているという法則だ。これを実証するように、調査によれば、どんな小売店でも買い物客の二〜三割が、その店の売上の七〜八割に貢献している。つまり、店の経営を念頭に置いて顧客グループを選ぶのであれば、このグループをまずターゲットに絞るべきという理論がなりたつ。非常に有益で、シンプルでわかりやすいため、多くの小売店が、このハイポテンシャル・ショッパーというコンセプトをすぐに活用するようになった。

だが、何度か説明を繰り返しても納得しない小売店もあり、カナダのP&Gチームは、そうした小売店の説得をつづけていた。ある大手小売業者への最後の説得にあたり、チームメンバーはこれまでと同様の説明をしたが、ひとつだけ小さな変更をくわえた。消費者リサーチ担当のマネジャー、モニカ・ジャンブロビックが、上顧客になる可能性のある買い物客を〝ハイポテンシャル・ショッパー〟という抽象的な言い方で呼ぶのをやめ、〝リサ〟という名前と一枚の写真を使って説明をはじめたのだ。こうして、モニカは抽象的なコンセプトを具体的なものに変えたのである。

モニカは、人口統計学の面においても購買姿勢の面においても、綿密に調べた平均的なハイポテンシャル・ショッパーの特徴をリサに与えた。実際、P&Gのチームは、以前のプレゼンテーションと同じ資料を使って説明をした。ただ〝ハイポテンシャル・ショッパー〟という言葉を〝リサ〟と言い換え、平均的カナダ人女性の写真を添えて。

プレゼンは大成功をおさめた！　小売業者の経営陣は、すぐにそのアイデアを受けいれ、〝リサ〟

を主要なターゲットに定めた。それどころか、その後、P&Gがほかのアイデアをたずさえて訪問すると——あるいは、もっと重要なことに、小売業者のほうから検討してもらいたいアイデアを提案するときも——かならずこう言うのだった。「この件について、〝リサ〟はどう思うだろうね？」と。

これは、特定の消費者をターゲットにデザインするというアイデアを、かれらがすんなりと受けいれた証拠だった。それもこれも、モニカが抽象的なものを具体的なものに置き換えたからだ。

アイデアは具体的に説明しよう。具体的な話のほうが効果がある。これにはふたつの理由がある。第一に、聞き手があなたのアイデアを理解しやすくなる。あなたがたっぷりと時間をかけて複雑なアイデアを説明したのに、聞き手にはちんぷんかんぷんだったら？「具体例を教えてほしい」と、聞き手は言うだろう。そこで、あなたは例を挙げて説明する。すると、聞き手の頭のなかでランプがともり、目が輝く。具体例は〝アハ・モーメント〟を生みだし、あなたがさんざん説明してきた抽象的な話の意味を、聞き手はようやく理解する。聞き手にとって、難解なコンセプトを延々と聞かされるのはストレスだ。最後にわかりやすい具体例がでてきたら、「最初からそう言ってくれればよかったのに」と皮肉のひとつも言いたくなる。最初から具体例を説明していれば、聞き手はもっと早く理解できる。具体例とは、あなたの抽象的なアイデアの実例そのものなのだから。

第二に、例を挙げて話せば、聞き手はあなたのアイデアを自分にあてはめて考えやすくなる。「このアイデアがそんなふうに利用できるのなら、いまの状況にちょっとした変化をくわえれば、うちでもうまくいくかもしれない」と考えるのだ。ところが抽象的な話をいくら聞かされても、それをどう活用すればいいのか、手がかりさえつかめない。具体例は、聞き手にその手がかりを与えることができる。

具体性の力を示す、さらに説得力のある例は、アメリカトップの小売業者で起こった。この出来事にもセグメンテーションがかかわっていた。とはいえ、カナダの例とは異なり、この小売業者の経営幹部は、セグメンテーションに関しては先進的な考え方をもっていた。

二〇〇六年、その小売業者は、市場の主要なターゲットである〝上昇志向ママ〟に関するリサーチへの協力をＰ＆Ｇに依頼した。〝上昇志向ママ〟とは、競争心が旺盛で前向きな女性であり、会社を経営するように真剣に家事全般に取り組む女性を指していた。

小売業者の経営陣に対して大きなプレゼンテーションをおこなう日が近づいてくると、Ｐ＆Ｇのリサーチャーは収集した大量の資料を整理した。ところが、よくある方法でプレゼンをおこなう――パワーポイントを活用し、予定どおりの順で説明を進める――かわりに、Ｐ＆Ｇのチームリーダーであるマイク・ラッセルは、異なる手法をとることにした。打ち合わせがはじまると、彼は部屋の中央に椅子をひとつ置き、上昇志向ママのひとりを紹介した。椅子に座ったのは、Ｐ＆Ｇのマーケティング・ディレクター、ジュリー・ウォーカーだった。

ジュリーは、実際に上昇志向ママだった。彼女は事前にセグメンテーションに関する一連の質問を受け、まさに上昇志向ママの特徴をそなえていることがわかっていた。さらに彼女は、上昇志向ママに関するリサーチでわかったことをすべて頭にいれていた。こうして、ジュリーを部屋の中央に座らせると、Ｐ＆Ｇのチームは小売業者に尋ねた。「彼女に尋ねたいことはありませんか?」

最初はぎこちなく質問が投げかけられたが、しだいにそのスピードが上がっていった。「うちの店で、どのくらいの頻度で買い物をしますか?」、「店ではなにを買いますか?」、「うちの店のほかに、買い物をする店はどこですか?」、「他店ではどんな商品を買いますか?」、「うちの店でその商品を買わないのはなぜですか?」などなど。ジュリーはひとつひとつの質問に丁寧に答えていった。ときにはリサーチの結果に基づき、ときには生身の上昇志向ママとして個人的な返答をした。すべての返答のたびに聞き手は身を乗りだして聞きいるようになり、ジュリーの発言をすべてメモにとった。

会議が終了するころには、小売業者はこれ以上は望めないほど上昇志向ママについて理解を深めていた。マイクは、あえてこの尋常ならざるプレゼンのテクニックを使うという選択をした。そして、それはうまくいった——驚くほどに。小売業者のマネジャーたちは、P&Gが予想もしなかったような質問を、次から次へと投げかけてきた。かれらは発見というプロセスを踏んでいた。そしてもっとも重要なことに、かれらはターゲットとする顧客と、直接、顔をあわせることができた。〝上昇志向ママ〟は抽象的だったが、ジュリー・ウォーカーは具体的だった。

小売業者は上昇志向ママやほかのセグメント顧客を満足させることに熱をいれはじめ、ついには全体の管理構造まで変えた。それぞれのセグメントを担当する上級副社長を立てることにしたのだ。各セグメントのもっとも重要な製品ラインを担当するマーケティング担当者と販促担当者の指揮を、かれらがとる。顧客セグメンテーション戦略にこれほど肩入れした企業は、前例がなかった。

では上昇志向ママのセグメントを担当する上級副社長として、ふさわしい人材はだれだろう? もちろん、ジュリー・ウォーカーだった。彼女ほどの適任者はいない。そのうえ、ジュリーはマーケティング担当者としても有能で、第一級の戦略的思考家でもあった。じつは、小売業者は以前にも何度か、ジュリーをP&Gから引き抜こうとしたことがあった。だがそのたびにジュリーは固辞し、業者はそれを礼儀正しく受けいれた。しかし今回はちがった。

何度か要請を繰り返したあと、小売業者のCEOは、ついにP&GのCEO、A・G・ラフリーへの直訴におよんだ。そして新たに立ちあげた部門の責任を負う適任者が見つかるまでのあいだ、ジュリーを一時的に「拝借」できないかと頼み込んだ。交渉を重ねたすえ、ついにP&Gが折れた。半年間、ジュリーは上昇志向ママ・セグメントを担当する役員として小売業者に出向したのである。

最初のふたつのストーリーの教訓は、抽象的な話は、かならず具体的な話に変えられるということだ。リサのストーリーは、ハイポテンシャル・ショッパーという抽象的な言葉をリサという具体的な言葉に変えられることを示している。そしてジュリー・ウォーカーのストーリーは、イベント全体（よくあるプレゼン）を、具体的なもの（生身の人間へのインタビュー）に変えられることを示している。迷ったときは、できるだけ具体化しよう。

幸い、ストーリーテリングは、もともと具体的なものだ。曖昧で抽象的なストーリーを話すことなどできない。漠然とした一般論をいくら話したところで、それはストーリーではない。だから、あなたのアイデアをより現実的なものにする第一のステップは、そのアイデアを理解してもらうためのストーリーを話すことだ。

＊＊＊

では、具体的なストーリーをより効果的に伝えるには、言葉づかいや比喩をどう工夫し、どのくらい率直に話せばいいのだろう？

若手リサーチャーの多くは、リサーチ部門以外の同僚に〝エスノグラフィー〟だの〝態度調査〟だ

抽象的な行動	具体的な行動
モロッコのいなかにおける消費者の生活状況に関するレポートを読んでもらう。	実際に1週間、モロッコの低所得者層の家族と一緒に暮らしてもらう。
多くのアメリカ人が、裁量所得のなかから1週間に100ドル以下で暮らしていると伝える。	支出の計画を立ててもらい、実際に1週間、100ドル以下で暮らしてもらう。
損益計算書の読み方を教える。	実際に財務諸表を読みとってもらう。
だれかが新たな事実を説明するのを聞く。	その新たな事実を自分の口からだれかに説明する。

の〝行動分析〟だのといった専門用語を使いたがる。「できるやつ」と思われたいと大半の人は思っているから、ちょっとした専門用語を使ったり知識をひけらかしたりしたくなるのだ。相手から尊敬のまなざしで見られることが目的なら、好きなだけ自己満足に浸ればいい。

だが、話の内容を相手に理解してもらうことが目的なら、専門用語は排除すべきだ。ほかに使える言葉はいくらでもある。言葉ではなく、話の内容で、聞き手に感銘を与えよう。

では、実際の行動についてはどうすればいいのだろうか。上の表には、左側に抽象的な行動、右側に具体的な行動を並べている。左のような目的があるなら、右のような、より具体的な行動をとるとよい。

次のふたつの実話では、具体例を挙げる技術が活用されている。前者は、一九九〇年代、アメリカでもっとも話題になった法律事務所のストーリーだ。後者は、事業を立ちあげたばかりの起業家が直面した難局――給料支払い――に関するストーリーだ。どちらのストーリーでも、具体的な言葉づかいと、抽象的かつ曖昧な言葉づかいが対照的に描かれている。

法廷で陪審員を務めるのは、ルールも知らないのにバスケットボールの試合でスコア記録係を務めるのにどこか似ている。フリースローって何点の得点になるんだっけ？　試合終了のブザーと同時にシュートが決まっても、得点になるんだっけ？　さて、あなたがチームの監督になったところを想像してもらいたい。実際に、あなたのチームは試合に勝っていた。だが経験のないスコア記録係には、事態がよく把握できていない。あなたのチームの勝利を明言させるには、いったいどうすればいいのだろう？

このたとえは、ジェリー・ジョーンズが、陪審員と、陪審員のまえで弁論をおこなう法廷弁護士の仕事について説明するときに使うものだ。ジェリーはアーカンソー州リトルロックのローズ法律事務所で二〇年間、弁護士を務めてきた。ヒラリー・クリントンやビンス・フォスターといった高名なパートナーたちとも仕事をしてきた。ジェリーの説明によれば、陪審員は判事からなんの指導もされない場合が多い。そのため、ジェリーはできるだけ冒頭陳述で、陪審員にアドバイスを与えることにしている。

腕のいい法廷弁護士の例に漏れず、ジェリーは経験豊富なストーリーテラーだ。説明のなかに比喩や具体例を手際よくとりいれることでメッセージが明確に伝わるように工夫し、主張に説得力をもたせている。たとえば契約違反の裁判で、原告の代理人を務めたときのことだ。大手企業が、自社よりもはるかに規模の小さいクライアントとの契約条項に違反した。その被害を受け、クライアントは大損をだした。陪審はクライアント側の企業に同情したが、そうなると大企業側が支払う賠償金の額を決めなければならない。ジェリーは現実に生じた損失にくわえ、大企業側が故意にかつ悪意をもって違反を犯したと主張、懲罰的損害賠償を求めていた。さて、ここでバスケットボールの知識がないスコア記録係が登場する。懲罰的損害賠償の金額の決定は、ほぼ陪審に委ねられている。そこでジェリーとしては、妥当な金額の基準を陪審員に知ってもらう必要があった。とはいえ、あまりにも巨額の負担を被告側に負わせるのも問題である。そこでジェリーは、陪審員のだれもが関連づけて考えることのできるストーリーを話すことにした。

「二年まえにひどい吹雪があったこと、覚えておいでですか？」と、ジェリーは尋ねた。「積雪は一〇センチにもなりました」陪審員たちがいっせいにうなずいた。アーカンソー州では降雪がめずらしく、たまに大雪が降ると強く印象に残るのだ。「それでは、五日間ほど、通勤や通学ができなくなった住民が大勢いたことを覚えておいでてでしょう」陪審員たちがまたもやうなずいた。「あの数日間は難儀しましたよね。でも、そのあとは、またもとの生活が戻り、しかもわれわれは少し賢くなったのではありませんか？　次に吹雪になるという天気予報を耳にしたとき、みなさんはなにをなさいました？　買出しにでかけ、食料品や飲料水や乾電池を山ほど買い込み、発電機を買ったかたさえいらしたのではありませんか？

われわれは、この会社にも同じことをしてもらいたいのです。とはいえ懲罰的損害賠償で巨額の賠償金を求め、破産させたいわけではありません。ただ、今回の事件を肝に銘じ、今後は態度を改めてもらいたいのです。さて、本年度の年次報告書によれば、一営業日あたり、この企業は二〇万ドルの利益をあげています。ですから、二年まえの一〇センチの積雪のとき、われわれが五日間自宅に閉じ込められたように、この会社がもし五日間自宅待機になったら、一〇〇万ドルの損失をだす計算になります。二〇センチの積雪なら、二〇〇万ドルの損失かもしれません。そこで、陪審員のみなさんの仕事は、雪がどのくらい降るかを決めることです。みなさんが公平な数字をだしてくださるものと信じています」

ジェリーとしては、陪審が、被告の企業があげる一、二週間ぶんの利益に相当する金額を賠償金として要求することを期待していた。すると陪審は、まさにそのとおりの金額をだしたのである。

吹雪で自宅に閉じ込められた話は、すばらしい比喩だった。おかげで陪審は、懲罰的損害賠償には被告に態度を改めるよう教訓を学ばせる意味合いがあることを理解した。そのうえ、企業の利益を、一日にあげる利益で定量化したおかげで、数字を現実的に考え、理解することができたし、自分たちの日常生活に関連づけることもできた。ジェリーはストーリーを利用して、陪審にスコアの数え方を教えた。そして彼のチームが試合に勝ったのである。

＊＊＊

ふたつめのストーリーは、あらゆるタイプの起業家に一財産を築かせ、そして失わせた、あのＩＴバブルの時代の話だ。

一九九九年を迎えるころ、アンドリュー・ムーアフィールドも、そうした起業家のひとりだった。ディアジオといった一流企業への融資を担当していた。だが大きなアイデアをあたためている人間にとって、ＩＴ革命の波はまさに一攫千金の好機だった。そしてアンドリューは大きなアイデアをもっていた。二〇〇〇年六月、彼は銀行を辞め、バイファイナンス社を立ちあげた。ロンドンを拠点としてオンラインのプラットフォームをスモールビジネスに提供するビジネスをはじめたのである。「わくわくすると同時に、おそろしくもあった」と、アンドリューは認める。経営者として彼が最初に直面した問題は、キャッシュフローだった。支払いをすませるだけの現金が手元にない時期がつづいたのである。

「初めて、社員に給料を支払えなくなったときは最悪だった」と、アンドリューは述懐する。「給料を支払う社員と支払わない社員を決めるかと思うと、ほんとうに気が滅入った」大半の大企業のリーダーは、そうした作業を顧問弁護士が陰でたくみに処理してくれる環境にある。顧問弁護士はこんな手順を踏むはずだ。まず、社員ひとりひとりにどの程度の給料を支払う価値があるかを値踏みする。そして、当の社員と直接会い、キャッシュフローが改善されるまで給料の支払いが延期されることを説明する。そして最後に、こうした話し合いがあったことを他言しないようにと釘をさす。いっぽう社員のほうは、上司がうなずきながらウインクをしてくれたので、自分は平均よりももらっているはずだと思い込む。ところがのちに、話し合いが秘密裏におこなわれたことが気になりだし、疑念が生じる。ひょっとすると、自分はほかの社員より給料が少ないのかもしれない！　その結果、社内には疑惑と嫉妬心が渦巻き、信頼関係はそこなわれる。

バイファイナンスの社員にとって幸いなことに、アンドリューはそんな真似はしなかった。そのかわり、二五人の全社員を会議室に集め、残酷なほど正直に苦境を説明した。そしてホワイトボードに数字を書いた。「これは、今月初めの、わが社の銀行口座の残高だ」そう言うと、その下にいくつか数字を書きくわえた。「こっちは、今月、見込まれる収入で、こっちは必要な支出」こうしてざっと収支の説明をすると、その下に数字を書きたした。「これが、今月、きみたちへの給料支払いにあてることができる残金だ」そして、その数字を円で囲み、その右側にほかの数字を書き、また円で囲った。「こっちは、きみたち社員全員の給料の総額だ」そこでアンドリューは間を置き、目のまえにあるなまなましいジレンマを社員に直視させた。右側の数字が左側の数字よりはるかに大きいという現実を。実際、全社員の給料の三分の一を支払う金しか残っていない。言葉より数字を多用してストーリーを語る人間がいるとすれば、アンドリューはまさにそのタイプだった。

そしてアンドリューは、大企業ではまず考えられない行動を起こした。社員たち――二五人全員――に、社長として自分はどう行動すべきだと思うかと、尋ねたのである。もっとも公平な方法は、全員に給与の三分の一を支払うやり方だと思われた。ところが社員たちがまったく異なる提案をしてきたため、アンドリューは驚いた。社員の三分の一に給料の全額を支払い、あとの三分の二の社員に対しては支払いゼロにするのが公平だというのだ。アンドリューはぎょっとした。どうやって、給料を支払う社員と支払わない社員を決めればいい？　しかし、社員たちはまたもやアンドリューを驚かせた。それを自分たちで決めるというのだ。社員たちの判断の基準は、待ったなしで給料を必要としているか、一、二カ月なら待っていられるかだった。そこでアンドリューは、話し合いを社員にまかせた。その後、社員が決定した内容は、彼にとってその日、三度めの驚きだった。給料の支払いを受ける社員の名前が並んだリストは、アンドリューの予想とは異なっていた。より若く、より給料の少ない社員にいちばん余裕がないのではと踏んでいたのだが、社員たちは相談の結果、年配の社員――養うべき家族がいて、ローンの支払いがある社員――のほうが、はたさなければならない責任を多く負っていると考えた。若手社員のなかには、まだ実家で両親と暮らす者、家賃の安いアパートに暮らす者、養う家族がいない者もいる。そのかれらが、自分たちはあとまわしでいいと言ってくれたのだ。

アンドリューは、社員の理解と協力に心から感謝した。そしてかれらの決定を尊重し、リストに名前がある社員に給料を支払った。

アンドリューはこの経験から学んだことを、いまも忘れていない。人を失望させてしまう結果を招くとわかっている、むずかしい決断を迫られたときには、ふたつのことをすべきである。第一に、現実的になり、包み隠さず正直に状況を説明すること。すべての事実をくわしく述べるべきであり、企業秘密にしてはならない。状況を漠然と説明したり、真実を隠したりしてはならない。そして、次のような不明瞭な言葉を並べたててはならない。「残念ながら、弊社の現在の財務状況により、不確定の期間、従業員の給与と福利厚生に調整をくわえる必要が生じた。経営幹部がひとりひとり個別に面談を実施し、必要な一時的調整を決定する」こんな抽象的な言いまわしでは、なんの話かさっぱりわからない。正確には、わが社はいまどんな財務状況にあるのか？　社員の給料にどんな〝調整〟をくわえるつもりなのか？　どうやって適切な調整をするのか？　社員に発言権はあるのか？

企業のスポークスマンには、こうした抽象的な言葉を羅列したがる傾向がある。そのおかげで、企業は訴訟を起こされる危険をまぬがれている。ところが残念なことに、法的な防衛のために事実の特定を避けていると、社員は満足を覚えられず、苛立ちをつのらせる。バイファイナンスの社員にとって幸いなことに、アンドリュー・ムーアフィールドは社員たちと同様、企業特有の遠まわしな逃げ口上を嫌悪していた。

アンドリューが学んだ第二の教訓は、決断をまかせたらどうするかと、当事者に尋ねればいいということだ。アンドリューの場合、社員たちは、社長が考えもしなかった解決法を提案してきた。だが、たとえそうはならなくても、こちらの立場になって考えてくれないかと頼み、わかっている事実をすべて伝えれば、十中八九、相手はあなたと同じ決断をくだす。そうすれば、はるかにスムーズに、あなたはその決断を実行に移せるようになるし、相手もまたそれを受けいれやすくなるはずだ。

まとめと演習

1　抽象的なアイデアより、具体的なアイデアのほうが強く印象に残る。抽象的なアイデアがあったら、ひとつだけ具体例を挙げ、説明してみよう。ストーリーテリングとは、本来、具体的な話を述べることを指す。漠然とした一般論をストーリーで語ることなどできない。ストーリーでは、かならず特定の人物や出来事が語られる必要がある。

a　例――フィンランド南西部のタンメルコスキ川のほとりにあるパルプ工場からはじまったノキア（第2章）、《ビジネスウィーク》に手厳しい記事を書かれた〈バウンティ〉（第4章）、ハイポテンシャル・ショッパーの〝リサ〟、上昇志向ママのジュリー・ウォーカー（本章）。

2　聞き手が理解できないような難解な専門用語は使わない。

3　事実、数字、出来事など、聞き手に関係するものを活用する。たとえば法廷で吹雪の日の話をしたジェリーのように、聞き手の日常生活に関係する話題をとりあげる。

4　言いにくい話こそ、正直に、オープンに伝える。曖昧な言いまわしや逃げ口上は避ける。いかにも企業の経営陣が話しそうな、抽象的な言葉を羅列したスピーチはしない（給料支払いの話）。

〈HOW TO〉第14章　スタイルの工夫

「どんなふうにストーリーを語る？　まず、情熱をもつことだ」
——デビッド・アームストロング
『マネージング・バイ・ストーリング・アラウンド』

過剰な描写がつづくストーリーほど、ビジネスの世界で嫌われるものはない。聞き手はうんざりし、急速に関心を失う。一九世紀のロマンス小説のような情景描写は、ビジネスの世界では無用だ。職場のストーリーは、わかりやすく、シンプルで、率直な言葉づかいで知恵や教訓を輝かせなければならない。この章では、ビジネスに適した文章のスタイルとはどんなものかをさぐっていく。そして〝よいストーリー〟を〝すばらしいストーリー〟に変える技術をいくつか紹介する。

ではまず、ストーリーのはじめかたに関する工夫から見ていこう。

冒頭で聞き手の心をつかむ

いったい、ストーリーはどうはじめればいいのだろう？　冒頭で聞き手の関心を引きつける手法は、三つに分けられる。

第一は〝驚き《サプライズ》〟の要素を活用する方法だ。これについては第19章で詳述する。

第二の手法は〝ミステリー〟の要素をとりいれる方法だ。謎解きの要素があれば、聞き手は自然と話に引き込まれる。そして、その謎を解きあかそうと熱心に耳を傾ける。たとえば第5章では、紙おむつ事業部の話を紹介した。このストーリーでは、冒頭、売上と利益の相関関係が一九八三年に突如として変化をとげたという謎が提示された。そしてストーリーが終わりに近づくまで、この謎は解けないという工夫がほどこされていた。また第2章で紹介した民話では、ある女性が建設現場を通りがかり、職人たちはなにをつくっているのだろうと不思議に思った。すると読者もまた、同じ疑問をもつ。このように、ストーリーの出だしにミステリーをもってくるのは、非常にいい方法だ。冒頭で重要な疑問を提示し、それをできるだけ長く謎のままにしておこう。

第三の手法は、もっとも強力かつシンプルな方法である。すでに本書で、みなさんはその例を何度も目にしてきた。聞き手が自分を投影できる主人公をできるだけ早いタイミングで紹介し、その主人公を苦境に立たせたり、窮地におちいらせたりするのだ。第7章で説明した「背景」を思いだしてもらいたい。主人公をまず紹介し、次に主人公がさがしもとめる目的を説明する。そのあと、悪役や障害を登場させるのだ。

たとえば第1章の最初のストーリーで、私がP&GのCEOに対して初めておこなったプレゼンの話をした。そして、CEOに対するプレゼンでしてはならないことを身をもって学んだと、冒頭で述べた。読者の大半は、もうすでにCEOへのプレゼンをおこなった経験がある人か、いつの日かそうしたプレゼンをおこないたいと願っている人のどちらかだろう。だから、このストーリーの主人公に感情移入しやすい。そして私がプレゼンで苦境におちいったことを学べば、読者はこれを反面教師にすることができる。

　また第10章では、コンサルタントのトムのストーリーを紹介した。このストーリーでは、冒頭の文章で、トムがクライアントから契約を解消されそうに――つまり一時解雇されそうに――なっているという事実が述べられる。万国共通、解雇ほど、勤め人がおそれるものはない。当然、この話題にはだれもが感情移入できる。

　どちらのストーリーも、聞き手が自分を投影できる主人公の紹介ではじまり、その後、いかにも直面しそうな難題が説明される。すると主人公に感情移入している聞き手は、主人公がうまく難題を解決できますようにと願うのだ。このようなかたちでストーリーをはじめると、聞き手はつづきを聞きたくてうずうずする。そして、こんど自分が似たような状況に直面したときのために、どうすれば事態をうまく切り抜けられるのか知りたいと思う。こうして、聞き手は耳を傾ける――熱心に。

　ストーリーをつくる際には、このように相手の関心をとらえ、そのまま離さない手法をひとつは活用しよう。

文体――わかりやすい説明のコツ

　皮肉なことに、才能ある語り手でさえ、文章を書くとなると複雑怪奇な言葉の泥沼にはまりこんでしまうことがある。〝書く〟という行為には形式ばったところがあり、格好をつけたくなってしまうのだ。仰々しい言葉が並ぶ長い文章のほうがプロらしく見えるにちがいないと、つい誤解してしまう。だが、それは思いちがいだ。こうした勘違いをつづけていると、次の段落のような文章を書くはめになる。もともと、この文章を書いた人間は、ふたりのマネジャーがその功績をたたえられ、表彰されることになった旨を説明しようとしたそうだ（私がでっちあげた文章ではないのであしからず）。
「アシュリーとデーナのビジネスモデル・ポートフォリオの再構築は、商業的な自発性とベースビジネスの活動を刺激し、増加が見込まれるカテゴリーのセールスと投資に対する見返りを最大限に導きました。このポートフォリオ戦略が処理したのは、次善のサポートとともに年間一〇件以上のイニシアティブのある案件であり、そこでは持続する媒体が二件ある年はなく、ベースビジネスのサポートもありませんでした。その結果、二〇〇七年のイニシアティブである束売りは二九パーセント、利益は一〇九パーセント上昇しました」

読者のみなさんにも、この手の文章を読まされた経験が一度や二度はあるだろう。だが読み手には、何度読んでも意味が把握できない。そんなものは効果的なコミュニケーションとはいえない。こうした失敗を避けるためのもっとも有効かつシンプルな方法は、ひとつしかない。「話すように書く」だ。

たしかに、少々、単純化しすぎかもしれない。だが、よりよい文章を書くための唯一の指針として、これに勝るものはない。形式ばった複雑すぎる文章よりは、シンプルでくだけた文章のほうがいい。このアドバイスの例として、さきほどの難解な文章を読みやすいものに変えてみよう。
「これまで、われわれは年間、一〇から二〇種類の新製品を売りだしてきました。その大半にマーケティングのサポートはほとんどなく、二年めにはその少ないサポートがいっそう減りました。それでも、新製品はそのカテゴリーを成長させる起爆剤になるはずだと、われわれは新製品を増やしつづけました――とてもサポートまで手がまわらないほどに。そこでアシュリーとデーナは、新たなビジネスモデルの立ちあげを経営陣に訴えました。もっと大胆なイニシアティブをとるものの、その数を少なくすることを提案したのです。それぞれの製品に発売初年度も二年めも、もっと手厚くマーケティングをサポートする。と同時に、既存ブランドへのサポートも欠かさずにおこなえば、親ブランドもまた成長するという戦略です。この戦略は奏功しました——驚異的といえるほどに！　二〇〇七年の売上は三〇パーセント近く上昇し、利益は倍増しました。おめでとう、アシュリーとデーナ！」

これで、アシュリーとデーナがどんな業績をあげ、表彰されることになったのかが理解できたはずだ。それではなぜ、最初の説明より二番めの説明のほうがわかりやすかったのだろう？　第一に、話の順番を、背景、動き、結末の順に書きなおしたからだ。一番めのほうは、ストーリーが動きではじまっていることに注目してもらいたい。「アシュリーとデーナのビジネスモデル・ポートフォリオの再構築は……」という具合に、アシュリーとデーナがなにをしたかという説明からはじまっている。その後、「このポートフォリオ戦略が処理したのは……」と、動きのまえの背景が説明される。そして最後に、結末が述べられる。

私が書きなおしたほうの話では、背景を適切な場所、すなわち冒頭に置き換えている。「これまで、われわれは年間、一〇から二〇種類の新製品を売りだしてきました……」次にアシュリーとデーナがとった行動の説明に移る。「そこでアシュリーとデーナは、新たなビジネスモデルの立ちあげを経営陣に訴えました……」そして、結末で締めくくる。

第二に、私はストーリー全体の文章を、だれかと会話をしているような調子に書き換えた。実際に目のまえにいる相手に話しているかのように、アシュリーとデーナが表彰されるにふさわしいことをしたと説明したのだ。これを理解するために、書く方法と話す方法のちがいを見てみよう。上手に話しているとき、つまりリラックスし、思慮深い会話をかわしているとき、人はどんなふうに喋っているだろう？　あわてず、落ち着いて話しているはずだ。早口ではないし、だらだらとも話さない。有効な話し言葉には、次のような特徴がある。

1　**文章が短い。**「アシュリーとデーナ」の最初のバージョンに比べ、修正したバージョンでは、一文の単語数が約半分になっている。センテンスを短くすることを心がけよう。

2　**簡潔な単語を使う。**文章を書いていると、なぜか、話しているときよりも強い印象を与える言葉をはさみたくなる。だから、書くときには、知識をひけらかすような言葉は使わないよう注意すること。単語自体が浮きあがってしまうと――あるいは語り手であるあなた自身が目立ってしまうと――ストーリーテリングの邪魔になる。

3　**能動態を使う。**会話では、「契約はニュートン社によって勝ちとられました」という受動態は使わない。「ニュートン社が契約を獲得しました」と能動態で言う。ところが文章を書くとなると、受動態をためらいなく使う人が多い。すると、文章がもったいぶった不自然なものになる。能動態を用いて、率直かつ自然にメッセージを伝えよう。

4　**述語を早く示す。**「アシュリーとデーナ」の悪いほうのバージョンでは動詞に到達するまで長々とかかる。なにが起こったのかがわかるまえに、短期記憶に多くの内容を保存しなければならない。修正したバージョンでは、述語が早く示されるので、聞き手にストレスを与えない。

ただし、話し言葉がいつも簡潔とはかぎらない。ストランクとホワイトが名著『英語文章ルールブック』で述べているように、可能なかぎり「不要な単語は削除」すべきである[1]。つまり、シンプルなフレーズ（句）で意味が通じるのなら、そもそも文章にする必要はない。さらにひとつの単語で意味が通じるのなら、句を使う必要もない。

私の大学時代のルームメイト、エド・タングェイの愉快な話は、いまでも記憶に残っている。われわれがいた小さな大学町で、地元のラジオ局の番組を聞いていたとき、エドがきゅうに笑いだした。天気予報を聞いていただけだったので、なにがそんなにおかしいのかと、私は尋ねた。

エドが応じた。「気温を伝えていた男性アナウンサーの話、聞こえなかったかい？『ここコンウェイのダウンタウンにあるラジオ局の温度計で、現在の気温は一八度となっています』って言ったんだぜ。ぼくの地元のデンバーの大きなラジオ局でも、もちろん天気予報をやってたけど、こう伝えるだけだった。『気温は一八度』とね。それで、またすぐに音楽をかけるんだ」つまり、大都会のラジオ局のアナウンサーは、気温を伝えるまでの長ったらしい前置きなどしなかったのだ。考えてもらいたい。「ここコンウェイのダウンタウンにあるラジオ局の温度計で、現在の気温は……」などと、なぜ言わなければならないのだろう？　聞き手がきのうの気温とまちがえないように？　そもそもラジオ局の場所など伝える必要はない。半径八キロ程度の地域にしか番組を放送していないのだから。前置きなど不要。気温は一八度。それで通じる。

フランスの作家で詩人のサンテグジュペリは「デザイナーに自分の作品が完成したことがわかるのは、つけくわえるものがなくなったときではなく、取り去るものがなくなったときだ」と述べている。[2] 文章に関しても、同じように考えよう。いったん文章を書きあげたら、不要な部分をどこかしら取り去ろう。これ以上、不要な部分を削ったら意味が通じなくなると思われるところまできたら、完成だ。ガー・レイノルズが著書『プレゼンテーションＺｅｎ』でとりあげているインドの民話は、この点をよくあらわしている。[3]

新たに店をひらいたビジャは、店先に「私たちはここで新鮮な魚を売っています」という看板を掲げた。すると父親がやってきて、看板の〝私たち〟という言葉は、客より売り手を強調しているように見えるし、だいいち不要だろうと言った。そこで、看板を「ここでは新鮮な魚を売っています」に変えることにした。

すると、こんどは兄が通りがかり、〝ここで〟は不要だろうと助言した。たしかに、余計だ。ビジャは同意し、看板を「新鮮な魚を売っています」に変えた。

次に、姉が通りがかり、〝新鮮な魚〟だけで充分じゃないかしらと意見を言った。それもそうだ。売るために魚を並べているのは一目瞭然。そこで看板は「新鮮な魚」になった。

ほどなく、ご近所さんが通りがかり、開店おめでとうと声をかけてから、こうつづけた。店のまえを通る人間には、店頭に並んでいる魚が新鮮かどうかがわかる。それなのに〝新鮮な〟などとわざわざ看板に書いてあると、ほんとうかどうか勘ぐりたくなるんじゃないか、と。ごもっとも。そこで看板はただの「魚」となった。

その後、休憩をとりに外にでかけたビジャは、店に歩いて戻る道すがら、ふと気づいた。店までまだだいぶ距離があり、看板の文字など読めないところでも、魚の匂いを嗅げるのだ。ビジャはついに「魚」という言葉も不要であることを悟ったのだった。

「なにごともほどほどに」は、人生のさまざまな場面で通じる、よいアドバイスだ。はたしてビジャが看板にまったく文字を書かない方法をとるべきだったか否かは、意見の分かれるところだろう。アインシュタインがよく引用したように「万事をできるだけシンプルにせよ、しかしシンプルすぎてはいけない」からだ。この訓戒に従っていれば、ビジャは「新鮮な魚」あたりでとめていたかもしれない。それ以上の言葉をくわえると、シンプルではなくなってしまう。シンプルであればあるほど、メッセージの核となるものがくっきりと浮かびあがる。自分のメッセージから不要なものは容赦なく取り去ろう。とはいえ、どこまでやるかは、頃合を見はからおう。

＊＊＊

ストーリーを簡潔にまとめる利点のひとつは、アイデアを短時間で説明できることだ。企業のトップに近くなればなるほど、対象に注意を向ける時間が短くなる。それは集中力が欠如しているからではない。多忙なのだ。フォーチュン五〇〇社に選ばれた某企業は、最近、新たなCEOを迎えた。就任第一週め、各事業部門で取り組んでいるもっとも重要なプロジェクトについて、CEOはそれぞれの担当部長から報告を受けることにした。そこで部長陣は、自分たちの輝かしいプロジェクトやアイデアを強調するプレゼンの準備にとりかかった。プレゼンにあてる時間として、少なくとも一時間はもらえるにちがいないと、かれらは踏んでいた。いや、最低一時間はないと、部門全体の事業説明などできるはずがない。

ところがCEOの側近からスケジュールの連絡を受けた部長たちは、ショックを受けた。それぞれに割りあてられた時間は、最長一五分しかないというのだ！

ストーリーテリングには、長い時間をかけるべきではない。本書のストーリーの大半は、二分から四分もあれば話すことができる。

聞き手を引きつけるには

ストーリーに登場人物の会話を織りまぜると、聞き手の関心を強く引くことができる。そのうえストーリー自体も、語り手も、会話の恩恵を受ける。

第一に、会話があれば、聞き手には、その話がストーリーであることがわかる。人は幼いころから、ごく自然に会話を使ってストーリーを語る。たとえば一日の終わりに園児が、その日、幼稚園であった出来事を説明する。「ジョニーがね、○○○って言ったんだよ、そしたらジェーンが○○○って言ったんだ、そしたら先生がね……」

第二に、会話があれば、事実を淡々と述べるより、その事実が人々におよぼす影響を伝えることができる。人は自分が考えていることや感じていることを会話で表現する。あなたが登場人物の言葉を引用すれば、その人たちの考えていること、感じていることがわかるのだ。その結果、ストーリーに感情がもりこまれる。

第三に、会話は聞き手の注意を引きつける。あなたが「うちのボスがね、こう言うんですよ……」と前置きすれば、聞き手は、ボスはなんと言ったのだろうと話に集中する。

最後に、会話を利用すると、ストーリーをつくりやすくなる。たとえば関係者の発言を多用すれば、あなたの説明部分は少なくてすむ。

例として、次のストーリーを見てみよう。このストーリーは、第12章に登場したダン・アンド・ブラッドストリート社の当時のCFO、サラ・マシューの体験談である。

ダン・アンド・ブラッドストリート社で過年度遡及修正という会計処理を六週間という短期間でなしとげたサラは、その後、CFOとして成功の余韻に浸っていた。しかし、気分の高揚は長くはつづかなかった。会社では年に一度、全社員を対象にした満足度調査を実施しているが、彼女の部下の満足度が社内で最低だったのだ。部下たちは、サラが過年度遡及修正を短期間でしあげたやり方について、明確なメッセージをだしていた。長時間労働と集中力の持続には犠牲がともなったのだ。社員の満足度の調査結果を受け、サラはCEOのオフィスに呼びだされた。CEOは開口一番、こう言った。「きみはリーダーとしてうまくやっていないようだな、サラ」

当然のことながら、サラ本人も調査結果に失望していた。しかし、部全体であの激務をこなしたことを考えれば、避けられない結果ともいえた。サラとしては、過年度遡及修正を成功させたという結果が、そのプロセスを正当化すると考えていた。そのため、彼女の返答には、この心情が反映していた。「選択を迫られる場合もあるのではないでしょうか」と、サラは応じた。「どちらをお望みです？——すばらしい成果か、幸福な社員か」

ところがCEOの返答は、シンプルかつ深淵なものだった。「偉大なリーダーは、その両方を望むのだよ」

その言葉に、サラは大きな衝撃を受けた。たしかに非常事態ではあったが、自分が他人に与える影響力や、仕事を進める手法について、配慮が足りなかったかもしれないと考えざるをえなかった。もちろん、自分の欠点は自覚していた。人の話を聞くのは苦手だし、物言いが単刀直入で、ぶっきらぼうにも聞こえた。タフで、他人への要求が多く、勝利にこだわる。彼女とテーブルをはさんで座ると、たいていの人は怖気づくだろう。とはいえ、こうした資質があったからこそ、サラはすばらしい成果をあげてきたのである。

ところがCEOは、サラに考え方を変えるよう示唆した。そこで彼女は部下と円卓会議をひらき、自分のリーダーシップの欠点について忌憚なく意見をだしてもらうことにした。それはつらい作業であり、心が折れそうにもなった。だが、おかげで建設的な意見をもらい、彼女はそれを受けいれ、反省し、行動を起こした。二年後、サラの部下たちの満足度は、社内で最高点を獲得した。

サラは、こんにち、このストーリーを語り、リーダーが学びつづけることの重要性を伝えている。たとえCFOであろうと、CEOであろうと、取締役会長であろうと——すべてサラが担った経験のある役職だ——上司はつねに学びつづけなければならない。CFO時代に、つらい思いをして学んでいなければ、そのあとCEOや取締役会長に就任することはできなかっただろう。

さて、このストーリーから会話を削除したところを想像してもらいたい。最初の段落が「CEOは彼女をオフィスに呼びだし、彼女の部下の満足度が低いことに不満を表明した」という文章で終わっていたら？「きみはリーダーとしてうまくやっていないようだな、サラ」というせりふが与えるインパクトはなくなり、聞き手はストーリーに感情移入しにくくなる。会話がなくなると、話はとたんに人ごとになり、人間味が失せる。

サラの返答にも、同じことがいえる。「どちらをお望みです？——すばらしい成果か、幸福な社員か」という返答は、CEOに向けたものとしてはずいぶんあつかましい。だが、このせりふがあるからこそ、サラが不満をもっており、簡単に引きさがるつもりなどないことが伝わってくる。「サラは社員の幸福とすばらしい成果の両方を追うのは無理だと考えていた。だから、CEOに譲歩するつもりはなかった」という文章で説明するより、はるかにいい。

「偉大なリーダーは、その両方を望むのだよ」という、CEOの最後のせりふもまたシンプルでありながら詩的な趣がある。「CEOは同意しなかった。そしてその両方を実現すべきだとサラを諭した」という文章と比べれば、会話には聞き手を引きつける力があることがわかるだろう。

＊＊＊

もうひとつ、効果のあるテクニックを紹介しよう。実在の人物に関するストーリーであれば、その実名を使うことだ。当人の匿名性を守る必要がある場合はべつだが、実名を使えばストーリーがよりリアルに感じられ、信憑性が増し、聞き手は強く関心をもつ。さらに、登場人物が聴衆のなかにいる場合もある。人は、自分の名前がストーリーのなかにでてくると悪い気はしない。それは一種のお世辞であり、相手をよろこばせることができる。

最後のテクニックは「繰り返し」だ。繰り返しはストーリーの印象を強める。第2章で大聖堂を建てていた男たちのストーリーを思いだしてもらいたい。なにをなさっているのですかと女性が尋ねるたびに、ほぼ同じ言葉が繰り返される。「……なにをなさっているんですかと尋ねた……三番めの男に、なにをなさっているんですかと、彼女は尋ねた……その横にいる男に、なにをなさっているんですかと尋ねた……」このくだりを、単純にこう変えることもできる。「彼女は三人の男全員に、なにをしているのかと尋ねた。すると、ひとりめの男は……と言い、ふたりめの男は……と言い、三番めの男は……と言った」だが、同じ言葉を繰り返すことで、ストーリーにリズムが生じる。そして、意外な結末が待っているはずだと、聞き手の期待を高めることができる。

本を読み聞かせたり、おとぎ話を聞かせたりしながら子どもを寝かしつけるとき、繰り返しは非常に役に立つ。子どもの心を癒し、安心させるのだ。大人もまた同じような理由で繰り返しを好む。躊躇せず、繰り返しを活用しよう。

＊＊＊

最後に、語り手の態度について触れておきたい。私はこれまで、スピーチの冒頭で必要以上に腰の低い態度を示すスピーカーを数えきれないほど見てきた。じつに興ざめな話だ。話の冒頭で「こんなところで個人的な話をさせていただくのは、はなはだ恐縮ではありますが……」などと、謝罪をするのだ。なかには、ギャラをもらって講演をしにきた人が「ひとつ、お話をさせていただいてもよろしいでしょうか？」などと許可を求めることもある。そして、聞き手の何人かがしかたなくうなずくと、ようやく話をはじめるのだ。

だが、冒頭でこの手の言葉を口にすると、語り手がこれから話す内容には価値がないという信号を送ってしまう。もし、自分が話そうとしているストーリーがほんとうにつまらないと思っているのなら、ストーリーを話すことなどやめ、さっさとスライドの説明でもすればいい。だが、あなたのストーリーは聞き手にとって貴重な価値があるはずだ。リーダーは「リーダーになってもいいですか？」などと許可を求めたりしない。ただ、リーダーになる。

さらにいえば、これから話をしますという前置きもいらない。話し手が「これから話をします」と言ったあと、たえず「話」を説明しながら語ると、聞き手はうんざりする。たとえばこんな具合。

「私が大学生のころの話なんですが……話はつづきますが……ここから話がおもしろくなるんです……この話の終わりは……」

「話」についてあれこれ説明せずに、ただ話せばいいのだ！

本書は、ほぼすべての章をストーリーではじめている。読者であるあなたは、気づいたときには自然にストーリーを追っている。そうあるべきだ。ストーリーを話す必要が生じたときには、前置き抜きで、ただ語りはじめよう。

まとめと演習

1 **ストーリーの上手なはじめかた。**次の三つの要素のどれかをとりいれよう。
a 驚き《サプライズ》（第18章を参照のこと）。
b ミステリー（第5章の〝一九八三年の発見の旅〟、第2章の〝大聖堂を建てる〟）。
c 苦難――自分を投影できる主人公が、困難な状況に直面する（第1章の〝CEOにしてはならないプレゼン〟、第10章の〝契約を解消されそうになる〟）。

2 **文体。**話すように書く。
a 文章は短くする。
b 簡潔な単語を使う。
c 能動態を使う。
d 早く述語をだす。
e 不要な言葉は削除する（〝新鮮な魚〟）。

3 **聞き手を引きつけるには。**
a 会話文を使う。
b 登場人物に実名を使う。
c 単語やフレーズを繰り返す（第2章の〝大聖堂を建てる〟、第20章の〝三人のリサーチャー〟）。

d　ストーリーを話すまえに前置きをしたり、謝罪をしたりしない。ただ、語りはじめる。

第3部

チームを活気づける

第15章　やる気をもたせ、士気を高める

「冷静で、客観的で、無味乾燥なリーダーシップでは、それがどれほど正しかろうが、人の心を沸きたたせることはできない」

――ジェフ・ストロング（サン・プロダクツ社取締役副社長）

メキシコシティーは、アフリカ東部の国タンザニアから見れば、地球の裏側にあたる。だが一九六八年一〇月、夏季オリンピックが開催されたそのメキシコシティーで、タンザニア代表のマラソン選手、ジョン・スティーブン・アクワリは自分を発見した。不運にも、アクワリはレースの最中に転んでしまった。それは草地でちょっとつまずいたという程度ではなく、でこぼこのコンクリート道での激しい転倒だった。アクワリは右足に深い裂傷を負い、膝を脱臼した。すぐに救護班が駆けつけ、傷口に包帯を巻いた。だが脱臼した膝の手当ては路上では無理だ。このまま病院に行きましょうと、救護班は説得した。ところがアクワリは耳を貸さず、立ちあがると、レースに戻り、ほかのランナーたちのあとを追いはじめた。

これだけのケガを負っている状態では、通常のペースで走ることなどできない。よたよたと走っては歩くというペースで、アクワリは前進をつづけた。レース開始から二時間二〇分二六秒後、エチオ

ピア代表のマモ・ウォルデが一着でフィニッシュした。ほかのライバルたちも大半は、その後数分以内にフィニッシュした。アクワリは、そのはるか後方にいた。

一時間後、オリンピックスタジアムには数千人の観客しか残っていなかった。マラソンはその日最後の種目であり、すでに日は暮れていた。メキシコシティーはマラソン選手にとって過酷な土地だ。高度は二二〇〇メートルを超え、酸素は平均海面より二三パーセントも薄い[1]。この日のレースでは七四人の選手のうち、一七人が途中で棄権した。だがアクワリは負傷し、血まみれだったにもかかわらず、ぜったいに棄権だけはしないと誓っていた[2]。

警官の護衛を従え、痛々しい姿のアクワリがようやくスタジアムに姿をあらわした。ほどけた包帯を垂らしながら、トラックを歩いてくる。畏敬の念に打たれた数少ない観客が熱い声援を送るなか、ジョン・スティーブン・アクワリはトラックを一周し、ようやくフィニッシュした。記録は三時間二五分二七分。わずかに残っていた記者たちがフィールドに走りこみ、なぜこんな状態でレースをつづけたのかと尋ねた。アクワリは簡潔に応じた。「私の祖国は、このレースに参加させるために五〇〇〇マイルも離れた土地に私を送りだしたわけではありません。完走させるために送りだしたのです」

アクワリの言葉は数百万の人々の心を震わせ、のちに彼は「無冠の王」と呼ばれるようになった。いまもなお、この話はオリンピック選手たちのあいだでも、一般市民のあいだでも語り継がれている。

「たしかに、胸を打つ話だよ」と、あなたは反論するかもしれない。「だが、私はマラソンランナーじゃない。ビジネスマンだ。この話がなんの役に立つ？」

私だってマラソン選手ではない。それでも、この話をよく引き合いにだす。たとえば大半の企業では、マネジャーは数年ごとに異動となり、新たな職務に就く。そうすることで、より責任の重い地位に必要とされるスキルを身につけ、仕事のマンネリ化を防ぎ、新鮮なアイデアを生むことができる。とはいえ二、三カ月後に異動となることがあらかじめわかっていると、現在の仕事に全精力を注ぐのがむずかしくなり、マネジャーは次の職務のことを考えはじめる。すると上司は、異動の日を迎えるまでマネジャーを目のまえの仕事だけに集中させるのがむずかしくなる。

私自身、上司として、こうしたジレンマに何度も直面してきた。そんなときは次の職務を心待ちにしているマネジャーに、ジョン・スティーブン・アクワリのストーリーを話して聞かせて、こうつけくわえた。きみの異動の予定が公表されると、周囲の人間には、きみが気もそぞろになっていることがわかる。いわば、きみはケガを負いながら走っているようなものだ。それでも周囲の人間には、レースに参加するだけの選手と、完走する選手のちがいがわかる。最後の三カ月間、多少怠けたり手を抜いたりしても、おおかたの人間は大目に見てくれるだろう。だが自分のことを強く印象づけたいのなら、有終の美を飾ろう。最後まで全力で走ろう。周囲の人々にも、きみが最後までやりとげたことがわかるはずだ。

このストーリーを話す利点はもうひとつある。ケガを負っている選手がいないかどうかを確認し、仕事に集中するよう、やさしく励ますことができるからだ。部下に「やあ、ジョン、膝の具合はどうだい？」と尋ねるだけでいい。

＊＊＊

アクワリのストーリーは、チームの士気をあげ、目のまえの仕事に集中させる際に役に立つ。では、いっぷう変わった仕事を頼むときにはどうすればいいのだろう？　通常とは異なる仕事、おまけに明確な見返りがない仕事を頼みたいときには？　一般的なキャリアの道からはずれた、いわゆる〝特別任務〟を依頼するときには？　とくに前例のない仕事を頼む場合、相手はなかなか快諾しないだろう。引き受けてくれたとしても、その仕事をずっとつづけるよう説得するのは至難の業だ。もし、こうした状況に直面したら、次のストーリーを話してみよう。

ドレイン・ハンプトンは、つねに周囲の人間より先のことを考えていた。一九八〇年代、P&Gは新たにブランドを立ちあげる際、地域や期間を限定して新製品の試験販売をおこなうテスト・マーケティングを実施して、判断の材料にしていた。だがテスト・マーケティングには時間とコストがかかる。そこで一九九〇年を迎えるころ、P&Gはテスト・マーケティングの〝シミュレーション〟を世界各地で推進する任務を小規模のチームにまかせた。この手法を用いれば、たった数百人を対象に試供品を用意すればよく、実市場でのテストに比べると時間も費用も大幅に節約できる。この手法を推進するチームが結成され、その責任者に抜擢されたのがドレインだった。

一〇年後、シミュレーションによるテスト・マーケティングはごく一般におこなわれるようになった。そこでドレインは新たな改革に取り組んだ。この手法を基盤にしたバーチャルなテスト法の開発に取り組みはじめたのだ。この新たなテスト法をうまく活用できれば新製品の販売結果だけでなく、競合他社の反応も予想できるはずだった。

この開発を成功させるために補強されたチームのメンバーは熱心にプロジェクトに取り組み、また創造性を発揮してくれた。とはいえ、チームの士気を維持するのはむずかしいことが、ドレインにはよくわかっていた。開発には長い時間がかかる。そのうえデータには機密事項が多いため、必然的にメンバーは孤立して働くことになる。対照的に、ほかの部署の人間は、このチームが開発した手法を活用し、新製品を発売すればいい。うまくいけば社内で表彰され、現実に見返りを得られる。

そこでドレインは半年ごとにメンバーを集め、進捗状況を確認し、ここまで進歩してきたことを褒め、祝うことにした。そうした祝いの席で、ドレインはよくたとえ話をした。なかでも部下たちにいちばん人気があったのが、次のストーリーだ。

一八〇〇年代、アメリカ合衆国の中西部が開拓されていたころ、居心地のよい東部の海岸沿いでの暮らしを捨て、開拓の旅にでたアメリカ人は二種類に分けられた。〝開拓者〟と〝入植者〟である。

開拓者は、最初に未開地に足を踏みいれる人々だ。当時、未開地は安全な場所ではなかった。どの樹木にも、なにかが身を潜めている危険があった。開拓者の仕事は、未開地に住居可能な土地、すなわち耕せる土壌があり、水場に近く、小屋用の木材が豊富な土地を見つけることだった。かれらは橋のない川を渡り、深い森を抜け、自分たちが通った跡に目印をつけるのが得意だった。ゆえに開拓者の最大の財産は、腹をすかせた狼から身を守る力と豪胆さだった。

新たに交易所が設けられると、入植者が移動してくるようになった。開拓者とはちがい、入植者は馬の背ではなく幌馬車に乗ってやってきた――当時、幌馬車は贅沢な移動手段だった。入植者の仕事は土地を調査し、開拓者たちが建てた粗末な小屋に手をくわえ、東部の商人との取引を確立することだった。入植者は、開拓者より洗練された技能をもっており、その職業は職人、鍛治師、農民、銀行員などだった。

入植者たちが到着すると、開拓者たちの生活は一変し、その能力はあまり必要とされなくなった。そのため、かれらは社会からあぶれてしまったような気分になった。毎日がゆっくりとすぎ、現状に挑戦する機会はなくなる。そうなると、そろそろ次の土地へ移動する頃合だとかれらは考える。そしてまた開拓の旅に出立し、星空の下、以前より幸福な気持ちで、次の辺境地への地図を描き、自分たちのあとにつづく老若男女のために伝説をつくった。

「みなさんは」と、ドレインはチームに向かって檄《げき》を飛ばした。「開拓者です。だれも足を踏みいれたことのない土地をめざす。そこで後進のために道を切り開くのが、私たちの仕事なのです」

こうしたストーリーを聞けば、だれだって開拓者としての自分に誇りを覚える。何度聞いても、感動が色褪せることはない。仕事をしていれば、ドレインと同じような任務を帯び、チームを率いることになる場合があるだろう――新しいものをつくりあげたり、一度も試されたことがないものに挑戦したりするのだ。そんなときのために、このストーリーを頭の隅においておこう。きっと、必要になる場面がでてくるはずだ。

＊＊＊

以上のふたつのストーリーは、部下にやる気をもたせ、モチベーションをあげるうえで役に立つ。だが、難局に直面した場合はどうすればいいのだろう？　会社が大打撃を受けたり、大きな損失をだしたりしたとき、どうすればチームの雰囲気を悪くせず、部下にまえを向かせることができるのだろう？　そんなときは、ぜひ、次のストーリーを活用してもらいたい。

一九九三年、連邦第九巡回区控訴裁判所は、カリフォルニア・アーモンド協会対アメリカ農務省（カリフォルニア・アーモンド協会の管轄当局）の訴訟を審議していた(3)。アーモンド協会会長のロジャー・ワッソンは、特別な関心をもって裁判を傍聴していた。問題となっているのは、彼の組織の根本的な機能の合憲性だった。

アーモンド協会は、アーモンドの生産者と加工業者を代表する組織だ。基本的にカリフォルニア州の農場で収穫されるアーモンドはどれも同じ品質であるため、農場経営者がリサーチ、作柄予想、販促活動などに資金を出資するのは合理的なことだった。だが、この裁判で争点となっているのは、その販促活動だった。

アーモンド協会は、牛乳や牛肉などほかの産物の協会と同じように機能している。メンバーは全員、協会に出資し、販促活動の恩恵を受ける。だが、アーモンド生産者のひとりが、あるいは牛乳の生産者ひとりが、協会に出資したくない、脱会したいと言ったらどうなるだろう？　それを許せば、ほかの会員との公平性が失われる。協力を拒否した人間は、当然のことながら、相応の負担額を支払わずに、ほかの会員と同じように販促活動の恩恵にあずかることになる。だからこそ、こうした各種産物の協会への入会と会費の支払いは任意ではない。強制である。だがカリフォルニア州のアーモンド生産者数名は、協力を拒否した。そしてかれらの弁護士は、こう主張した。会員制をつくり、メンバーに必須の負担金を強制し、その資金をマーケティングにあてるのは、言論の自由への干渉を禁じた米国憲法修正第一条に違反する、ゆえにこの制度は違憲である、と。

一九九三年一二月、法廷が判決をだした日は、ロジャー・ワッソンにとってよき日ではなかった。法廷は協力を拒否した生産者の肩をもったのである。アーモンド協会は、あらゆるマーケティング活動を中断し、一九八〇年以来、アーモンド生産者によって支払われてきた負担金をすべて払い戻すよう命じられた。そしてロジャーは、マーケティングとＰＲの業務を中止するよう強制された。これは、アーモンド協会にとって痛手だっただけではなく、アーモンド生産者と加工業者にとっても大きな痛手だった。というのも、一九九〇年代初頭にアーモンド価格が高騰したため、生産者たちはアーモンドの作付面積を増やしており、アーモンドの需要を供給が上まわっていた。生産者が破産に追い込まれないようにするには、需要を増やすしかない。だが広告やPR宣伝活動が禁じられれば、需要を増やすことなどできない。

ロジャーにとって悪い知らせはそれだけではなかった。新たに選出された理事会は、カリフォルニア州の州都で生産者がもっとも多く居住するサクラメントから、サンフランシスコの九〇マイルほど東にあるモデストに協会本部を移すべきだと考えた。だが、協会のスタッフはだれもサクラメントから動くつもりはなかった。そのため、ふたりを除いて全員が辞めてしまった。

さて、ロジャーはどんな行動を起こしただろう？　大半のスタッフが仕事を辞め、この協会がおこなってきた根本的な機能が違憲であると見なされた。こんな状況に追い込まれれば、たいていの人間は転職を考えるだろう。だが、ロジャーはちがった。それどころか、彼はいっそう闘志を燃やした。ロジャーはモデストに協会本部を移すと、すぐにスタッフの採用をはじめた。おまけに、新たにマーケティング担当者とPRの専門家まで採用した！　もちろん、実際にマーケティングをすることは認められていなかったので、当面のおもな仕事は、アーモンドが健康におよぼす影響の調査になった。しかしロジャーには、次の控訴で判決は覆されるはずだという自信があった。というより、自分にもスタッフにもそう言い聞かせた。ロジャーにとっては、働くとはそういうことだった。果敢に前進するか、諦念して他者に道を譲るか。ロジャーはすべてを賭けた。モデスト本部のスタッフも同様だった。

一九九五年五月、控訴審の判決がくだされた。先の判決の一部は破棄されたが、ほかの部分は支持された[4]。控訴はついにアメリカ合衆国連邦最高裁判所にもちこまれた。一九九七年六月二五日、ロジャーの賭けは成功した。五対四で、最高裁はアーモンド協会を支持する判決をくだした。こうして、アーモンドの販促活動がふたたび認められた。(5) 増員し、準備をととのえていたロジャーは、ギアをトップにいれた。そして何年もあたためてきた計画を実行に移した。アーモンド協会は、この計画を完遂するためにこれまでの五倍の資金をあてることを承認した。その結果は、みごとなものだった。一九九五年から二〇〇二年(ロジャーがアーモンド協会を辞めた年)の七年間で、カリフォルニア・アーモンドの年間販売量は、一六万七〇〇〇トンから五〇万トンへと三倍に増大した。(6)

ロジャーとスタッフは、大半の組織であれば達成までに数十年かかるレベルの成功を、ものの数年でなしとげた。アーモンドの生産者と加工業者はともに潤った。さらには数百万のアメリカ人が、食生活に適度にアーモンドをとりいれるようになったのである。

企業が法的な難題に直面するのはめずらしいことではない。ライバル会社が、広告の正確性に異議を唱えてテレビCMの放送中止を求めるかもしれない。規制当局から罰金を科されるかもしれない。安全委員会から工場の一時閉鎖を命じられることさえある。これらは関係者にとってはストレスのたまることであり、たいへんな重荷でもある。そうした状況下で、スタッフの士気を維持し、仕事に集中させる(そして人材の流出を防ぐ)のが、リーダーの仕事だ。そんなときには、荒波をみごとな舵取りで航海していった先人のストーリーを伝えよう。私は弁護士ではない。だが法的責任をその重さで分けるとすれば、もっとも軽いものが駐車違反であり、もっとも重いものが憲法違反だろう。どれほど障壁があろうと、ロジャー・ワッソンとチームが強い意志をもち、職務をまっとうしようと努力したことを考えれば、法的な、あるいはそれ以外のどんな困難に見舞われたとしても、あなたのチームはそれを生き延びることができるはずだ。そして、かならず成功をおさめることができるだろう。

＊＊＊

このアーモンド協会のストーリーは、苦境に立たされたとき、チームに士気を維持させるうえで役立つ。それでは、そうした苦境におちいらないよう、あらかじめ釘をさすストーリーはないのだろうか？　これが最後のチャンスと思い、つねに懸命に仕事をするよう鼓舞するストーリーはないのだろうか？　幸い、ある。次に紹介するのは、私の好きなストーリーだ。

二〇〇四年から二〇〇五年にかけて、アーカンソー州フェイエットビル高校男子バスケットボール部はチーム改造のシーズンを迎えていた。先発メンバーの大半が二年生であり、三年生のレギュラーはケガから復帰した選手ひとりだけだった。つまり、どこから見ても、好成績が残せそうなチームではなかった。予想どおり、シーズン前半、フェイエットビル・ブルドッグスは勝ったり負けたりを繰り返した。ところがシーズン後半にはいると、なんとチームは全勝に近いペースで快進撃を開始し、初めて州の決勝トーナメントへの出場をはたした。だれも予想していなかった展開に、部員たちは興奮を抑えられなかった。

初戦で勝利をおさめると、チームがここまでこられたのはまぐれではなく、実力であったと思われた。二戦め、三戦めも二桁の点差をつけて圧勝し、ついには決勝戦への切符を手にいれた。それはまるで映画のようだった。なんの実績もない、おもに二年生で構成されたこの若いチームが、ディフェンディング・チャンピオンと戦うことになったのだから。敵は、大学でのプレーが確実視されている選手ばかりのチーム。まさにダビデ対ゴリアテの対決といえた。

決勝戦はどちらも譲らず、試合は再延長にはいった。残り一五秒、フェイエットビル高校はボールをもったところでタイムを要求した。ほどなく試合が再開。フェイエッットビル高校はボールをスター選手であるポイントガードに戻した。これまですばらしいプレーを見せ、ほとんどミスのなかった選手だ。彼の仕事は、数秒時間を稼いでから、最後のシュートを決めることだけ。だが、舞いあがった彼はミスを犯した。ディフェンスに接近したまま、五秒以上、ボールをパスしなかったのだ。残り一〇秒で攻撃権がウェスト・メンフィス高校に移った。スター選手がリングに向かって疾走し、敵陣のファウルを引きだした。そして二度のフリースローを決め、勝利をもぎとった。

下馬評をくつがえし、信じられない快進撃をつづけたあと、勝利を目前にしての敗北に、フェイエットビル高校の選手やファンは打ちのめされた。そうしたファンのひとりが、ジェフ・ストロングだった。彼の娘が選手のひとりと仲がよかったため、ジェフはすべての試合を応援しつづけていたのである。試合終了後、ジェフはその選手に声をかけた。「きょうのゲーム、惜しかったね」

ところが若者の返事は、驚くほどあっさりしていた。「しかたないですよ。ぼくら、みんな二年ですから。来年、また戻ってきて、勝ってみせます」

それは、苦い敗北を噛みしめる息子をなぐさめようと、親がかける言葉のように聞こえた。おそらく、試合に負けてから数時間、選手たちは呪文のようにこんな言葉を繰り返していたのだろう。ジェフはうなずき、来年もがんばれよと励ました。だが胸のうちでは、こう考えていた。このチームは千載一隅のチャンスを逃した。どんな強豪チームであろうと、州の決勝戦に出場するのは、まれにしか得られない機会なのに。

翌年、同じ先発メンバーが全員、こんどは三年生として顔を揃えた。その年、かれらは挑戦される立場にあり、州大会で優勝する期待を背負っていた。シーズンは、期待どおりにはじまった。チームは一敗もせずに勝ち進み、州の決勝トーナメントでは第一シードを獲得した。当然、第一シード校は、そのブロックのなかでもっともシードの低い高校と初戦で対戦する。だが、負けるはずがないと思われたチームを相手に、チームは敗北を喫した。あれほど切望していた優勝へとつづく道は、そこで閉ざされた。

失望で終わるこのストーリーは、一年まえの選手の返答がまちがっていたと責めているのだろうか？　むろん、そうではない。終わったことをくよくよ考えたところで、どうなるものでもない。だが、もし、チャンスが消えるまえに、そんな考え方をしてしまったら？「今回がダメでも、またチャンスはあるさ」と考えたら、最後まで全力を尽くさなくなってしまう。それこそが、決勝戦のあと、ジェフの頭によぎったことだった。というのも、彼はビジネスの世界で、そうした例を何度も見てきたからだ――「また次があるさ」と考え、チャンスをつかみそこなった例を。この試合のあと、ジェフは考えをあらためた。「次のチャンス」がつねにあるとはかぎらない、と。

現在、ソルトレークシティでサン・プロダクツの副社長を務めるジェフは、本気で仕事に取り組んでいない社員を見ると、かならずこのストーリーを話して聞かせている。販売目標を達成できなければ、それは負けなのだ。ひょっとすると、来年はリベンジできるかもしれないが、今年の敗北をなかったことにはできない。ジェフのストーリーは、いま目のまえにあるチャンスを最大限に生かし、これが決勝戦の最後の試合だと考え、最高のプレーを見せなければならないことを教えている。翌年、またチャンスがめぐってくるという保証はどこにもないのだから。

まとめと演習

1　仕事へのモチベーションを下げる原因は無数にある。部下にやる気をもたせ、目的に向かって邁進させるには、人の心を動かすリーダーシップが必要だ。仕事に身がはいらない部下がいることに気づいたら、ジョン・スティーブン・アクワリのストーリー（〝マラソンを完走する〟）を話して聞かせよう。〝参加するだけの人間〟と、〝最後まで完走する人間〟のちがいを理解してくれるはずだ。力強くフィニッシュさせよう。

2　だれも経験したことのない職務や特別任務にやりがいをもたせるのは、非常にむずかしい。そんなときは、〝開拓者〟と〝入植者〟のちがいを説明したドレインのストーリーを話して聞かせよう。

3　順風満帆なときでも、社員の士気を維持するのはむずかしい。困難な時期ならなおさらであり、自分の仕事が違憲だと言われたら、戦意を喪失して当然だ。だが、ロジャー・ワッソンとアーモンド協会がそうした難局を乗り越えることができたのだから、あなたの会社にも克服できる。ロジャーのストーリー（〝カリフォルニア・アーモンド協会対アメリカ農務省〟）を広めよう。

4　ストーリーを活用すれば、そもそもチームが苦境に立つことがないよう、部下の気を引き締めることができる。高校バスケットボールの試合のストーリーを聞かせれば、チームはつねにこれが最後のチャンスだという認識をもち、目のまえの仕事に取り組むようになるだろう（〝次のチャンスがあるとはかぎらない〟）。

第16章　勇気をもたせる

「勝利をもぎとるには、何度も戦わなければならない」

——マーガレット・サッチャー（元イギリス首相）

彼が七歳のとき、家族は自宅と農場から強制的に退去させられた。彼は家計を支えるために働かなければならなかった。

九歳のとき、母親が死んだ。

二二歳のとき、勤務先の会社が破産し、失業した。

二三歳のとき、州議会議員に立候補した。結果、一三人の候補者のうち八位の得票数だった。

二四歳のとき、友人と起業するにあたり、借金をした。その年の末には、経営が破綻した。借金が残っていたため、法執行官により資産が差し押さえられた。ほどなく共同経営者が死亡したため、一文無しであるにもかかわらず、共同経営者の借金まで背負うことになった。その後の数年をかけ、彼は借金を皆済した。

二五歳のとき、州議会にふたたび立候補した。こんどは当選した。

二六歳のとき、婚約した。しかし、婚約者は挙式まえに死亡した。

翌年、彼はうつ状態におちいり、神経衰弱に苦しんだ。

二九歳のとき、州議会議長に立候補した。敗北した。

三四歳のとき、選挙区を代表し、アメリカ連邦議会下院議員に立候補した。敗北した。

三五歳のとき、ふたたび下院議員選に出馬した。こんどは当選した。彼はワシントンに行き、国政に尽力した。

三九歳のとき、任期が終了すると、ふたたび失業した。彼が所属する党では、議員を務めるのは一期のみと定められていた。

四〇歳のとき、内務省国有地管理局の局長職に応募した。不採用となった。

四五歳のとき、州の代表として、連邦議会上院議員選挙に出馬した。選挙人投票六表差で敗れた。

四七歳のとき、所属する党の副大統領候補になった。敗北した。

四九歳のとき、下院議員選挙に二度めの出馬をはたした。再度、敗北した。

その二年後、五一歳のとき、挫折と失望と喪失を繰り返したあと（そして故郷イリノイ州以外ではほぼ無名のまま）、エイブラハム・リンカーンは第一六代アメリカ合衆国大統領に選出された。

二期めも選出されたにもかかわらず、彼は四年しか大統領の職を務められなかった。一八六五年四月、暗殺者の手にかかり、人生最後の敗北を喫したからだ。しかし、その四年という短い期間に、彼は一国のリーダーとして辣腕をふるい、いまだかつてない国内の危機（南北戦争）を乗り切り、連邦制度を維持、奴隷制度に終止符を打ち、平等、自由、民主主義という理想を国民にふたたび示してみせた。

だから挫折を繰り返し、もうあきらめようと思ったら、その決断をくだすまえに、こう自問しよう。

「エイブラハム・リンカーンが最初の敗北のあと再挑戦するのをやめていたら、いったいアメリカはどうなっていただろう？　五度めの敗北のあと、あきらめていたら？　いや、一〇度めの敗北のあと、あきらめていたら？」

敗北のあと、また立ちあがり、努力をつづけるには勇気を振りしぼらなければならない。このリンカーンのストーリーは、何度も苦難や挫折に見舞われた数百万もの人々に勇気を与えてきた。このストーリーのもともとの書き手は不明だが、少しずつかたちを変え、新聞、雑誌、書籍でとりあげられてきた。私自身は、自分のチームが何度もつまずき、大きな励ましを必要とするとき、このストーリーを話して聞かせることにしている。

＊＊＊

敗北を喫してもくじけない忍耐力は、政治家に必須の資質だ。ワシントンへとつづく道の途中では、だれもがかならず何度か負けを経験する。とはいえ、ビジネスの世界でも忍耐力は必要であり、〈プリングルズ〉のポテトチップのストーリーは、そのことをよく示している。

P&Gは一九六八年九月、インディアナ州エバンズビルで、ポテトチップのブランド、〈プリングルズ〉のテスト・マーケティングを初めて実施し、一九七一年にアメリカ各地の食料品店で販売を開始した。一九七五年には〈プリングルズ〉は全米でその名を知られ、市場で一五パーセントのシェアを獲得、年間一〇〇〇万以上の販売個数を誇るまでになった。ところが翌年、売上は二割も落ちた――どんなブランド・マネジャーであろうとパニックにおちいらせるに充分な数字だ。次の年、売上はまたもや一割落ちた。このころになると、〈プリングルズ〉のブランドは他社に売りにだされるのではという憶測が流れはじめた。P&Gは、これほど急激な売上の減少に慣れていなかった。それも二年連続しての減少は初めてのことだった。

その一年後、またもや売上が一割、減少した。一九七九年には、〈プリングルズ〉ブランドは凋落した。売上は三割減少し、年間四〇〇万個しか売れなくなった――たったの四年で六割の下落である！　ついに、決断がくだされた。P&Gの経営幹部は、五年でブランドを立て直せなければ売却すると決めたのだ。

その後の一年半、経営陣は適切な方法でいくつか大きな変化を起こした。まず消費者を徹底的に理解すべく、リサーチを委託した。その結果を受け、〈プリングルズ〉の製品改良に取り組み、味を改善して製品の種類を増やした。新たな広告は、馬の鞍のかたちをしたユニークなポテトチップの長所を強調した。価格を下げたため、他社ブランドと競合できるようにもなった。大胆な経費削減プロジェクトが奏功し、価格の引き下げと製品の改良の実現に一役買ったのである。

売上はまだ減少をつづけていたが、その速度は鈍化していた。一九八〇年、販売個数は約五〇万個減少し、三四〇万個になった。そして一九八一年、ついに三〇〇万個という最悪の記録に達した。ところが翌年、売上が回復を見せた――最初は鈍い動きだったが、徐々にスピードが加速した。一九八四年には販売個数が五〇〇万個に回復。一九八六年には七〇〇万個に伸びた。ついに一九八九年、販売個数はピーク時一九七五年の一〇〇〇万個に戻った。そして一九九〇年代末、〈プリングルズ〉の販売個数は五〇〇〇万個を超えた。

一九八四年一二月、〈プリングルズ〉の好転がはじまった直後、P&Gのセールス部門のトップ、マイク・ミリガンが、社員の一部、株主、報道陣にむかってスピーチをおこなった。そのなかで、彼はこの経験から学んだ五つの教訓について語った。いまだからわかることだが、最初の三つの教訓はそれほど意外な内容ではない。一、消費者が望んでいることを知る。二、その期待に応えられる製品を開発し、マーケティングでメッセージを伝える。三、結果をだすべく強いチームを組織する。そして第四の教訓は、もう少し興味深い。いわく、現実的な目標を掲げる、だ。当時のP&G経営幹部は、一年間の計画ではなく五カ年計画を立てた。かれらが必要としている大きな変化は、ほんの数カ月で起こせるたぐいのものではないことがわかっていたのである。それにもかかわらず、かれらは予定より二年早く、計画目標を達成した。

そしてマイクが語った最後の教訓こそ、もっとも重要なものであり、ここで強調したい主眼点である。マイクは、これをたった一言に要約してみせた。「やめるな」だ。早々にあきらめるな。想像してもらいたい。当時の経営陣にとって〈プリングルズ〉のブランドを切り捨てるのが、どれほどたやすかったか。一九七〇年代後半には、もうあきらめようと、何度も思っただろう。だが、かれらは踏みとどまった。六年ものあいだ、神経をすりへらされる売上の減少に耐え、みごとにビジネスを立て直した。これを、現在のビジネスと比べてもらいたい。CEOたちは目のまえの四半期決算にとりつかれ、少しでも悪い兆候が見えれば縮みあがり、すぐに撤退しますとウォール街にこびへつらうありさまだ。

忍耐強く踏ん張り、努力をつづけた結果、〈プリングルズ〉はP&Gの顔となる安定したブランドへと成長をとげた。その陰には、忍耐と勇気の豊かな歴史が刻まれている。

トーマス・エジソンは、リンカーンと〈プリングルズ〉のストーリーの両方で示された忍耐力の知恵を、たったひとつの文章で表現した。「人生の失敗の大半は、すぐそこまで成功が近づいていたのに、それと知らずにあきらめてしまった人が起こしたものだ」[1]私からのアドバイス。そのひとりになるな。

＊＊＊

もちろん、ビジネスで勇気が必要なのは、何度も失敗を繰り返しながらも辛抱強くやりぬくときだけではない。失敗するのではないかという恐怖と戦うときにも、勇気が必要となる。一見、達成できそうにない任務に取り組むとき、まだはじめてもいないうちから尻込みしてしまう。そうした状況でたじろいでいる部下がいたら、次のストーリーを聞かせよう。

むかしむかし、遠いところに、とても明るく信頼できる若い女性が暮らしていました。[2]自分の村で学べることはすべて学んでしまったので、彼女は近隣の土地へと探検の旅にでました。しばらく歩いていくと、巨大な城壁に囲まれた大きな町にたどりつきました。「きっと、ここの人たちから、なにか新しいことが学べるはず」と、彼女は意気込みました。ところが町にはいると、住民はみな臆病で、まったく元気がないうえ、なんの知恵も授けてはくれませんでした。「なぜ、ここの人たちは、ひどく悲しそうな顔をしているんですか？」と、彼女は尋ねました。

するとひとりの住民が震えながら答えました。「きょうは巨人がくる日なんだ」

「巨人ですって？」信じられないという口調で、彼女は笑いました。「この世に巨人なんているもんですか！」

「いや、それがいるんだよ」と、町民が応じました。「身の丈、三メートルはある！　でかいのなんのって、ありゃ、人間じゃないね」

ほんとうかしらと思いながらも、興味をそそられ、若い女性は食いさがりました。「その巨人のことを、もっと教えてもらえますか？」

するとと町民は、おびえながら説明をはじめました。「やつはね、毎年、同じ日、同じ時刻に、ねぐらにしている山から下りてくる。そして空き地の向こう側に立ち、叫んだ。『おれさまと戦うやつをよこせ。いちばん勇気のある人間を。さもないと、この壁を蹴飛ばし、なかのやつらを皆殺しにしてやるぞ！』とね。だから毎年、勇敢な男が進みでて、巨人と対決する。だが、あわれな男は巨人のあまりのでかさと、勝てるはずがないという思いに圧倒され、身動きできなくなっちまう。そして毎年、剣を抜く間もなく、その場で殺《や》られちまう。一歩も動かないうちにね。まるで催眠術にかかったみたいに」

話にすっかり魅了された女性は、目を大きく見開き、懇願しました。「その巨人、私にも見せてもらえませんか？」

「巨人を見るには」と、町民は説明しました。「やつと対決するしかない」

信じられない話だと思いながらも好奇心を抑えることができず、女性は思わずこう言いました。

「じゃあ、わたし、対決します！」

ほどなく予定の時刻になると、巨人の太い声が城壁のはるか向こう側から聞こえてきました。「おれさまと戦うやつをよこせ。いちばん勇気のある人間を。さもないと、この壁を蹴飛ばし、なかのやつらを皆殺しにしてやるぞ！」巨人と対決すべく、若い女性はひるむことなく城門から足を踏みだしました。

彼女は、空き地の奥に目を向けました。山のふもとの森の入口に、たしかに大男の姿が見えるではありませんか！　目のまえの地面には一カ所だけゆるやかな起伏があり、彼女には男の上半身しか見えず、男がどのくらいの身長なのか、正確に言いあてることはできませんでした。でも、これまでに見聞きしたどんな男より背が高いことにまちがいはありません。彼女は、これまで同じ立場に立たされてきた男たちが感じた恐怖に襲われました。巨人は、ほんとうに存在していたのです。城壁のなかに戻ろうかと、一瞬、迷いが生じましたが、ありったけの勇気をふりしぼり、おそるおそる巨人のほうに歩きはじめました。すると、巨人もまた彼女のほうに歩きだしました。

ゆるやかな勾配を上がっていくと、巨人の全身が見えてきました。この角度から見ると、巨人の身長は三メートルもなく、二メートルを超える程度であることがわかりました。たしかに大男ではありますが、人間の大きさです。私と比べれば大きいけれど、とにかくこれで、わけのわからない魔物の手にかかるわけじゃないことがわかったわ。彼女はそう思いました。

未知のものに対する恐怖がなくなったおかげで、彼女はふつうのペースで歩くことができるようになりました。そこで、また何歩か前進していくと、巨人の姿がいっそう小さく見えてきました。おかしいわ、これ、目の錯覚なのかしら？　だって、もう、私と同じくらいの大きさにしか見えないもの。それどころか、充分、戦えそうな相手に見える！　希望が湧いてきたため、彼女は足取りを速めました。すると足を踏みだすたびに、目の錯覚で巨人が小さくなっているわけではないことがわかりました。彼女のまえで、巨人は見る見る縮んでいきます。ついに彼女が走りだすと、巨人はいっそう縮みはじめました。

彼女の恐怖心は希望へと変貌を遂げ、その希望は自信へと変化しました。勝利を確信した彼女は、巨人に向かって全速力で走っていきました。そして空き地の真ん中で巨人のすぐまえまでくると、足をとめました。巨人はいま、身の丈が三〇センチほどしかありません。しかも、どんどん縮んでいます。彼女は手を伸ばし、巨人をてのひらに乗せました。巨人が砂粒ほどの大きさに縮んでしまうまえに、彼女はなんとかひとつだけ、質問を口にすることができました。早くしないと、一陣の風に吹きとばされてしまいかねません。

「あなた、何者なの?」と、彼女は真剣に尋ねました。

巨人は、どんどん小さくなる声で応じました。「私はいくつかの名前で知られている。中国人には、コンブー。ギリシア人にはポボス。だが、勇者よ、おまえたちには、ただ『恐怖』という名で知られている」

彼女がこの町に来たのは、なにかを学ぶためでした。そして実際に、彼女は学びました。恐怖に直面しても、自信をもって立ち向かえば、目のまえで恐怖が縮んでいくことを。

巨人と対決するにせよ、会社に新しい会計システムを導入するにせよ、失敗するのではないかという恐怖は人を消耗させる。恐怖のあまり身動きできなくなり、試すことさえできなくなる場合もある。ところが、いったん本気で取り組んでしまえば、当初、想像していたほどの難題ではなかったことがわかる。たとえわずかでも前進をつづけていけば、いくばくかの自信が生まれ、残務は減る。こうして歩みを進めるたびに、脅威もなくなっていく。

現代社会にも、巨人は潜んでいる。ただし、異なるかたちで。あなたの部下が難題に直面し、おびえ、萎縮していたら、このストーリーを話して聞かせよう。恐怖心を克服し、第一歩を踏みだす力になるはずだ。

＊＊＊

職場において勇気が求められる状況を、最後にもうひとつ説明しよう。これは失敗に対する恐怖心とは関係がなく、子どものころからだれにでもそなわっている人間の弱さに由来している――「人からどう思われるか」という、永遠に変わることのない不安だ。一〇歳の少女なら、買ったばかりのテニスシューズがほかの子にどう思われるかが気になるかもしれない。一〇代の少年なら、自分のダンスの踊り方が女の子たちにどう思われるかが気になるかもしれない。社会人なら、自分の仕事ぶりは同僚の目にどう映っているのだろう、リーダーシップ力は上司にどう評価されているのだろうと気になるかもしれない。何歳であろうと、人が自分のことをどう思っているかという不健全な懸念は、独創性を失わせ、エネルギーを消耗させる。そして、ほんとうに大切なことを実行する力を奪う。その事実を、リチャード・ファインマンは入院中の妻から学んだ。

ファインマンはノーベル賞を受賞した物理学者であり、軽妙なウィットの持ち主として、またボンゴ演奏者としても名を馳せていた。一九八六年のスペース・シャトル〈チャレンジャー号〉の爆発事故の調査において大きな役割をはたし、その物怖じせぬ発言が人々に強い印象を残した。ファインマンは、ほかの一一名とともに議会から事故調査委員に任命されたものの、お膳立てされた審理にくわわるのを拒否し、NASAのエンジニアから非公式に話を聞いた。そして事故の原因は、燃料系統に使用されていたOリングという小さなゴム製の部品の不備にあったという正確な結論をだした。テレビ公開された議会聴聞会の席上では、氷水のはいったグラスからOリングに似た部品を引っ張りだし、その弾力性が失われたことを示してみせた。低い気温でゴム製のOリングが柔軟性を失って事故の原因になりうることを、大胆に立証してみせたのである。

ファインマンは、たまたま勇敢な人間に生まれついたのだろうか？　ひょっとすると、そうかもしれない。だが、たとえもともと勇敢な性格であったとしても、彼の人生と彼の科学に多大な影響を与えた決定的瞬間があったことも事実である。一九四〇年代初頭、ファインマンはロスアラモス国立研究所で、マンハッタン計画に関わっていた。マンハッタン計画とは、国が極秘裏に進めていた原子爆弾製造計画である。当時、ファインマンの若き妻、アーリーンはニューメキシコ州アルバカーキ近郊で、長く結核の治療を受けていた。ファインマンは週末になると妻を見舞いにヒッチハイクで病院に通っていた(3)。

とある週末、アーリーンは見舞いに訪れた夫に、通販で注文した幅四五センチほどのバーベキュー用グリルを見せた。一緒にステーキを焼いて食べたいのだという。

現実主義のファイマンは、こう反論した。「この部屋で使えるわけないだろう？　そこらじゅう煙だらけになるし、臭いだってすごいことになる」

グリルを病院のまえの芝生にもっていき、そこで焼けばいいじゃないと、アーリーンは提案した。だが病院はルート66という、当時のアメリカでもっとも交通量の多いハイウェーに面していた。彼はふたたび反論した。こんなに自動車や歩行者が通る道に面したところで、炭火でステーキなんぞ焼けるものか。こっちの頭がおかしくなったと思われる！

「人からどう思われようと、かまわないわ」と、アーリーンが応じた。

その言葉が、ファイマンの琴線に触れた。その日、彼はステーキを焼いた。そして、その後も毎週、ステーキを焼きつづけた。

ファインマンは、彼女の言葉から賢明な教えを学んだのだろう。人からどう思われようと、かまうものか！　アーリーンのことだけ考えればいい。妻をなぐさめ、幸福にするのが、いちばん大切なことなのだ。

人からどう思われるかがあまりにも気になると、本来の目的に集中できなくなる。すると優柔不断になり、身動きできなくなってしまう。だが妻の言葉で、リチャード・ファインマンはそうなっている自分に気づいた。このストーリーを話せば、人からどう思われるかという心配で、がんじがらめになっている自分や部下を、呪縛から解放できるはずだ。

まとめと演習

1　挫折を何度も体験しても、忍耐強く耐え、苦境を乗り越えることこそ、その人物の器の大きさの証明である。残念ながら、そうした資質は、大半の人間にもともと備わっているものではない。だがリンカーン大統領のストーリーは、一〇〇年以上色褪せることなく、アメリカ国民に勇気を与えつづけてきた。活用しよう（〝挫折だらけの人生〟）。

2　ポテトチップのブランド、〈プリングルズ〉のストーリーは、ビジネスで苦境におちいったときに忍耐力を発揮する見本である。リンカーンのストーリーと併用すれば、大きな効果をあげることができる。また、あなたの会社にも、〈プリングルズ〉と似たような逸話があるはずだ。それを見つけ、活用しよう。

3　「人生の失敗の大半は、すぐそこまで成功が近づいていたのに、それと知らずにあきらめてしまった人が起こしたものだ」。同じ轍《てつ》を踏むな。

4　失敗するのではないかという恐怖心は、行動の足かせとなる。小さな一歩を踏みだせば、脅威は小さくなる。縮んでいく巨人のストーリーを活用し、第一歩を踏みだす勇気を与えよう。

5　人からどう思われるかという心配ばかりしていると、勇気も創造性もしぼんでしまう。恥ずかしい思いをしたくない、ばかな人間と思われたくない。そんな理由で二の足を踏んでいる人がいたら、リチャード・ファインマンのストーリーを話して聞かせよう。そして「人からどう思われようと、かまわないじゃないか」と、励まそう。

第17章　仕事に情熱をもたせる

「あなたが道路清掃係なら、ミケランジェロが絵を描くように、ベートーベンが楽曲をつくるように、シェイクスピアが詩を詠むように、道路を掃除しなさい。あなたが天に召されたあと、立派な道路清掃係が仕事をまっとうしたと、みなが口を揃えるように」

——マーティン・ルーサー・キング・ジュニア（アメリカの公民権運動の指導者）

「本気で自分の仕事を愛さなくてどうする」と、上司から言われたことがないだろうか？　それはたいてい平社員を励ますつもりで、あるいは、骨の折れる単調な仕事にやりがいをもたせようとして、自信過剰な上司が口にするよけいな助言である。だから効果があるはずもない。「仕事を愛せ」と、人に命令することなどできない。できるのは、かれらが仕事に情熱をもつ手助けをすることだけだ。

二〇〇九年春、私はみずからその情熱を見つけなければならなかった。というのも、その年私は、P&Gの紙事業部門の消費者リサーチ担当ディレクターに就任したのだ。それはつまり、P&Gの数ある事業のなかで、トイレットペーパーの消費者リサーチの責任を負うことを意味した。とうてい、おもしろい仕事とは思えなかった。トイレットペーパーなど、消費者の生活に大きな影響を与えるはずがない。そのうえ、マーケティング・リサーチャーとして考えても、あのやわらかくて吸収性のある紙切れをアピールする方法などもう出尽くしているように思えた。ところが幸い、こんどはこんな仕事をすることになったよと、私が異動を最初に伝えた相手は、よき友人であり同僚でもあるP&Gのジェフ・ブルックスだった。お決まりのジョークを飛ばしたあと、ジェフは次のストーリーを語ってくれた。そして、私の新たな職務に、予想もしていなかった新たな観点を授けてくれた。

ハンガリーのブダペストで一週間にわたる出張を終えたジェフは、帰国の途につくべく、国際空港まで短時間、電車に乗った。車内でたまたま隣に座ったのが、ブダペスト在住のアメリカ人女性だったので、ふたりは会話をはじめた。今回の出張がジェフにとって最初のハンガリー訪問であったことを知ると、旅の印象はいかがでしたかと、彼女が尋ねた。とてもいい国ですねと、ジェフは応じた。社交辞令をすませると、ジェフは少し本音を漏らすことにした。

「みなさん、感じのいい人ばかりでした」と、ジェフは言った。「でも、ちょっと悲しそうな顔をした人も多かったように思います。憂鬱そう、というのかな。晴天がつづきましたから、天気が原因ではないはずです。とにかく、どこか怒りっぽくて、不満げな人が多かったんです」ジェフがさらにくわしく話すあいだ、女性は、わかりますというようにうなずき、微笑んだ。まるで、彼の意見に全面的に賛同するかのように。ジェフが話し終えると、女性はだまったまま顔をそむけ、考えこむように窓の外をながめた。そして長い間を置いたあと、彼のほうを見ようともせずにため息をつき、こう言った。「トイレットペーパーのせいじゃないかしら」

これを本人から直接言われたら、もっとおもしろかっただろう。とはいえ、本人はあくまでも真剣そのものだった。ここが肝心な点である。トイレットペーパーは人々の生活でそれほど重要なものとは思えない。だが、想像してもらいたい。一五年まえのブダペストで普及していた、薄っぺらで粗くて安いトイレットペーパーを。そんなものしか使えなければ、日常生活にわずかに不快な要素がもちこまれることはまちがいない。その結果、アメリカから出張にやってきたビジネスマンも、つい短気な態度で接してしまうかもしれない。

彼女の話を聞いたおかげで、私は自分の仕事を新たな観点から見られるようになった。たしかにこの仕事が、がんの治療に貢献することはないだろう。だが、自分が考えていたよりも、いや、他人が考えていたよりもずっと、この仕事は人々の暮らしにとって重要なのかもしれない。そう思った瞬間、私の偏見がひとつ消滅した。トイレットペーパーの仕事が急に華やかなものに思えたわけではなかったが、少なくとも、意義を感じられるようにはなった。

私がわざわざジェフのオフィスまで足を伸ばしたのは、愚痴を聞いてほしかったからだ。まだ仕事をはじめてもいないのに、やる気と情熱をすでに置き去りにしていたのだ。以来、私はこのストーリーを、紙事業部に異動してきた社員や新入社員に伝えてきた。そして大半の社員が、当時の私と同じような先入観をもっていたことがわかった。結論。このストーリーがトイレットペーパー事業部で働く社員に功を奏したのだから、あなたが身を置く職場でも役に立つはずだ。

＊＊＊

では、自分たちの製品やサービスに対して情熱をもたせるのがどうしてもむずかしいときは、どうすればいいのだろう？　そんなときは、次のストーリーを話してみよう。

二〇〇九年、ダニエル・ドーアは、インディアナ州ブルーミントンでマーケティング会議に出席した。彼はマーケティングのリーダーとして、こうした会議でなにかしら学び、それを自分の仕事に活用することにしていた。しかしその日は収獲がないまま時間が流れていた。失意のうちに、彼はダラー・ゼネラル社のCEO、デビッド・ベアの講演に耳を傾けた。ダラー・ゼネラル社はすべての商品を一ドルで販売する小売チェーン店を展開している。小売業に従事しているわけではないダニエルは、この話からも学ぶところはあまりないだろうと考えた。それに、きっかり一ドルで販売できるような製品のマーケティングほどつまらないものはないように思えた。ところがしばらくすると、彼はベアの話に熱心に聞きいっていた。それは、ベアがある店舗を訪問したときの話だった。

小売チェーン店のCEOが店舗を訪問するのは、それほどめずらしいことではない。そんなとき、CEOは店舗の棚のあいだを歩き、商品や棚の状態をチェックし、在庫切れがないかどうかを調べ、売れ筋の商品などについて従業員に質問をする。従業員のほうはたいてい、数週間まえからこうした訪問にそなえて準備をととのえ、お偉方にどんな話をするか、要点を考えておく。

ところが、ベアの場合、そうした典型的な行動はとらなかった。彼は店内に足を踏みいれると、いちばん先に目についた女性客のほうに歩いていった。そして、一緒に店内をまわらせていただけるなら、そしていくつか質問をさせていただけるなら、買い物カゴをもたせていただきますと、声をかけた。女性客は承諾し、ふたりは並んで歩きはじめた。ベアは、店の状態、価格、品揃えなどについて、女性客に感想を訊きはじめた。ほどなく女性客は買い物を終え、店からでていこうとしたが、ふと振り返り、こう言った。「お見せしたいものがあるんですけど」と、彼女は言った。「興味、おありですか?」

「もちろん」と、ベアが応じた。

「じゃあ、私の車に乗ってください。一緒にドライブしましょう」

これは尋常ならざる誘いであり、大半のＣＥＯなら辞退していただろう。だが、彼は興味をかきたてられ、誘いに応じた。彼女は何キロかドライブすると、ダラー・ゼネラルのべつの店舗の駐車場に車をとめた。ふたりは車を降り、一緒に店内にはいっていった。そこは、最初の店とは似ても似つかなかった。最初の店は清潔で、整理整頓がゆきとどいていた。ところがこちらの店は乱雑で汚れていた。最初の店は明るかったが、こちらは暗く、客を歓迎していなかった。最初の店は品揃えがよく、レジもたくさんあった。こちらの店は棚に空きが目立ち、数少ないレジに長蛇の列ができていた。二店のちがいは一目瞭然だった。

「この店は、自宅からほんの数ブロックしか離れていません」と、彼女は説明した。「でも、私は一〇分よけいに時間をかけて、さっきの店まで行くことにしているんです。だって、この店で買い物するの、イヤなんだもの。私はシングルマザーで、収入も少ない。だから、あなたのチェーン店で買い物しなければならない。だけど、そのために、貴重な時間を一〇分間も割いているの。子どもたちとすごせる時間はわずかしかないのに、その貴重な時間を減らしているんですよ」

ベアはこの店の状態について謝罪し、改善すると約束した。

講演で彼はその後、小売業のマーケティングや、ほかの戦略について話をつづけたはずだが、ダニエルはその詳細をまったく覚えていない。彼の記憶に残ったのは、ベアが顧客に見せた関心と思いやりだった。ダラー・ゼネラルが安価な製品を売る商売をしているわけではないことが、ようやくダニエルにも理解できた。ダラー・ゼネラルは、低価格帯の商品を必要としており、ほかの店では買い物をする余裕がない人たちの役に立っているのだ。肝心なのは、ダラー・ゼネラルが「なにを売っているか」ではない。「だれに売っているか」だ。

どんなサービスを提供しているか、どんな製品を売っているかだけで、仕事への情熱が決まるわけではないことを、ダニエルは学んだ。それは、だれのために仕事をしているかによっても決まる。だからもし部下が仕事に情熱をもつことができず、苦しんでいたら、顧客のために情熱をもたせてみよう。顧客に関するストーリーをつくれば、部下に情熱をもたせることができる。

さて、顧客の自宅近くの、店内がひどいありさまだった店舗だが……デビッド・ベアCEOが状況を改善したことに一ドル賭けよう。

＊＊＊

これは自分の仕事に情熱をもたせる要因を、人に発見させるストーリーだった。部下に情熱をもたせる方法は、もうひとつある。部下が情熱をもてない要因をとりのぞく方法だ。次のストーリーは、それを実施するひとつの方法を示している。

スモールビジネスのオーナーであり、四人の子どもの母親であるメリッサ・ムーディは、自分の子どもを社員として雇っていた。それ自体はとくべつめずらしいことではないが、その日の午後のミーティングは、いっぷう変わったものとなった。それは恒例のスタッフ・ミーティングで、メリッサはある特定の社員が関わっている業務について話していた。そのため彼女の言葉は、もっぱらその社員に向けられていた。すると、ミーティングに出席していた娘のブルックが、椅子に座ったまま、ずるずるとだらしなく姿勢を崩していくのが視界にはいった。ブルックはもう三〇歳だ。メリッサは娘を無視することにした。

ところが、ついに娘は完全にデスクの下に身を沈めてしまった。メリッサはかまわずミーティングをつづけた。このまま無視していれば、そのうち座りなおして話を聞くだろう、と。

ところがしばらくすると、目の端で予期せぬ動きをとらえた。娘は座りなおすどころか、デスクとドアのあいだの狭い空間をそろそろと四つん這いで進んでいる。そしてそのまま、会議室から廊下にでていってしまったのだ！

娘のブルックは、退屈なミーティングにうんざりしていた。このユニークな退出劇は、母親への抵抗だった。なにしろ上司はママなのだから、こんな真似をしても解雇されるはずはないし、叱責さえされないだろうと踏んでいたのだ。事実、彼女は正しかった。その後、このときの話が繰り返されるたび、家族じゅうが声をあげて笑った。

話の要点はこうだ。あなたのスタッフ・ミーティングから、いったい何人の社員が逃げだしたいと思っているだろう？　社会人としてそんな真似はできないから逃げださないだけでは？　逃げだしたいと思っている社員は、おそらく、あなたの想像より多いはずだ。そして、その理由は、ブルック・ムーディの理由とさほど変わらないはずだ。かれらは退屈している。ミーティングの大半は、自分とは関係のない話題に費やされており、自分にはその影響もおよばない。自分と関係のある話は三〇分しかないのに、実際は二時間も会議室に閉じ込められるのだから、閉口して当然だろう。

なぜこんなことが起こるのだろう？　なぜなら、スタッフ・ミーティングは上司に便利なようにできており、スタッフには不便だから。グループの方向性を決めるにあたり、スタッフ全員から話を一度に聞くのは、上司にとってもっとも効率のいい方法である。だがそうすると、自分ひとりの時間を節約できても、スタッフ全員の時間を浪費してしまう。そのうえ浪費される時間の合計は、あなたひとりが節約できる時間を大きく上まわる。さらには、チームの士気まで大きく下げてしまう。

それこそ、その日、メリッサ・ムーディが学んだ教訓だった。以来、彼女はスタッフ・ミーティングのやり方を大きく変えた。ミーティングはごく短いものになり、全員にとって重要な話をまとめて話すようになった。また一対一で個別の打ち合わせをおこない、重要な情報に漏れがないようにした。たしかに、この方法をとると、メリッサは以前よりミーティングに長い時間を割かなければならなくなった。だが、おかげで部下は気持ちよく働けるようになり、チームの士気もあがった。そして自分が情熱をそそいでいるものに、多くの時間を割けるようになったのである。

以来、ブルック・ムーディは、会議室から這って退出したことはない。

このストーリーを聞いたあとは、スタッフ・ミーティングのやり方を考えなおさずにはいられないだろう。あなたが職場のリーダーなら、次のミーティングでこう自問してみよう。「ここで娘が働いていたら、部屋のドアから四つん這いで退出しようとするだろうか？」その答えがイエスなら――十中八九、イエスだろう――メリッサのアドバイスに従い、ミーティングの方法を変えてみよう。いっぽうあなたが部下であり、ミーティングの最中に部屋から這って退出したいと思っているのなら、このストーリーを上司に聞かせてみよう！

まとめと演習

1　「自分の仕事を愛せ」と、部下に命令することはできない。だが、ブダペストの列車内のストーリーを話せば、仕事に情熱をもたせることができる。毎日、あなたを職場にこさせているものはなんだろう？　あなたのストーリーを部下に話そう。そして、部下にもストーリーを教えてもらおう。

そして最高のストーリーを全員で共有しよう。

2 自社の製品やサービスにあまり情熱をもてない？ そんなときは、あなたの顧客のために情熱を見つけよう。ダラー・ゼネラルのＣＥＯのように、直接、顧客と会い、話を聞こう。顧客の生活をよく理解し、ストーリーを共有しよう。

3 会議室から這って退出したブルック・ムーディのストーリーを活用し、社員から情熱を奪っているしきたりをなくしてほしいと上司にかけあおう。悪習がなくなり、効率があがれば、あなたはもっと仕事に情熱を傾け、責任をもって仕事をまっとうできるはずだ。

〈HOW TO〉第18章 感情に訴えかける

「相手が納得していないことを、無理矢理やらせようとしてもむだだ(1)」
――ジョナサン・スウィフト（イギリスの風刺作家）

管理職に就いたことがある人なら、一度や二度はこんな状況に直面したことがあるだろう。部下が昇進の直談判《じかだんぱん》にやってくる。たしかに、この部下は勤勉で有能だが、もうひとつランクが上の職務ではさまざまなスキルが求められる。おまけに、当人が積極的にこなそうとしないであろう行動も求められる。もっと残業する、もっと出張をこなす、遠方に転勤する……。

そこであなたは、昇進するにはもっとスキルを身につけなければならないこと、現在とは異なる行動が求められることを説明するが、相手は納得しない。そこでしかたなく、なぜそんなに昇進したいのかと尋ねる。すると、こんな答えが返ってくる。「あの地位にまで昇進しないと、勝ち組とはいえませんから」、「同僚の大半は、もうとっくに昇進しているんです」、「そろそろ昇進していい頃合だと、みんなに言われるんです」。

聞き覚えがあるのでは？

これは他人の意見に耳を傾けたばかりに、現状に不満をもちはじめた社員の典型的な例である。そして残念なことに、万が一、かれらが希望どおりに昇進したとしても、苛立ちをつのらせ、みじめな思いをするのがオチだ。

こんな状況に直面したときのために、ディズニー・イマジニアリングのカレン・アーミテージのストーリーを紹介しよう(2)。

知的発達障害のある人たちのスポーツの祭典、スペシャル・オリンピックスがロサンゼルス・コロシアムで開催されたときのことです。私はボランティアとして、一〇〇ヤード走に出場する少女〝ペニー〟の付き添いをすることになりました。レースに出場するほかの選手と同様、彼女もダウン症候群でした。年齢は一二歳前後でしたが、もう少し幼く見える、とても明るい少女でした。そして私は彼女から、現実について教えてもらったのです。

レースには五人の少女が出場し、みんな緊張していました。どの少女にも、私のような大人が一名付き添い、彼女たちをスタートの位置に連れていきました。スタンドでは四〇〇〇人ほどの家族や観客が、彼女たちの活躍を見守っていました。

スターターピストルの係員は、息をのむほどハンサムな南カリフォルニアの青年でした。モデルのような体形、おびえるトラさえなだめられそうな美声。少女たちはうっとりと催眠術にかかったようになりました。そして当然のことながら、競技に集中するのがむずかしくなりました。

何回かスタートの失敗が繰り返され、緊張が高まりました。それでも、ついに〝美青年ボブ〟が五人のランナーをリラックスさせ、少女たちはピストルの合図とともにきれいにスタートを切りました。ところが二五ヤードほど走ったところで、私が担当するペニーが急に立ちどまったかと思うと、うずくまり、またスタートの姿勢をとったのです！

観客は声援を送ったり、大声をあげたりしました。私はトラックへと走りこみ、叫びました。「立って……走るのよ!」けれども少女は不満そうな顔をしてうずくまったまま、断固として動こうとしません。ほかのランナーたちはみんな、フィニッシュを飾りました。観客はペニーに声をかけはじめました。「はーしーれ! はーしーれ!」〝美青年ボブ〟はこの光景を見ると、問いかけるような視線を私に送ってきました。私はペニーに駆け寄り、言いました。「さあ、走りましょう」すると、少女はにっこりと微笑み、こう言いました。「ピストルが鳴ってから!」

私は〝美青年ボブ〟のもとに駆け寄って叫びました。「ピストルを鳴らしてください! もう一度!」私がペニーのところに急いで戻ると、ボブもこちらに走ってきて、彼女の横に立ちました。そこで私たちは三人で声をあわせました。「位置について、よーい、ドン!」ボブがピストルを鳴らすと、ペニーは走りはじめました――が、二五ヤード先で、ふたたびうずくまりました。こんどは、私たちにも事情が薄々わかってきました。

ボブと私が彼女のもとに駆け寄り、三人で「位置について、よーい、ドン!」と叫び、ピストルの音が鳴ってペニーは走りだし、二五ヤードほど先で、またうずくまる。いまや、スタジアムの観客全員が、少女が編みだしたゲームの内容を理解していました。するとボブが私に身振りで、ピストルをもっていてと頼みました。そして先に走っていき、フィニッシュラインにふたたびテープを渡し、トラックの真ん中にひざまずき、両手を大きく広げました。その満面の笑みは、少女だけに向けられています。私はピストルを掲げました。

観客がいっせいに「位置について、よーい、ドン!」と叫びました。私がピストルを鳴らすと、ペニーはこれまでにない速さで走りはじめました。そして観客が歓声をあげるなか、テープを切りました。その向こうでは、両腕を広げ、ボブが待っています。ボブは走ってきた少女を抱きとめると、空高く抱きあげました。そのときのペニーの笑顔を、私は一生、忘れないでしょう。破顔一笑、少女は天に向かって叫んだのです。「あたし、勝った！」

四〇〇〇人の観客のなかで、異論のある人はいなかったでしょう。彼女は絶対的な真実を述べたのです。

これぞ、人間のパワーです。ペニーはたったひとりの力で、あの場にいた全員の認識を変えたのです。悪意も、強制も、いかなる犠牲を強いられることもなく、自力でなしとげたのです。これまでだれもが〝敗北〟と認識していたものを、少女はたったひとりの力で〝成功〟と認識させました。ひとりの若く美しい女性アスリートが、現実をそう認識したという、ただそれだけの理由で。

私はこのストーリーを話し終えると、まだ当人の準備ができていないのに職場で昇進を求めている部下との会話に戻った。そして、こう締めくくった。「けっして、自分自身の成功とはなにかを、他人に定義させてはならないよ」と。すると私の部下は、論理的かつ理性的な理由からではなく、感情的な理由から昇進を求めていたことを自覚した。感情の〝はけ口〟を求めていたことを悟ったのだ。ストーリーを聞き、彼は現実を認識したのである。

＊＊＊

感情は、ストーリーに欠かせない。ストーリーテリングの達人のなかには「感情なきところにストーリーなし」と断言する人もいる。リチャード・マクスウェルとロバート・ディックマンはその共著で、ストーリーを「行動を起こすようわれわれを駆りたてる感情に包まれた事実」と述べている(3)。そのとおりだ。聞き手のなかに情動反応を引き起こすことができないのなら、それはストーリーを話したことにはならない。

いや、現代の職場には感情などもちこんではならない、職場はあくまでも理性的思考と論理的決断の場所であると考えるリーダーもいるかもしれない。あなたの仕事が機械を動かし、製造工程を管理することだけに限られているのなら、そう考えるのもまちがいではない。だが人を導くリーダーになるには、それだけでは足りない。人間は感情に基づいて判断をくだす。この事実を理解し、右脳と左脳の両方を積極的に活用するのが、よいリーダーである。

先に紹介した一〇〇ヤード走のストーリーのなかでは、感情はもっとも重要な要素だった。いっぽう感情がストーリーの構成要素のひとつにすぎないことも多い。どちらにしても、ふさわしい感情によって聞き手のなかに共感を呼び起こすだけでなく、あなたの目的を伝える役に立てなければならない。次のストーリーは、想定されている聞き手にぴったりなストーリーの好例だ。こうしたストーリーをふさわしい時期にふさわしい相手に話せば、あなたは効率よく目標を達成することができる。

一五年まえ、一六歳の少女エリッサと母親が、アーカンソー州リトルロックにあるエクセル・モデル&タレント社を訪れた。四日間にわたっておこなわれるモデルのレッスンをおこなう体験合宿に、母親は娘を参加させたいと思っていた。というのも、エリッサは長身だが不器用なところがあり、母親から見ると、いわゆる女らしさに欠けていた。娘をモデルにしたかったわけではないが、体験合宿を経験すれば、しとやかさが身につくのではと期待したのだ。エリッサは同意した。

エリッサは体験合宿をおおいに楽しみ、数週間後におこなわれた中級レッスンにも参加した。そして、ニューヨークで開催される国際的なオーディションを受ける四人の少女のひとりに選ばれた。そのオーディションでみごとなパフォーマンスを見せたエリッサは、なんと三〇を超えるモデル事務所から面接の誘いを受けた。そのなかには、すぐに契約をむすびたいという日本のモデル事務所からのオファーもあった。エリッサは一生の仕事としてモデル業を選ぶつもりはなかった。「でも日本には一度も行ったことがないし、こんなチャンスは二度とめぐってこないかもしれない」と考えて、日本に渡った。この決断が、彼女の一生を変えた。

日本滞在中に、エリッサは国際関係論に深い関心をもった。そこで帰国後、高校を卒業すると、国際関係論部がある大学に進学し、卒業後は、心から望む仕事に就くことができた。そこで理想の男性とも出会い、結婚した。

大学時代、エリッサは学費を捻出するため、ときおりモデルのアルバイトをした。あるときロンドンでの仕事に両親も同行したのだが、一家はそこで、あるデザイナーと、彼が預かって面倒を見ている里子に出会った。エリッサも両親も、その女の子のことが大好きになり、ついに両親がその子を養子として迎えることになった。こうしてエリッサの両親にはもうひとり娘ができ、エリッサには、ずっとほしかった小さな妹ができた。

さて、その一五年後、エクセル・モデル&タレントではオーナーであるメリッサ・ムーディが、一四歳の少女とその母親を相手に面接をおこなっている。母と娘はモデルのレッスンに興味をもっているが、レッスンを受けるにしろ、写真を撮ってもらうにしろ、費用がかかる。メリッサとしては、そうした投資に価値があることを納得してもらわねばならない。そこでよく引き合いにだすのが、エリッサのストーリーだ。というのも、ここでレッスンを受けた少女がその後の人生を変えたこと、レッスンを受けなければ、そうしたチャンスはめぐってこなかったであろうことを理解してもらえるからだ。うまくいけば仕事で海外にでることも、新たな言語を学ぶことも、異国の文化やビジネスの手法を学ぶこともできる。

だが、エリッサのストーリーを話すもうひとつの理由は、母と娘、双方の感情に訴えかけることができるからだ。想像してもらいたい。一四歳の少女が望んでいることはなんだろう？　理想の王子さまと出会うこと！　ティーンの娘をもつ母親の多くが望むことはなんだろう？　第一に、娘が成長し、願わくば大学に進学し、自立できる仕事に就くこと（思いやりのある夫と結婚もできれば、文句なし）。第二に、大人になろうとしている娘のかわりとなるような、かわいい娘がそばにいてくれることだ。メリッサがこのストーリーを話すと、たいていの母娘が大いなる喜びを感じるのも当然だろう。

＊＊＊

メリッサの場合、面接をおこなう相手はたいてい、モデルや俳優として有名になりたいと思っている。だから、このストーリーを話せば、相手は事務所に感情的なつながりを感じてくれる。だが、聞き手があなたの製品やアイデアに、まったく関心をもっていない場合はどうすればいいのだろう？　答え。相手が関心をもっており、あなたのアイデアと関連づけられるものを見つける。チップ・ハースとダン・ハースは、その革新的な著書『アイデアのちから』で、その好例を挙げている。[4]

一九八〇年代、テキサス州ではゴミのポイ捨てを減らすキャンペーンがまったく成果をあげていなかった。アメリカ先住民がゴミだらけのハイウェーを見て涙を流すという、全国的に成功したテレビ・キャンペーンの映像も、テキサス州ではなんの効果も生まなかった。なぜだろう？　ダン・シレク応用リサーチ研究所の調査によれば、テキサス州でよくポイ捨てをしているのは、一八歳から三五歳の男性だった。かれらは小型トラックを運転し、カントリーミュージックを好み、権威を嫌い、アメリカ先住民が涙を流したところで気にもとめない。そこで事務局は、この南部の典型的な白人男性層を〝あん《バ》ちゃん《バ》〟と呼び、ターゲットに定めた。

　では、この〝あんちゃん〟たちは、なにを大切にしているのだろう？　かれらは、テキサス州のことを大切に思っている。なにもかもが「ビガー・アンド・ベター」（でかければでかいほどいい）のテキサス州を。それに私たちと同様、自分のことを大切に思っている。ここに手がかりがあった。かれらの故郷であるテキサス州への愛と自尊心に訴えかければいいのだ。こうして「テキサスを汚すな」キャンペーンが誕生した。このキャンペーンには、あんちゃんたちが尊敬し、大切に思っているであろう有名人たちが起用された（ダラス・カウボーイズのフットボール選手、ヒューストン・アストロズの野球選手、カントリー歌手のウィリー・ネルソンなど）。どの広告もメッセージは同じだった。あなたがここにゴミを捨てれば、それは「テキサスを汚す」ということだ。テキサスを汚すということは、テキサスを大切に思っている人間を汚すということでもある。この連想が功を奏し、これまでポイポイとゴミを捨てていた違反者たちが、ポイ捨て撲滅運動の先頭に立つようになった。かくして、あんちゃんたちはゴミのポイ捨てをやめただけではなく、ポイ捨てしている人間を見かけようものなら、すぐに大声で注意するようになった！

　その後の五年間で、ゴミのポイ捨ては七二パーセント以上減った。

　聞き手があなたのアイデアに関心をもっていなければ、聞き手が関心をもっているものをさがし、それをメッセージと関連づけてみよう。聞き手が大切に思っているものを見つける方法についてはのちほど紹介しているので、参考にしてもらいたい。さて次は、ビジネスのストーリーを話すうえで、どんな感情に訴えるのが有効か、考えていこう。

＊＊＊

ストーリーに活用できる感情は多種多様だ。愛、罪悪感、恐怖、プライド、貪欲……。そのなかで、職場ではあまり利用されていないものの、ストーリーを話す際に力を発揮するのが「共感」だ──他人の考え、感情、態度などを、自分のもののように感じることである。共感が役に立つのは、ほとんどのビジネス上の決断が他人に影響をおよぼすからだ。リーダーシップを発揮するためのストーリーは、そうした決断の方向性を決める。決断を下す人を、その決断によって影響を受ける人に共感させることができれば、かれらの決断を狙った方向にもっていきやすくなる。

たとえば、不況で顧客の財布のひもが固くなっているため、ＣＥＯに商品の価格を下げる決断をしてもらいたい場合、価格が高いために売上が減少していることを立証するのがいちばんだ。だが、それでも説得力に欠けるなら、苦しい生活を強いられている顧客にＣＥＯが共感できるようにもっていくといい。また労働組合への譲歩を工場長に求めるのなら、平均的な労働者への共感を芽生えさせればいい。

「共感」についてもう少し考えよう。まず、よく混同される「同情」とのちがいはなんだろう。同情は「相手のために」感じるものであり、共感は「相手と一緒になって」感じるものだ。たとえば傷ついている人がいれば、なぜ傷ついているのかわからなくても、あなたは同情する。たとえ見知らぬ相手でも、入院患者に覚えるのが同情だ。ところが共感は、もう少し奥が深い。共感するには、相手がなぜそんなふうに感じたり考えたりしているのかを理解しなければならない。入院中の見知らぬ人に共感を覚えるのは、その人について多くを知り、その人の身になって考えられるときである。

次のストーリーは、非常に危険な都市に暮らしていたエリート女性と五歳の息子の目をとおして共感というものを描き、さまざまな教訓を授けてくれる。

一九九〇年代初頭、キム・デデッカーはベネズエラ共和国の首都カラカスに、夫と五歳の息子ブライアンと一緒に暮らしていた。キムはアメリカ企業の駐在員として赴任しており、そのうえ重役職を務めていたため、現地の基準からすれば裕福な生活を送っていた。当時のベネズエラではひとりあたりの平均年収が約一万三〇〇〇ドルであり、人口の三割が一日あたり二ドル未満の支出で暮らしていた。(5) 当時のベネズエラは貧しい国であると同時に、危険な国でもあった。カラカスは世界の大都市のなかでも殺人事件の発生率が非常に高かった。(6) この地への赴任を打診されたとき、キムはさんざん迷ったが、慎重に検討したすえ、受けいれた。こうした環境で暮らせば、大切な人生経験を積むことができる、ひいては大きな収穫を得られるはずだと信じたのだ。そうした経験のひとつが、玩具店に買い物に行く途中で起こった。

息子のブライアンは数カ月間貯金に励み、当時、大流行していたティーンエイジ・ミュータント・ニンジャ・タートルズのフィギュアを買い、自分のコレクションにくわえようとしていた。そしてついに目標としていた八〇〇ボリバルを貯金した――アメリカドルに換算すれば二〇ドルほどである。そこでキムは息子を車の後部座席に座らせて、息子がずっと楽しみにしていた買い物へと繰りだした。カラカスの町を運転していると、そこかしこで現地の生活を直視することになる。貧困生活を目の当たりにするのだ。しかし、それよりキムが懸念していたのは、危険な目にあわないかということだった。誘拐や車の強奪は日常茶飯事。そのため、一時停止せずにすむのなら、交差点でもそのまま突っ切るのが慣習となっていた。車の窓はけっしてあけてはならない。

ところが玩具店に向かう途中で交差点を通りかかったとき、赤信号で車をとめなければならなくなった。すると、交差点のそばにひとりの女性が立っているのが見えた。ホームレスか、非常に貧しい女性だろう。生後一年半くらいの赤ん坊を抱いている。彼女の横には、ブライアンと同じくらいの年齢の男の子が立っていた。と、そのとき、ふたりの母親の視線があった――貧困にあえぐ女性と、豊かな生活を送る女性の。一瞬、ふたりは思いを馳せたにちがいない。あちら側の生活はどんなものだろう、と。

信号が変わるのを待っていると、立っていた少年がこちらに向かって歩いてきた。キムは保護者としてとっさに、息子と自分の身は大丈夫だろうかと考えた。だが視線をあわせたのは、母親たちだけではなかった。外にいる男の子もまた後部座席に座っているブライアンのほうを見た。キムが反応するまえに、ブライアンが窓を降ろしてしまった。ふたりの少年は顔を突きあわせた。そのあいだにはほんの数センチの空間しかない。だが、ふたりのあいだには言語と経済状況という大きな隔たりがあった。ひと言もかわすことなく、ブライアンがポケットに手を伸ばした。そして八〇〇ボリバルをとりだし、車の窓から、外にいる少年に渡した。信号が青に変わり、キムは慎重に車を発進させた。

次の数分間、母親と息子はだまったまま、さきほどの出来事を思い返していた。そしてついに、キムが沈黙を破った。「いま、どんな気分?」

考え込みながら、ブライアンが応じた。「いい気分だよ、ママ。そりゃ、フィギュアはほしいけど、ぼくなんかより、あの男の子のほうが、うんとお金がいるって感じだったもの」

キムは五歳の息子が示した無私の精神に感動した。そこで玩具店に到着したあとのことを考え、頭のなかで論争をはじめた。息子の寛大さを褒め、報酬としてフィギュアを買ってあげようか？　それとも、真の慈善行為には犠牲がともなうことを実感させたほうがいいのだろうか？　いよいよ店に到着すると、ブライアンは欲しくてたまらなかったフィギュアを見つけ、価格を見て、こう言った。

「八一〇ボリバルだ」

「そうね」と、キムは応じた。「買えるくらいのお金、もっていたのにね」

「でも、いまは、一ボリバルももってない」数分まえに自分がくだした決断の重みをようやく実感したように、ブライアンが言った。

迷いを振り払い、キムはこう口にした。「ほしければ、かわりに買ってあげるわ」

しばらく考えてから、ブライアンがつぶやいた。「いいや。きょうは、もう、ほしくない」

「ほんとうに？　ママが買ってあげるのに」

「ありがとう」と、ブライアンがうなずいた。「でも、ぼく、ほしいと思えばたぶんいつでも買えるから。また貯金したっていいんだし、ママに買ってもらうこともできる。いいや、なんだか、あんまりほしくなくなっちゃった」

その日の夜、この話を夫に報告しながら、キムは思った。アメリカでずっと生活していたら、ブライアンはきょうのような経験はできなかっただろうし、そこから貴重な教訓を学ぶこともなかっただろう。危険を承知のうえで、子連れでベネズエラに赴任してきたからこそ、息子は五歳にして、無私の精神を学ぶことができたのだ。

いまや二〇代の若者となったブライアンは、人生で重要なものとそうでないものについて語るとき、このストーリーを数百回も利用してきた。キムもまた、カンター社――世界第二位の規模を誇る市場調査会社――のアメリカ本社の会長として、なじみのない環境に飛び込んでいく部下たちがひるんでいると、この話を聞かせ、モチベーションをもたせている。新たな職務は自分が望んだものではないかもしれない。新たな勤務地は未知の世界かもしれない。出世はしたものの、新たな地位に就くだけの自信がもてないかもしれない。たしかに慣れない世界にポジティブな要因を見つけるのはむずかしい。そんなときキムのストーリーは、かならずポジティブなことがあるはずだと、将来を楽しみにさせてくれる。ブライアンがベネズエラで大切なものを発見したように、私たちもまた思いもよらないすばらしいものを発見できるはずだ、と。

このストーリーは、幼いブライアンが路上の少年に、キムが少年の母親に、それぞれ共感を覚えたことからはじまっている。たとえば「ホームレスの女性とその五歳の息子について考えてごらんなさい」と言われたら、そんな母子の姿を思い浮かべ、同情を覚えるかもしれない。しかし街角でじかに顔をあわせたからこそ、ふたりは相手に共感を覚えた。ふたりは相手が着ている服、顔に浮かぶ表情、母親のボディーランゲージ、少年の歩き方を間近に見た。そして、同じ人間である相手と視線をあわせ、相手が窮地におちいっていることを察した。二組の母子の出会いは、短い時間ではあったものの、互いをじかに知る機会となったのだ。

本書では、ここまでに何度か、共感を利用したストーリーを紹介してきた。たとえば前章の、ブルック・ムーディが会議室から這って退出した話は、自分とは無関係の会議につきあわされている人への共感を呼び起こすことができる。だからこそ、このストーリーを聞いたリーダーは、次回のスタッフ・ミーティングの方法を考えなおすはずだ。また、ダラー・ゼネラルの店舗を訪問したCEOが、不満をもつ顧客に出会ったストーリーは、厳しい家計をやりくりしながら子どもたちとすごす時間を捻出している母親への共感を呼び起こす。そしてこのストーリーを聞いたダラー・ゼネラルの社員は、まちがいなく仕事への情熱をとりもどすだろう。

＊＊＊

では、聞き手の感情に訴える話を、どこで見つければいいのだろう？　社内でなかなか見つからなければ、顧客をあたってみよう。実際、消費者研究のデータの山には、感情に訴えかける要素がたくさん埋もれている。大半の消費者調査では、たいていひとつかふたつ、自由回答形式の質問をおこなうものだ。そこには、感情に訴えかけるストーリーが埋もれている。フォーカス・グループを利用した調査――会議室に四～八人ほどの消費者に集まってもらい、話し合ってもらう調査――にもまた、感情に訴えかけるストーリーが隠れている。ストーリーは、発見されるのを待っている。だから、見つけよう。

たとえば、既存のブランドよりずっと安い価格設定の新たなブランドを立ちあげたいと、あなたが考えているとしよう。その理由は、不況下の市場では低価格ブランドやプライベートブランドの需要が広がっており、低価格路線のブランドをつくれば固定客がつくと思われるからだ。それに、このまま低価格路線を立ちあげなければ、顧客はもっと安いブランドへと流れていってしまうだろう。さて、これまで学んできたように、聞き手に情熱をもって、あなたのアイデアを実行してもらいたいのなら、ストーリーのなかに感情に訴えかける要素をとりいれねばならない。では、どんな工夫をすればいいのだろう？

この不況に消費者がどう対処しているのか、ブランドの価格設定をどう思うか、他社の低価格ブランドをどう思うかといった消費者調査の最新の結果を、調査部門の担当者から教えてもらおう。同時に自由回答形式の調査結果やフォーカス・グループの調査結果も教えてもらおう。そして、それらに目を通そう――すみずみまで。たとえば二〇〇八年、P&Gは経済状況の悪化が市民生活におよぼす影響について、大規模な調査を実施した。世界各地の消費者のコメント例は次のとおり。

アメリカ――「まだ職が見つからない成人をすぎた子どもがひとり、同居しています。それに、地元のコミュニティーカレッジに孫娘を通学させつづけるために、私たち夫婦も協力しています。そのため夫は、少なくとも四年間、退職を延期しなければならなくなりました」

イタリア――「子どもたちには、申し訳ない気持ちでいっぱい。だって、学校のお友だちがもっているような、新品のすてきな服やおもちゃを買ってと頼まれても、いつもダメと言わなくちゃならないから」

フィリピン――「乳製品が高いため、母親たちは粉ミルクに重湯を混ぜて飲ませています」

アメリカ――「私たち夫婦は、二六年ほどまえの結婚当初の暮らしぶりを思い出さなきゃならない。いまじゃベーコンを焼いたときにでる脂をとっておいて、料理に使ったりしている」

カナダ――「自宅を手放した。金利が高く、ローンを返済できなくなったから。おまけにずっと定職が見つからない。アルバイトしかない」

アメリカ――「不安でどうにかなりそうだ。分譲マンションを手放さずにすむよう、最近、個人再生を申請した。でも、うまくいかないだろう。管財人への毎月の支払いと住宅ローンの返済を同時につづけるのは無理な話だ」

あなたがほんとうに低価格のブランドを立ちあげることができれば、こうした消費者の力になれる。粉ミルクを重湯で薄めずに飲ませたい、子どもに新しい服を買ってやりたいと願う母親の節約の役に立てるし、住宅ローンの支払いに苦しむ男性の力にもなれる。こうした調査結果をCEOに報告すれば、共感を呼び起こすことができるはずだ。

感情に訴えかけるストーリーは、あなたの周囲に潜んでいる。どこをさがせばいいかさえ、わかっていれば。

まとめと演習

1　感情は、意思決定において大きな役割をはたす。理性や論理に訴えるより、感情に訴えるほうがよほどうまくいく場合もある。そしてストーリーほど、感情をうまく伝えるツールはない。スペシャル・オリンピックスなどのストーリーを活用し、聞き手の右脳に訴えかけよう。

2　どんな感情でも役に立つというわけではない。ストーリーの内容に、聞き手が自分を投影できるほうがいい。モデルのレッスンを受けたエリッサのストーリーは、聞き手が自然に感情移入できる好例だ。

3　ストーリーのなかに、聞き手の利益になるものがあるだろうか？　聞き手があなたのアイデアを採用し、支援したら、なにか利益を得られるだろうか？　聞き手の目標やキャリアになんらかのかたちで役立つだろうか？

4　聞き手があなたのアイデアにもともと関心をもっていなければ、聞き手が関心をもっていることと、あなたのアイデアとを関連づけよう。「テキサスを汚すな」というスローガンを掲げたストーリーを参考にしよう。

a 聞き手の価値観や大切にしているものがわからなければ、見つけよう。会社の調査部門に力を借りよう。

5 共感は強い力をもつ感情だ。ある人間の決断に影響をおよぼしたいのなら、その決断に影響を受ける人たちをさがし、ストーリーを通じて共感を呼び起こそう。

a キム・デデッカーの息子とミュータント・ニンジャ・タートルズのフィギュアのストーリーは、共感と同情の差を説明している。共感を覚えてもらうには、もうひとつ、工夫が必要になる。まず共感を覚える相手を直接、知らなければならない。共感を覚えてもらいたい人物がいるのなら、その人物が登場するストーリーを話そう（スタッフ・ミーティングから娘が這って退出したストーリー、ダラー・ゼネラルのCEOが店舗を訪問したときのストーリー）。

b 共感できるストーリーは、自由回答形式の消費者調査の結果や、フォーカス・グループの調査結果などに隠れている。もっとも強く感情に訴えかけてくるものをさがし、それを基盤にストーリーを編みだそう。

〈HOW TO〉第19章 サプライズの要素をとりいれる

「真のリーダーはいざというときのために、つねに驚きの要素を隠しもっている。そして人に悟られることなく、大衆を興奮させたり、息を呑ませたりする」

——シャルル・ド・ゴール（元フランス大統領、元陸軍軍人）

コンウェイ高校の新学期初日、ジム・オーエン先生の世界史の授業があった。オーエン先生は、学校一厳しいが最高の先生だという評判だった。初回の授業は、ごくふつうにはじまった。先生が自己紹介をし、試験を何度予定しているか、どんなふうに採点して成績に反映させるかなど、授業の説明をつづけた。ところが二〇分ほどたったころ、突然、四人の男子が教室に乱入してきた。全員がスキーマスクを着用し、武器を振りまわしている。「動くな!」かれらは叫んだ。そしてまっすぐ黒板のほうに向かい、オーエン先生を殴り倒し、財布を奪い、デスクから出席簿をかっさらい、乱入してきたときと同様、すばやく教室からでていった。それは一五秒ほどの出来事であり、生徒たちはショックのあまり呆然とした。

混乱がしずまると、オーエン先生が立ちあがった。「私は大丈夫だ。全員、無事か?」大丈夫ですと、生徒たちが返事をした。すると先生は事情の説明をはじめた。いま、きみたちが目撃したものは現実《リアル》ではない、と。あの少年たちは自分が昨年、受けもった生徒でね、事前にこちらから依頼して、犯罪行為を演じてもらったのだよ。いや、じつによくやってくれた、と。

「さて、ここで最初の課題をだす」と、先生はつづけた。「用紙を一枚、配付する。そこに、いま起こったばかりの出来事を、できるだけくわしく書いてもらいたい」興奮さめやらぬなか、生徒たちは指示に従った。一〇分後、オーエン先生は用紙を回収すると、ひとりひとりの回答を読みあげていった。すると生徒たちは、授業がはじまってから三度めのショックを受けた。回答の内容が驚くほど異なっていたのだ。四人の男子が乱入してきたという記述もあれば、三人の男子だったという記述もあった。なかには、三人の男子とひとりの女子だったというものもあった。武器はすべて本物の銃だったという説明もあれば、黒く塗った水鉄砲に見えたという説明や、ひとりの男子はナイフをもっていたという説明もあった。先生は金品を奪われているあいだ殴られていたという説明もあったが、先生はまったく触れられていなかったという説明が多かった。

すべての回答を読み終えると、オーエン先生は最後の用紙を置き、こう言った。「歴史は、それを書いた人間の観点に基づいて記録したものだ。たったいま私たちが学んだように、その内容は書き手によってまったく異なるものになりうる。戦争の勝者は、征服された者とちがう話を語るだろう。政治的権力をもつ集団は、権力をもたない者とはちがう話を書くだろう。諸君はこれから世界史を学ぶ旅にでるわけだが、そのまえに、どうかこの点を胸に深く刻んでおいてもらいたい。では……教科書をひらいて。第一章から学んでいこう」

二六年まえの出来事だ。だがいまでも、きのうのことのように思いだす。

その年、歴史の授業を通じ、私は多くの重要な教訓を学んだ。しかし、いつまでも色褪せることのない、もっとも貴重な教訓は、あの初日の授業で学んだ。それもこれも、オーエン先生が大胆な手法を用い、私たちの度肝を抜いたからだ（残念ながら一九九九年にコロンビア高校で銃撃事件が起きたあと、オーエン先生は毎年恒例となったこの寸劇の続行を断念した。あまりにもリアルでおそろしく感じられるというのが、その理由だった）。

実際に授業を体験した生徒たちに、この出来事が非常に強いインパクトを与えたことは想像がつくだろう。だが、話を聞いただけの人間に対しても、このストーリーは強い印象を残す。というのも、現場で体験した生徒と同様、聞き手や読者にも同様の身体的・感情的反応を引き起こすからだ。サプライズ（驚き）の要素が、ストーリーをドラマティックにし、盛り上げるのに効果があることは、よくご存じだろう。だが、ある目的をもって語られるストーリーをより効果的にするうえで、サプライズが重要な役割をはたすことには、お気づきでないかもしれない。先ほどのストーリーでは、聞き手が驚く場面が三つ用意されていた。一、教室にマスクを着用した少年たちが乱入してきたとき。二、それが寸劇であったことを知らされたとき。三、その出来事を説明した生徒たちの記録の内容が人によってまちまちであることがわかったとき。最初のふたつの驚きは、ストーリーの初めのほうで起こり、同じ目的をはたしている。だが三つめの驚きは、最後のほうで用意されており、まったく異なる目的をはたしている。では、このふたつの目的のうち、最初の目的のほうから見ていこう。

ストーリーの冒頭にサプライズをもってくる目的は、聴衆の関心を引くことにある。そのときなにをしていようが、話の内容に驚けば、聞き手は熱心に耳を傾ける。その好例が、第10章で紹介したコンサルタントのストーリーの冒頭の一文だ。クライアントから契約を解消されそうになっていると聞けば、たいていのビジネスマンはぎょっとする。また第11章で紹介したベバリー・キーオンのストーリーでは、冒頭で、彼女が南部の小作農の娘としてプランテーションに生まれたことを伝えている。すると聞き手には、巷によくあるビジネス小噺《こばなし》とはようすがちがうことがわかる。こうしたサプライズは、ホラー映画で見るたぐいのものではない。相手に悲鳴をあげさせるわけでも、バカ笑いをさせるわけでもない。それでも、人々の目をわずかにひらかせる。わずかに脈まで速めるかもしれない。そして、ここが肝心なのだが、聞き手の体内にわずかにアドレナリンを放出させる。ここまでくれば、聴衆の集中力を充分に高めることができる。

だからこそ、あなたのストーリーに、夜のゴールデンタイムのニュース番組の見出しになるほどショッキングな題材があるのなら、それを冒頭にもってこよう。たとえば第8章で紹介したストーリーのひとつは、二〇一一年にエジプト各地で起こった反政府デモの光景からはじめ、もうひとつは、一九九五年に日本の神戸を襲った巨大地震の描写からはじめた。

＊＊＊

では、強いインパクトを与えるためには、ジム・オーエンのような派手なストーリーが必須なのだろうか？　そんなことはない。それどころか、このうえなくシンプルなストーリーに、聞き手の心を鷲づかみにし、強く印象づけるようなサプライズをつけくわえることもできる。たったひと言で、大きな驚きをもたらすことも可能なのだ。次のゲーリー・コファーの例で考えてみよう。

ゲーリーは、小売店のセールスのデータ分析を専門におこなうコンサルタント会社、ダンハンビーＵＳＡの副社長。二〇一〇年のある日、彼はあるクライアントとの打ち合わせを終えた。部屋から出る途中、クライアントのＣＥＯが軽い調子で声をかけてきた。「おたくのクライアントのなかじゃ、わが社がいちばん有望だろう、ゲーリー？」それは、まず否定されるおそれのない問いかけだった。

ところがゲーリーの返事に、CEOは思わず足をとめた。

「いいえ」と、ゲーリーは臆面もなく答えた。「そうではありません」

CEOは振り返り、目を丸くしてゲーリーを見た。「ほう」ようやくそれだけ言うと、こうつづけた。「それはどういう意味だね？」

ゲーリーの返答はやはり驚くべきものだった。「わが社に投資なさった金額の見返りを、貴社が一〇〇パーセント得ているとは思えないからです」

CEOは、いま耳にした言葉が信じられなかった！「ほんとうかね？　だがそれは、こっちが不満を訴えるときのせりふじゃないか？　きみが言うせりふじゃないだろうが」

そこで、ゲーリーは説明をはじめた。基本的なセールスのデータのほかにも、ダンハンビー社はさまざまな分析サービスを提供しております。こうしたサービスを活用すれば、価格設定や販促活動に関する判断材料が増えます。もちろん、これらのサービスも貴社との契約に含まれているのですが、なぜか充分に有効活用なさっているとはいえない状態なのです、と。

セールスや管理の仕事を二六年つづけてきた経験から、クライアントがコンサルタント会社から充分な見返りを得ていないことに気づく方法には二通りあることが、ゲーリーにはわかっていた。まず、クライアントが事実に気づき、クレームをつけてくる場合。次に、ライバル会社がクライアントに近づき、事実を指摘する場合だ。いずれにしろ、その結果、コンサルタント会社はクライアントを失う。そこでゲーリーは、あえて第三の選択肢をつくった。クライアントにみずから真実を告げ、事態を改善するのだ。そしてゲーリーは勇敢にも、第三の選択肢を実行に移したのである。

実際、ほかのクライアントには、もっとシビアな進言をしたこともあった。「わが社との契約を解消すべきです」と断言したのだ。コンサルタント会社から、これほど肝をつぶすアドバイスを受けるところを想像できるだろうか？　私にはできない。だが、ゲーリーの考えでは、こうした刺激的な言葉をぶつけることで話し合いがはじまり、クライアントはサービスをフル活用できるようになるのだ。

ゲーリーのアドバイスは功を奏し、どちらのクライアントも売上を伸ばすことができた。それは、ゲーリー・コファーのぎょっとするほど誠実な進言と、そうした進言が聞き手に与える驚きの有効活用のおかげである。

＊＊＊

聞き手の注意を引く方法は、ストーリーの冒頭にサプライズをもってくることだけではない（ほかの方法は第29章で紹介する）。だがサプライズには、まちがいなく効果がある。まず「いいえ、そうではありません」と言われてCEOが驚いたように、ストーリーの出だしにふつうではないこと、予想もできないことをもってこよう。できればサプライズをいくつか用意し、そのうちのひとつを冒頭近くに置くといい。

いっぽう、ストーリーの終盤あたりでのサプライズは、まったく異なる目的をはたす。ストーリーが終わってしまったら、もう聞き手の注意を引く必要はない。終盤のサプライズは、聞き手がそのストーリーを長いあいだ記憶にとどめることを目的にしている。記憶というものは、写真のように一瞬で脳に焼きつくわけではない。その出来事が起こったあと、しばらくしてから記憶として形成されるのだ。心理学者はこのプロセスを〝記憶の固定化〟と呼んでいる。

この現象を初めて科学的に立証したのが、カリフォルニア大学アーバイン校の神経生物学者ジェームズ・マゴー博士だ[1]。マゴー博士は、複雑な迷路をうまく通り抜けるようラットを訓練していたとき、穏やかな刺激を与えればラットがパターンを早く覚えることに気づいた。これ自体は、それほど意外な結果ではないかもしれない。コーヒーを一杯飲めば、人間だって集中力が高まる。だがマゴー博士は実験のなかで一度だけ、迷路のなかを走るまえではなく、走りおえたあとで、ラットに刺激を与えた。そして刺激が消えたころ、ラットが迷路のパターンを覚えているかどうか調べた。すると迷路を走ったあとに刺激を受けたラットは、そうではないラットよりも迷路のパターンをよく覚えていることがわかった。これが、出来事が起こっている最中ではなく、その直後に記憶が形成されるという、記憶の固定化理論の最初の証拠だった。

マゴー博士の第二の発見は、刺激を与えると、記憶の形成が強化されることだった。のちに本人が発見するのだが、アドレナリンも記憶の固定化に同様の影響を与える。刺激は外部から与えるものだが、アドレナリンは体内で分泌される。とくに興奮したり驚いたりすると、アドレナリンが分泌される。興奮したり驚いたりした原因が危険なものであった場合にそなえ、すぐにでも逃げだしたり闘ったりできるよう、身体が態勢をととのえるのだ。

さて、ストーリーに話を戻そう。ストーリーの終盤にサプライズがあると、聞き手はその内容を覚えやすくなる。記憶が固定化されるタイミングで、脳内にアドレナリンが分泌されるからだ。オーエン先生の世界史の授業のストーリーの場合、事件のようすを説明した記述の内容が人さまざまだったことが、この役割をはたしている。「はじめに」で紹介したジェイソン・ゾラーのストーリーの場合、判事が円卓をすべて撤去せよと指示をだしたことが、驚きの結末となっている。そして第16章では、巨人の名前が〝恐怖〟であったことが、ストーリーの最後で判明する。こうしたサプライズが結末に待っていると、冒頭で明かされるよりも、ずっと強く記憶に残るのだ。

＊＊＊

とくに工夫をしなくても、自然と意外な結末となるストーリーもあるが、意外な結末などないストーリーを、意外な結末が待つストーリーに変えることもできる。実際、私はそうした工夫を本書のストーリーにいくつかほどこしてきた。三つの例を見てみよう。

第16章では、エイブラハム・リンカーンのストーリーを紹介した。読者のみなさんは最後の一行を読むまで、それがリンカーンの話だとはわからなかったはずだ。だからこそ、強烈な印象を残す驚きの結末が可能になった。ところが、私がこれまで目にしてきたこの話は、主人公がリンカーンであることを冒頭で明かしていた。「エイブラハム・リンカーンは生涯を通じて、数々の苦難に直面しました」という文章ではじまるものもあれば、「エイブラハム・リンカーンはあきらめなかった」というタイトルのものまであった。

だが、あえて私はタイトルをつけなかった。これはリンカーンの話ですと、冒頭で明かすこともしなかった。そしてだれの話か伏せたまま、それぞれの出来事があった年を、彼の年齢に置き換えた。歴史にくわしい読者なら、ストーリーの前半でだれの話かおわかりになったことだろう。だが大半の読者は、最後の最後で驚いたはずだ。それに終盤の三つの段落は、少しばかり調べものをして、私が独自につけくわえたものだ。このストーリーは、これまでどおりふつうに語っても、人々の記憶に残るだろうか？　残るかもしれない。だが意外な結末が待っているストーリーのほうが、読み手の記憶に残る。私は同様の工夫を第26章の〝ジェームズとやかん〟のストーリーにもほどこした（こちらはあとのお楽しみ）。

ときには、サプライズが自然にストーリーのなかに織り込まれている場合もあるが、その場所を変えることで、強く印象づけることができる。たとえば第2章では、フィンランドで製紙会社としてスタートしたノキアに関するストーリーを紹介した。その際、私は終盤を迎えるまで、その会社がノキアだと明かさなかった。たとえば、私が部下にこのストーリーを話すとき、「わが社と同様、ノキアは当初、製紙会社として創業されたのを知っていますか？　すべてのはじまりは、一八六五年、フィンランド南西部のタンメルコスキ川のほとりで……」とはじめたとしても、ノキアが製紙業でスタートしたという話は意外なものだろう。それにストーリーの冒頭にサプライズをもってくれば、聞き手の心をつかめると説明したばかりだ。それでも、驚きの要素を冒頭にもってくるか終盤にもってくるか選びなさいと言われたら、迷うことなく終盤にもってくるほうを選ぶ。そのほうがずっとストーリーを記憶しやすくなるし、明かされない事実があることで聞き手の関心を最後まで持続させることもできるからだ。

＊＊＊

もちろん、サプライズは冒頭か最後と決まっているわけではない。ストーリーのどこでも、サプライズがあったほうが、どこにもないよりもはるかにいい。本章で最後に紹介するストーリーでは、サプライズが中盤で登場する。この例ではサプライズが重要な役割をはたしているだけではなく、ストーリー全体の主題そのものとなっている。

メキシコシティーの北一三〇マイルのところにある町、ケレタロの午前六時。その女性はすでに身支度をととのえ、キッチンに訪問客を迎えていた。もちろん、彼女がよく客を招きいれる時間帯ではないし、客はご近所さんでもない。訪問客は、アメリカ合衆国ミシガン州バトルクリークのケロッグ本社からはるばるやってきた経営幹部である。世界最大のシリアルメーカーの経営陣として、消費者が実際、どのように朝食を用意しているのか、かれらは大きな関心をもっていた。こんなふうに家庭に足を運んでリサーチをおこなえば、世界各地における朝食の実態の理解を深めることができる。ところが今回の訪問では、不思議そうに首をひねる役員が何人かいた。

そのなかに、CEOのジョン・ブライアントの姿もあった。ジョンは、母親が五人の家族のために朝食の支度をするようすを眺めていた。それはジョンが呼ぶところの「ヘビーな」朝食だった。卵、ハム、チーズ、トースト、ジュース、果物。家族が朝食を楽しむ光景を見ていたジョンは、ふと気づいた。ケロッグのシリアルが二箱、冷蔵庫の上に置いてあることに。朝食がすむと、彼は通訳を介して、シリアルを食べたことがありますかと、母親に尋ねた。

母親が応じた。「ええ、毎日」

ジョンは、思わず通訳の顔を見た。いまの返事が正しく通訳されているのか、不安を覚えたからだ。それから、母親のほうに視線を戻した。混乱した彼の表情は、言語の障壁などものともしなかったのだろう。尋ねられないうちに、母親がこう言った。「パーラ・ラ・セーナ」

ジョンは混乱したまま、通訳のほうを見た。すると予期せぬ言葉が返ってきた。「夕食に」

役員たちが視線を通訳から母親へと移すまで、その言葉がしばらく宙に浮いた。そして、かれらは互いに顔を見あわせた。朝食用シリアルのメーカーにとって、消費者が自社製品を夕食にも利用しているという実態を知るのは、まったく予想外のことだった。調査を進めると、この母親が例外的な存在ではないことがわかった。メキシコで消費されるシリアルの三割は、なんと夕食に使われていたのである。製品の三割が夕食に消費されていることがわかれば、メーカーはシリアルの成分や広告方法について、どれほど大きな方向転換をはかるか、想像するにあまりある。

こんにち、ジョンは、消費者が自社製品をどのように活用しているか、あまり独断的に考えないほうがいいとマネジャーたちに言い含める際、このストーリーを活用している。「こう考えるのはたやすいことだ」と、彼は説明する。「シリアルは朝食のみに消費されている、朝の六時から八時のあいだに、自宅で、ボウルにいれて、牛乳をそそいで、スプーンを添えて……」だが実際のところ、時間帯は午後かもしれないし、消費者は箱から直接食べているのかもしれない。牛乳などいれずに、そのまま！　そして、ジョンは教訓をつけくわえる。「消費者に思い込みをもってはならない。わが社の製品は、私たちが想像しているよりもずっと多芸多才であり、消費者もまた、多芸多才なのだから」

この場合、自社製品が朝食ではなく夕食に消費されていることを経営幹部が初めて知る〝アハ・モーメント〟がストーリーのハイライトになっている。この驚きは、ストーリーの中心になっているだけではない。そもそも、このストーリーをつくるインスピレーションの源でもあった。ビジネスの場では、長年使ってきた方策がうまく機能しなくなったときや神聖視されていたものの欠点が露呈したときがサプライズの瞬間であり、そこから重大な事実を学ぶ場合が多い。その瞬間をとらえたストーリーをうまくつくることができれば、教訓を語り継ぐことができる。だが、このストーリーの内容の事実だけをまとめたり、箇条書きで説明したりしたら、どうなるだろう？　その内容をずっと覚えている聞き手はごくわずかになるはずだ。

まとめと演習

1 冒頭にサプライズを用意し、聞き手の関心を引こう。あなたのストーリーに、とても予想できないことや尋常ならざることがあるだろうか？ あれば、そこから話をはじめよう。「おたくとの契約は解消させてもらうよ」と告げられたトムのストーリー（第10章）、プランテーションで生まれたベバリー・キーオンのストーリー（第11章）、ブラックブックEMGと副業のストーリー（第26章）。

2 ストーリーのなかに、ニュースになるような出来事が含まれているだろうか？ あれば、そこから話をはじめよう（第8章で紹介したエジプトの反政府デモ、神戸の震災のストーリー）。

3 予想もしなかった実直な発言があれば、活用しよう。ゲーリー・コファーの「わが社に投資なさった金額の見返りを、貴社が一〇〇パーセント得ているとは思えないからです」という発言に、クライアントは腰を抜かした。このストーリーを活用すれば、この発言を聞いた聞き手にも同じ効果をおよぼすことができる。

4 記憶は、写真のように、瞬時に脳に焼きつけられるわけではない。記憶の固定化は、出来事のあと、少し時間がたってから起こる。

a アドレナリンの分泌により集中力が高まれば、ストーリーは記憶に残りやすくなる。

b 驚くと、脳内にアドレナリンが分泌される。そのため、ストーリーの最後にサプライズをもってくれば、聞き手がその内容を記憶しやすくなる（「はじめに」で紹介した、円卓を撤去させた判事のストーリー、第16章で紹介した、巨人の名前が〝恐怖〟であることを知るストーリー）。

5 ストーリーの最後に聞き手を驚かせる要素がない場合、自分で工夫しよう。ストーリーの鍵を握る重要な情報の一部、たとえば人名や会社名などを最後まで伏せておこう。第16章で紹介したリンカーンの名前を伏せておく例、第26章の〝ジェームズとやかん〟のジェームズがだれかを伏せておく例、あるいは第2章でタンメルコスキ川のほとりで創業された製紙会社がノキアであることを伏せておく例など。

6　こんど、あなたがびっくりし、なるほどと感心する経験をしたら、それに関するストーリーをつくろう。サプライズが含まれた教訓は、ビジネスの場でもっとも強いインパクトを与える（メキシコでの朝食のストーリー）。

第4部

聞き手を導く

第20章　重要な教訓を授ける

「学習は強制されてするものではない。生存が強制されてするものではないように」

——J・エドワーズ（アメリカの神学者）

バリーと私は、一九九三年、財務アナリストとしてP&Gに同期入社した仲である。P&G本社の目と鼻の先にある町で育ったバリーは、この職に就けたことを同期のだれよりも誇りに思っていた。バリーは学業で優秀な成績をおさめただけでなく、ビジネスの成功とはかくあるべしという明確なイメージをもっていた。そのイメージは子どものころ、一九七〇年代に父親のオフィスを訪問したときに形成され、一九八〇年代に観たテレビや映画で強化された。角部屋のオフィス、マホガニーのデスク、従順な秘書……。そうしたイメージが成功の証として記憶に焼きついたのだ。

P&Gのアナリストは初仕事として、ひとつのブランドを担当することが多い。新製品の販売や新たなブランドの発足に関して財務分析をおこなうのだ。そして、いつの日か角部屋のオフィスを独占してみせると野心をたぎらせながら、大部屋の一角で仕事に励む。

私も、そんなふうに仕事をはじめたひとりだった。ところがバリーは幸運なことに、ちがうパターンで仕事をはじめた。経理の受取勘定部門の新米マネジャーとして、時間給の従業員からなるチームを統括することになり、大部屋の横に専用のオフィスを与えられたのだ！

父親が一五年かかって手にいれた成功の証を、自分は初仕事で手にいれた。なんという幸運。勤務初日、バリーは足が地に着かない状態で、自分のオフィスにはいっていった。そして椅子に身を沈めると、マホガニーのデスクに足を乗せた。そしてこの幸運を確認するように、満足そうに室内を見まわした。

一時間がすぎたころ、サリーという従業員が挨拶にやってきた。バリーには直属の秘書こそいなかったが、彼の部下は全員、秘書の仕事も兼任しなければならなかった。そのため、サリーは自分の仕事をこなしながら、命じられればコピーをとり、打ち合わせの準備をしなければならない。ゆえにバリーにとって、彼女は自分の秘書同然だった。

初対面の挨拶をすませ、サリーが退室しようと背を向けたとき、バリーは一二歳のころから夢見ていた言葉を口にした。このせりふを言えば、思い描いていた成功のイメージが完成するように思えたのだ。「サリー、ついでに、コーヒーをいれてくれないか」

サリーは足をとめ、顔をしかめた。そして、ふたたび歩きだすと、「ええ、よろこんで」と振り返りもせずに明るい口調で応じた。バリーはりっぱな椅子に身を沈めた。たったいま、サリーに侮辱の言葉を投げかけたことを自覚しないまま。

噂はあっという間に広まった。一週間もたたないうちにバリーの失言は伝説となり、彼は性差別主義者だ、サリーのお尻をたたき、にやりと笑い、「コーヒーをもってきてくれるかな、かわいこちゃん？」とウインクした最低男だという人物像ができあがった。

この失言が直接の原因となって彼の在職期間が短くなったわけではないが、二年後にバリーが会社を辞めたとき、噂による彼への不信感はまだ根強く残っていた。

では、バリーが初日にとった行動を、マイク・パロットのそれと比べてみよう。

バリーが部下から総スカンを食った年、マイクはP&Gのクラブ・チャネル・セールス・チームのリーダーに任命され、ワシントン州シアトル郊外の新たなオフィスに通勤することになった。そこはP&Gが借りたオフィスビルの一室で、マネジャーひとり、時間給の従業員四人がすでに勤務していた。P&Gが借りたフロアには、間仕切りされたデスクスペースであるブースが五つと、休憩室として利用する狭いキッチンしかなかった。そのため、もっと広いオフィスを近隣にさがすことになったが、引越し先が見つかるまでのあいだ、マイクには自分専用のブースがなかった。ひとつのブースをふたりで共有することもできたため、従業員たちは、自分たちのうち、だれかふたりがブースを共有し、新たに着任してきた上司のためにブースをひとつ空けることになるのだろうと予想していた。

だが着任初日、なんとマイクは折りたたみ式の小型テーブルを持参し、自分専用の新しい〝オフィス〟をキッチンに設置したのである！　そのうえ、それは一日、二日の話ではなかった。ふたりの従業員がひとつのブースを共有して場所を空けますと申しでたものの、マイクはこのままでいいと言い、断固として譲らなかった。そして半年後、もっと広いオフィスビルに引っ越すまで、キッチンで仕事をつづけた。

こうした私利私欲のない態度が、部下の尊敬と賞賛を獲得した。ふつうは数カ月かかることを、マイクはほんの数日でやってのけた。彼が控えめな人物であること、そして自分がリーダーとしてチームのためになにができるのかを優先して考えている――その逆ではない――ことを実証したのである。

就職、転職、異動をしたばかりの人はよく上司に「どうすれば成功できるでしょう？」と質問する。もちろん、部下に明確な方向性をもたせ、コーチングをおこなうのは、リーダーの務めだ。だが、あらゆる状況への対処法を手取り足取り教えることはできない。そんなとき、先に紹介したストーリーを話して聞かせれば、成功とはなにか、失敗とはなにかを、部下に自分で考えさせることができる。そうすれば部下は、自分が将来、どんな人間になりたいかというイメージをふくらませることができる。本章では、重要な教訓を伝えるのにもっとも有効な、ストーリーのふたつのタイプをお教えする。そのひとつは、私が〝二本道のストーリー〟と名づけたものだ。このストーリーには、聞き手が選ぶことのできる二本の道が登場する。もちろん、登場人物がどちらかの道を選ぶわけだが、聞き手がその選択を自分で決めたように感じられれば、ストーリーのもつ力はいっそう強くなる。「こちらの道を進め」と強制されたように感じずにすむからだ。

この〝二本道のストーリー〟には三つの変種がある。最初の変種は、あなたが指導したい状況に直面している実在の人々に関するふたつのストーリーを提示するものであり、次の条件をすべて満たす。一、聞き手が自分を投影できる主人公が登場する。二、聞き手が遭遇することになるであろう障害が起こる。三、登場人物のひとりが成功し、ほかのひとりが失敗する。四、ストーリーから論理的な結論をだせば、聞き手はあなたが選んでほしいと思っている道を選ぶ。つまり、その状況に対応する、完璧によい例と悪い例があればできるストーリーだ。だが、この条件をすべて満たすのは、むずかしいかもしれない。そんなときには、残りの二種類を活用しよう。

＊＊＊

〝二本道のストーリー〟の二番めの変種は、前述の四つの条件のうち最後のふたつしか満たしていなくても役に立つ。これは現実に成功したり失敗したりした実在の人物についての実話であり、聞き手を正しい結論に導く。だが、それは聞き手が実際に経験しそうな状況ではない。それに主人公は、聞き手が自分を投影できる人物ではないかもしれない。それでも、こうした実話が奏功するのは、現実の状況の比喩としてストーリー全体を活用できるからだ。ここで紹介するのは、私がこれまでに何度も話してきたストーリーだ。

年に一度、マネジャーが人事評価を受ける企業は多い。たとえばP&Gでは、一五～二〇パーセントにあたる社員が最高の評価である評価1を獲得し、残りの八〇～八五パーセントの社員が評価2か3を受ける。私はよくジュニア・マネジャーから、「来年、評価1を得るには、どんな計画を立てればいいでしょう？」という質問を受ける。だが、この質問に答えるのは不可能だ。というのも、ほかのマネジャーの出来によるからだ。評価は相対評価であるため、大勢のマネジャーがすばらしい業績を残した年には、評価1を獲得するのがむずかしくなる。私はこれまで長年、部下の管理と評価をおこなってきたので、部下が鐘形曲線の上位半分にはいるための計画を立てるアドバイスはできるようになった。とはいえ、評価1を獲得する社員の大半は、自分では計画していなかった予想外のことを達成していた。これはおそらく、目のまえでトラブルが生じたり、思いもよらぬ場面でチャンスにめぐまれたりしたとき、それを勝利に変えたからだろう。長年、こうした事実を聞き手にわかってもらおうと努力してきた結果、私はついに、こうした考え方の本質を実践したひとりの科学者のストーリーに出会った。このストーリーが誕生してから二〇〇年ほどになるため、いささか不確かなところはあるかもしれない。しかし、科学教師ではない私にとっても、このストーリーはじつに有益だ。いま私は、野心あふれる聞きたがり屋の若いマネジャーに、このストーリーをよく話している。

ハンス・クリスティアン・エルステッドは、一八〇〇年代初頭、コペンハーゲン大学で物理学の教授を務めていたデンマーク人だ。一八二〇年四月二一日の夜、エルステッド教授は学生たちに電気の講義をしていた。彼は電池と電量計を接続した単純な電気回路を用意し、電気量を測定していた。言い伝えによれば、実験中、エルステッド教授はテーブルに方位磁石が置いてあることに気づき、それをわきに置きなおすことにした。ところが方位磁石を電気回路のそばに近づけると、磁針が大きくぶれることに気づいた。不思議に思った教授がもう一度方位磁石を電気回路に近づけると、また磁針が大きくぶれた。実験のあと、エルステッド教授は、いまのような現象をこれまでに見たことがあるかねと、助手に尋ねた。すると、助手は淡々と応じた。「ええ、いつも、ああなります」

好奇心に駆られたエルステッド教授は、そのあとの数カ月間、実験を重ね、電気と磁気のあいだには直接的な関係があることを立証した。電流は磁気を発生させ、磁気は電流を発生させる。この現象はいまでは電磁気として知られ、照明器具、テレビやラジオ放送の周波数、携帯電話のシグナル、電子レンジ、レントゲンなどに利用されている。現代物理学の理論――アインシュタインの相対性理論や量子力学――の多くは、その基盤を電磁気に置いている。

ハンス・クリスティアン・エルステッドのストーリーが教える教訓は、彼が電磁気をさがしていたわけではないのに、結果として、それを発見したということだ。それは彼の〝研究計画〟には含まれていなかった。それに彼は、方位磁石を電気回路に近づけると磁針が激しく揺れることに気づいた最初の人間でもなかった。彼が電磁気を発見したのは、ぶるぶると震える磁針の重要性に気づいたからだ。そして、とことん、その現象を研究したからだ。

だから、あなたが評価1を追い求めているのなら、まずはしっかりとした作業計画を立て、そのすべてを達成する必要がある。だが同時に、周囲で起こっていることにもよく注意を払わなければならない。ビジネスの場でなにか変わったこと、おもしろいことが起こったら、よく観察しよう。好奇心をもとう。そして、なにか大きな意味があることが起こっていないかどうか、自問しよう。起こっているのなら、飛びつこう。

このストーリーでは、エルステッド教授が一本の道の象徴となっている。そして、磁針がぶるぶると揺れるようすを見ていただけの研究者たちが、もう一本の道の象徴となっている。

＊＊＊

さて、先に挙げた四つの条件のうち、条件をひとつでも満たすストーリーが思いつかない場合はどうすればいいのだろう？　そんなときは、あなたの創造性を活用しよう。思い切って、ひとつ、ストーリーをつくってみよう！　〝二本道のストーリー〟の三つめの変種は、架空の登場人物に三本めの道を発案させるものだ。次のストーリーでは、二本ではなく三本の道が登場する。私は、調査部門の若手マネジャーたちに、グッド（よい）とグレイト（すばらしい）のちがいを理解してもらうべく、このストーリーを創作した。

あるところに、女性リサーチ・マネジャーがいた。彼女には優秀な三人の部下がいたが、昇進できるのは、そのうちのひとりだけだった。[1]だれを昇進させるべきか、その判断材料にしようと、彼女は三人の部下を競争させることにした。「次にわが部に依頼された仕事で、もっとも役に立った人に昇進してもらいます」

ほどなく、調査部に熱意あふれるブランド・マネジャーがきて、「うちのブランドに、いくつか新しいコンセプトを考えたので、どれがいちばんいいアイデアか決めるためのコンセプト・テストを提案してほしい」と要請した。リサーチ・マネジャーは、三人の部下を競争させている事情を話し、部下と個別に会ってコンセプトを説明してもらいたいと頼んだ。その週の終わりに、リサーチ・マネジャーは三人の部下を呼びだし、各自のプランをプレゼン形式で発表させた。ひとりめのリサーチャーは、完璧なコンセプト・テストの実施を提案した。このプランでは、さまざまな消費者グループに、新コンセプトをひとつずつ評価してもらい、比較対象として既存のコンセプトへの反応も調べる。統計学的に信頼の置ける調査結果をだすため、適切な数の対象者をそろえ、対象者の年齢、学歴、収入、民族的背景は、国の人口に占める割合と完全に一致させる。

「みごとね」と、リサーチ・マネジャーは言った。

ふたりめのリサーチャーが足を踏みだし、プレゼンを開始した。彼女は、まったく異なるテストを提案した。「でもブランド・マネジャーは、コンセプト・テストの実施を求めているのよ。なぜ、ちがうテストを計画したの？」とリサーチ・マネジャーが尋ねた。

すると、こんな返答が返ってきた。「じつは、新コンセプトをひとつずつ見てきたのですが、どれもよく似ているという印象を受けました。どのコンセプトも、既存のコンセプトと同じことを述べているのです。ただ、その効用の説明に使われている言葉が多少ちがうだけ。多様なグループの消費者に新コンセプトについて質問をしたところで、グループごとに同じような答えが返ってくるだけでしょう。ですから私は、同一グループにすべての新コンセプトを同時に示して、そのなかから、もっとも説得力のある表現を選んでもらうことを提案します。そのほうが簡単に結果がわかりますし、大幅なコスト削減にもなります」

「すばらしい」と、リサーチ・マネジャーが応じ、三人めのリサーチャーに説明を求めた。

「いや、話すことはありません」と、彼は眠そうに応じた。

「なんですって？　きょうまで一週間あったのよ。あなたも、ほかのふたりと同様、昇進したいんでしょう？」

「そりゃ、昇進したいですが」と、三人めが応じた。「ただ、このブランドには、これ以上調査する価値があるとは思えないんですよ」

「どういうことかしら」と、好奇心をもったボスが尋ねた。

「ブランド・マネジャーが知りたいのは、新コンセプトのどれが最高かってことでしたよね。でも本人と実際に話し合い、このブランドに関してすでにおこなわれた調査結果に目を通したところ、ブランド・マネジャーの疑問そのものがまちがっていることに気づいたんです。既存のコンセプトは、昨年、初めて実施したテストでは非常に評判がよかった。そして実際にそのコンセプトを採用したテレビCMも、市場に大きな効果をおよぼしています。認知度はつねに高く、こちらの望みどおり、消費者は商品のコンセプトを受けいれている。ですから、このブランドの売上がかんばしくない理由は、コンセプトじゃない。原因は、価格なんです。ライバル社が新聞の日曜版のちらしに大量のクーポン券をいれたり、価格を下げたりしているせいで、この一年、このブランドの商品価値は下がりつづけているんです」彼は説明をつづけた。

「ですから、正しい質問は『ライバル社に対して、わが社のブランドの価格をいくらに設定すべきか？』です。しかし、その疑問に対する答えはすでにわかっている。一年半まえに価格調査を実施していますから。価格をいくら下げればいいか、正確に把握できているんです。ただし、実行には移さなかった。というのも、すでに広告費にあてる予算の増額が認められており、とても価格を下げる余裕がなかったからです。そこで私は、メディア関係の広告スケジュールを確認してみました。すると、このカテゴリーの飽和点を超えて広告をつづけていることがわかりました。つまり、広告費の一割をまるまる浪費しているんです。今後、広告費を削減すれば、競合できるレベルまで価格を下げることができる。それが、私の提案です」

当然のことながら、この三番めのリサーチャーが、昇進をものにした。

このストーリーの教訓は「正しい質問をしなければならない」ということだ。ときにリサーチャーは〝テストの注文待ち〟をしているウェイターのような扱いを受ける。ほかの部署の人間がふらりとやってきて、こんな消費者テストを頼むよと、調査を発注するのだ。「えーと、製品テストが二件に、ブランドエクイティ測定を一件、頼むよ」というわけだ。ごく平凡なリサーチャーは、頼まれたテストを計画し、実行し、分析する。〝よりよい〟リサーチャーは、まず、それが正しいテストかどうかを判断する。だが〝最高の〟リサーチャーは、そもそも、調査のオーダーが正しいのかどうかを判断する。だからといって、部下のリサーチャーに「それが正しい質問かどうかよく確認するように」と忠告したところで、相手にはぴんとこないだろう。そんなとき、こうしたストーリーは――実話であろうとフィクションであろうと――論点を明確にすることができる。

＊＊＊

さて、〝一本道のストーリー〟は教訓を上手に伝えるひとつのタイプだが、もうひとつのタイプは、

〝失敗のストーリー〟である。なにかを達成しようと努力したものの、失敗した人物の話だ。作家であり、起業家でもあるクレイグ・ワートマンは「人は失敗の物語に引かれる。それは事故に好奇心をもつようなものだ。なにが起きたのか見てみたいし、どうすればそれが自分の身に起こらないようにできるのか、知りたいからだ」と、述べている[2]。だが失敗のストーリーは、二本道のストーリーのうち、たんに行ってはならない道を選ぶ話ではない。あなたがハンス・クリスティアン・エルステッドのストーリーの後半を省略し、磁針のぶれに気づいていた助手が登場するところで終えていたら、それは失敗には見えないだろう。「数人の科学者が電気と磁気の実験をおこないました。ときどき、方位磁石に妙な現象が起こることに気づきました。おしまい」というわけだ。おもしろくもなんともない。そのうえ、失敗談にもならない。

だが失敗のストーリーは、まちがえようがなく、悪い。失敗のストーリーは、こういう真似をしてはならないと聞き手に釘をさす。だから聞き手は、同じあやまちを避けることができる。次に紹介するストーリーは、ある男の体験談だ。失敗のストーリーは、自分に関する話でなくてもいい。だれのあやまちであろうと関係なく、聞き手が教訓を学べればそれでいい。とはいえ、自分の失敗談には、ふたつの利点がある。第一に、ほかの方法では得られないような尊敬や評価を、聞き手から獲得できる。こんにちのリーダーは、めったに謙遜することがないし、卑下することもない。だが、聞き手はあなたの失敗談にそうした美点を見いだす。成功談を披露するよりも、失敗談を告白するほうがはるかにハードルが高いことがわかっているからだ。自分自身の欠点を露呈してまで、聞き手の成長を願っているという真摯な姿勢を伝えることもできる。そのうえ失敗談を明かせば、自分の弱みをさらけだすことで親近感をもってもらえる。第10章で紹介したジェイミー・ジョンソンが自分の過去を告白したのがその例だ。ここでは、ケビンの例を紹介しよう。

「新たな部署に異動してから一カ月がたったころ、私は上司のオフィスに呼ばれました。今年、うちの部の業績は好調だという話でした。当初の目標を上まわるペースで快進撃をつづけているというのです。しかし、悪いニュースもありました。来年が厳しそうだというのです。目標を達成するには、大幅に経費を削減しなければならないだろう。だから来年の予定にしているプロジェクトで、いま実施できるプロジェクトがいくつかあれば、年度末までに終えてくれないかと、上司は言いました。来年度は予算が厳しくなるだろうから、年度内に片づけてしまおうというわけです。ところが、その〝年度内〟はたった一カ月半後に迫っていました。

上司をよろこばせたくて、私は思わず『できます』と請けあってしまいました。そこで即刻、チームリーダーを招集し、アイデアを募りました。たくさんの案がでました――およそ一〇〇万ドル規模の案がでたのです。それほど多くのプロジェクトを、たった一カ月半で実行できるのかと、私は尋ねました（やってやろうという表情を私は浮かべていたはずです。それほど高額な予算を上司に申請できれば、どれほど気分がいいことでしょう）。チームリーダーたちは、問題ないと請けあいました。わたしはその数字を上司に伝え、承認を得ました。こうして私のチームは始動開始しました。

ところが月末を迎えるころには、自分が大きなミスを犯したことが明白になりました。部下は全員、日付が変わっても残業しており、ストレスをため、疲弊しきっていました。おまけにあわててプロジェクトに着手したため、次から次へとミスが起こりました。そして結局、計画の七五パーセントほどしか達成できませんでした。いまだから言えることですが、私にはそうなることがわかっているべきでした。一〇〇万ドル規模のプロジェクトをあわててはじめたうえ、リストラの余波を受け、スタッフは新たな上司や慣れない関係にとまどっていました。さらに経験豊富なベテランのリーダーがふたり、部を去ったばかりでした。いわば、突貫工事をはじめるには最悪のタイミングだったのです。それなのに、私は非常に困難な任務への着手を決め、判断力の乏しさを露呈したのです。

いったい、なぜあんな真似をしたのでしょう？　ふだんの私は、もう少しましなマネジャーでした。それではなぜ、業務を増やすには最悪の時期だとわかっていながら、あれだけの仕事を引き受けてしまったのか？　しばらく自省した結果、私は新しい上司をよろこばせたい一心で、上司をよろこばせたがっているのが自分だけではないという事実から目をそらしていたからだという結論に達しました。当時、同じ部署の二五人のスタッフが新しい上司を迎えていました――この私です！　私が、自分のことではなく、部下のことを本気で考えていたら、もう少しましな決断をくだしていたでしょう。よいリーダーの条件のひとつは、自分のことより、部下のことを大切に考えることです。リーダーは、部下の成功に協力しなければならない。自分の成功だけにかかずらっていてはならないのです」

そのミスを犯した数カ月後、ケビンはチーム全員のまえでこの話をした。こうして彼は自分の非を認め、謝罪したのだが、それは同時に、部下がいつか同じ立場に立ったときに、同じあやまちを犯してほしくないと思ってのことだった。一年後、ケビンはまた同じような状況に直面した。同じ上司から同じ内容のことを頼まれたのだ。そのとき、ケビンはこのストーリーをふたたび活用した。上司にこの話をしてから、丁重にこう言ったのだ。「昨年、私がたいへんなへまをしたことが、おわかりでしょう。ですから、今年は五〇万ドルというところにしておきます。よろしいでしょうか？」当然、上司は認めた。

＊＊＊

さて、失敗談を共有する最後の利点を説明するにあたり、私の好きな本を紹介しよう。マーケット・リサーチャーとしてさまざまな本を読んできたなかで、もっとも感銘を受けた本、テリー・ハラー著『デンジャー――マーケティング・リサーチャー・アット・ワーク』（一九八三年）である。[3]その理由は、じつにシンプル。ほかの本がどれもマーケット・リサーチの手法を伝授しているのに対し、テリーの著書は、してはならないことを伝えている。マーケット・リサーチという名のもとで、自分がおかした、もしくは自分が目にした一一の失敗談をずらりと並べたのだ！　この指摘は貴重だ。以来、マーケティング・リサーチ業界は、指摘された欠点を克服すべく改善に取り組み、大きな進歩をとげてきた。

自分の失敗談を話そう。人は耳を傾けるはずだ。

まとめと演習

1　聞き手がこれから直面するであろうあらゆる困難への対処法を、すべて教えることはできない。〝二本道のストーリー〟を話せば、聞き手は失敗と成功がどんなものかを、頭のなかでイメージできる。そうすれば、どちらの道を選ぶべきか、自分で決断をくだせるようになる。

a　聞き手に近しさを感じさせる実在の人物、聞き手がこれから直面するであろう困難、成功した人と失敗した人などをストーリーに織り込めば、それは完璧な〝二本道のストーリー〟となる（部下にコーヒーを頼んだバリーと、キッチンで仕事をはじめたマイクのストーリー）。

b　完璧なストーリーが見つからなければ、異なる状況を描いた〝二本道のストーリー〟をさがし、それをたとえ話として利用しよう（エルステッド教授と方位磁石がその好例）。

c　どちらも思いつかないし、見つからない？　それなら、自分で創作しよう！　架空の人物が登場する〝二本道のストーリー〟をゼロからつくりあげよう（〝三人のリサーチャー〟のストーリー）。

2　成功よりも失敗から多くを学ぶことができる。たしかに自分の失敗談は話しにくいものだが、躊躇しないこと。最悪の失敗談を披露すれば、聞き手は同じミスを犯さずにすむ。かれらは、あなたを尊敬し、評価するだろう（一〇〇万ドル規模のプロジェクトで失敗したストーリー）。

第21章　コーチングとフィードバック

「フィードバックは、王者の朝食だ」

――ケネス・ブランチャード（『一分間マネジャー』の著者）

ミッチ・ウェコップに初めて会ったのは、一九九七年、私がカリフォルニアに転勤したばかりのころだった。私は昇進をはたしたところで、生まれて初めて部下をもつことになっていた。リーダーとしてチームをうまく統率するには、ミッチから学ぶのがいちばんだということは、すぐにわかった。ミッチは工場で一〇〇人以上の社員のよき助言者となっていた。それは、みごとというしかなかった。社員から相談を受けると、的確なアドバイスをするだけでなく、相手に自信をもたせ、キャリアや会社に対する情熱をかきたてたのだから。

当時の私は、自分がミッチのような上司になれるとはとても思えなかったが、努力は重ねていきたいと思っていた。ところが、ある日、部下からの相談ごとに対し、「ミッチならこんなふうにしただろう」と想像できるような対応をとっていることに気づいた。詳細は忘れてしまったが、とにかく私は自分のことをとても誇らしく思ったようだ。というのも、帰宅後、妻のリサからきょうはどんな一日だったのと尋ねられ、「いい一日だった！　きょう、ついに〝ミッチ型マネジャー〟になれたよ」

と応じたのだから。
リサは、私の言いたいことを正確に把握した。以来、そのフレーズは、私とリサのあいだのシンプルな暗号となった。それは、こんなふうになりたいと切望していたタイプのリーダーに、その日（少なくとも数分間だけは）なれたことを意味した。もちろん、めったにあることではなかったが、そのひとつを、次のストーリーで紹介しよう。

私は、自分のチームをサポートしてくれているある部署のジュニア・マネジャーと、プロジェクトの検討をおこなっていた。彼は、文句なしに有能だった――どんな上司でも、こんな部下に恵まれたら最高だと思えるような人材だった。私の直属の部下ではなかったが、一緒に仕事をするうちに、彼に関心をもつようになった。そして打ち合わせが終わると、私生活はどんな具合かと、いつものように尋ねた。

「うまくいっていません」と、彼は応じた。「会社を辞めてほしいと、妻から言われているんですよ」問題の原因が、私にはよくわかっていた。彼はここ数カ月、働きづめだった。以前、彼の所属する部署には三人のマネジャーがいたのだが、リストラでマネジャーのポストがひとつに減らされ、彼ひとりで三人ぶんの仕事をこなしていたのだ。毎月、打ち合わせで会うたびに調子を尋ねると、長時間労働が苦痛だという答えが返ってきた。私は、なにか力になれることがあれば言ってくれと申し出たが、いつもこう辞退された。「ありがとうございます。でも、大丈夫です。Aプロジェクトがすめば、少し落ち着くでしょうから」だがAプロジェクトが終わっても、事態は改善されなかった。私が調子を尋ねると、あいかわらず同じ返事が返ってきた。「ありがとうございます。でも、大丈夫です。Bプロジェクトが終われば、少し落ち着くでしょうから」

しかしそれから半年たった今、彼はその状態が一年近くつづいていることを認めた。二番めの子どもが二カ月まえに生まれたところだというのに、妻とふたりの子どもが寝静まるまえに自宅に戻れた夜は、ほんの数回だという。

きみの上司は事態を改善するためになにか手を打ったのかと尋ねると、彼は応じた。「ご想像がつくでしょうが、上司はぼくの勤務状態なんか、気にしちゃいないんですよ。上司が気にかけているのは、新たなツールの開発だけ。でも実際のところ、こっちには既存のツールさえ使うヒマがない。おまけに開発費に投資しすぎて、とても人員補強にまわせる予算なんかありません」

彼にしばらく怒りを吐きださせたあと、私は思いださせた。これまで、毎月、力になれることがあれば言ってくれと、繰り返し声をかけてきたじゃないか。なのにきみはずっと支援を断ってきた、と。おそらく彼は、人に協力を頼むのは敗北を認めるようなものだと考えていたのだろう。「では、事態がいっこうに改善されていないことは認めるね？　そろそろ、私の協力を受けいれてくれてもいいだろう？」彼は同意した。そこで、私はまず数分の時間をかけ、彼に語りかけた。彼がわが社にとってかけがえのない存在であること、彼が将来有望であること、うちの部にきてくれるのなら、いつでも歓迎することを。そして彼をマネジャーに迎える部がどれほど幸運かという話もした。すると、そんな褒め言葉はずいぶん聞いていないという表情で、彼は私の話に聞きいった。

次に私は、彼に協力する方法について説明した。上司にかけあい、人員を増やしてもらおう。それがうまくいかなければ、私のほうで人員補強の策を練る。納入業者に相応の支払いをし、アシスタントを派遣してもらうこともできる。さもなければ、彼の業務の何割かを、うちの部署の人間に分担させてもいい。または、私が協力して彼の業務に優先順位をつける。あるいは、このすべての方策を実施する！

次の月曜日に、私たちはこうした方策のなかからふたつを選び、実行に移した。

それを終えると、最後に、私は手厳しいフィードバックを与えた。「こんな事態になったのは残念だが、なにもかも上司のせいにしてはならないよ。責任の一部は、きみにもあるんだから。これほど長いあいだ、いっこうに事態の改善に取り組まなかったことを、マネジャーとして、夫として、父親として、本気で反省したまえ。必要があるのなら、協力を頼むべきだった。少なくとも、私からの協力の申し出はすなおに受けるべきだった。きみのような逸材がストレスで心身の健康を害するのは、わが社にとっても、きみのご家族にとっても、あってはならないことだ。二度と同じあやまちを繰り返すんじゃない」

彼は私と握手をかわした。そしてにっこりと笑い、心から礼を言い、部屋をでていった。その口ぶりと表情から、同じ会社の人間から価値を認められ、大切に思われていることを実感して、よろこんでいるようすが伝わってきた。自分の問題を解決すべく、幹部が本腰をいれてくれることがわかり、ほっとしたのだろう。よりよい社員に、よりよい夫に、よりよい父親になるための貴重な教訓を学び、少し賢くなったような気分も味わっていたかもしれない。

私はデスクに戻ると、思わず笑みを浮かべた。その瞬間、ひとつの光景が頭に浮かんだのだ。帰宅して、きょうは〝ミッチ型マネジャー〟になれたよと、妻に報告するところが。

このストーリーから学べる教訓はいくつかある。第一に、なにか上達したいことがあるのなら、その道の達人を見つけ、仕事ぶりをよく観察すること。私にとって、ミッチはまさにお手本だった。第二に、仕事がうまくいったときには、誇りをもち、お祝いをすること。私の場合、「きょうは〝ミッチ型マネジャー〟になれたよ」と妻に報告すれば、妻からとびきりの笑顔を向けてもらえたし、胸のうちにじんわりと誇らしい気持ちが湧きあがってきた。第三に、あなたが正しいことをおこない――たとえそれが相手のミスを指摘することであろうと――相手がそれをありがたく思ってくれたのであれば、すなおに礼を受けいれよう。ここで先述のストーリーを振り返り、それがどのようなプロセスでおこなわれたかを順を追って見ていこう。

ステップ一。それはポジティブなフィードバックからはじまった。前向きな言葉をかければ、相手はあなたの話に耳を傾ける。ところがネガティブなフィードバックからはじめると、相手は心を閉ざしてしまう。最初に褒めたり、労をねぎらったりする言葉をかければ、聞き手はあなたを信頼する。そのあとで注意をしたり、叱ったりすれば、相手はそれを受けいれやすくなる。自分のすぐれたところを認めてくれた人物の言うことなら、欠点の指摘も正しいにちがいないと思うのが、人のつねだ。

ステップ二。私は彼に、問題があることを認めさせた。問題があることを相手が認めなければ、どれほど親身になってアドバイスをしたところで、馬の耳に念仏だ。

ステップ三。私は、問題についてなにか手は打ったのかと訊いた。この場合、彼の上司が行動を起こしたかを尋ねた。問題解決のためになされていることを具体的に聞ければもっといい。というのも、無駄な骨折りはしないほうがいいからだ。問題を解決するのにもっとも適した地位にいる人物がその責任を負う。それは、しごくまっとうな考え方だ。

ステップ四。ただアドバイスをするだけではなく、実際に解決策の提供をした。アドバイスだけでも悪くはないが、具体的な協力のほうがずっといい。また、複数の支援策を提案したため、どの支援策を選べばいいかを、相手に選ばせることができた。

ステップ五。いまの状況はまちがっている、なぜならきみはかけがえのない逸材だからと、私は断言した。フィードバックは、「きみは有能ではないから、この仕事をきちんとできない」と言っているように受けとめられがちだ。すると、相手を打ちのめし、結果としてそのとおりの状況になってしまう。だが「こんなやり方で仕事をつづけているのは、きみほど有能な人間らしくない」と受けとめられたら？　このほうが、相手は事態の改善に向け、がぜんやる気をだすはずだ。

＊＊＊

いったん、指摘された問題が明白になれば、フィードバックははるかに与えやすくなる。残念ながら、明らかに過失を犯しているのに、自分ではそれと気づかない場合がよくある。だからこそ、ステップ二のプロセスに意義がある――問題があることを相手に認めさせ、納得させるのだ。では、相手が自分のあやまちに気づいていない（あるいはあやまちを認めようとしない）場合、どうすればいいのだろう？　そんなときは、フィードバックが盛り込まれたストーリーを話そう。フィードバックに関する最古のストーリーとして、旧約聖書の一場面が挙げられる。キリスト教やユダヤ教の信者のかたなら、これがダビデ王とバテシバの話だとおわかりになるだろう。だが、それにつづく、強力な比喩を秘めたナタンの物語をご存じのかたは少ないかもしれない。

サムエル記によれば、ある夕暮れ、目覚めたダビデ王は、寝床を抜けだすと、王宮の屋上へと散歩にでかけた。すると屋上から、近隣の家に住む者の姿が見えた――水浴びをしている女の姿が！　その美しさに心を奪われた王は、配下の者に女のことを調べに行かせた。すると、女がバテシバという名前であること、ウリヤという男の妻であることがわかった。ウリヤは軍人であり、いまは駐留軍に所属しているという。そこで国王は逡巡することなく女を王宮に呼び寄せ、同衾した（国王の要求を断れば、死刑になりかねなかった）。

のちにダビデ王は、戦地にいるウリヤを最前線に送り、残りの兵士を引きあげよと、将軍に命じた。将軍は王の命令に従った。もくろみどおり、ウリヤは戦死した。するとダビデ王はバテシバを王宮に召しあげ、妻にした。

一年後、預言者ナタンが、ダビデ王に会いに行った。預言者の務めのなかには、罪と対峙することも含まれていた。そこでナタンは、国王に次のような話をした。ある町にふたりの男が暮らしておりました――ひとりは金持ちで、もうひとりは貧しい男です。金持ちの男は羊や牛をたくさん飼っていましたが、貧しい男はたった一頭の子羊しか飼っていませんでした。貧しい男は食べ物や飲み物を自分の器から子羊に食べさせ、なんでも分かちあっていましたし、夜は両腕に子羊を抱いて眠っていました。子羊は、貧しい男にとって娘のような存在だったのです。

ある日、ひとりの旅人が金持ちの男のところにやってきました。すると金持ちの男は、自分が飼っている多くの牛や羊のなかの一頭を手にかけるのではなく、貧しい男が飼っているたった一頭の子羊を盗み、殺し、それを調理し、客人をもてなしたのです……。この話を聞くと、ダビデ王は烈火のごとく怒り、ナタンに言った。「主がまちがいなく生きておいでになるように、その男はまちがいなく死刑にすべきだ！　そんな真似をしておきながら、なんの憐憫も見せないのだから、男は子羊一頭の四倍の金を払うべきだ」と。

「あなたこそ」と、とナタンが厳然と国王に言った。「その男です」そう言うと、ナタンは国王が多くの妻を娶《めと》っている事実を指摘した。いっぽう、ウリヤにはひとりの妻しかいなかったことを。「あなたはウリヤに剣を振りおろし、彼の妻を自分のものにしたのです」

するとダビデ王はナタンに言った。「わたしは主にそむいた」

それ以上、ダビデ王に言えることはなかった。自分の罪があばかれただけではなく、ナタンのたとえ話に登場する〝金持ちの男〟にみずから裁定をくだすことで、自分に有罪判決を言い渡したのだ。

自分があやまちを犯していることが、他人の目を通してみないとわからない場合もある。そんなとき、たとえ話を聞かされると、異なる観点から自分を眺めることができる。第24章でくわしく説明するが、比喩はストーリーの強力なツールとなる。コーチングやフィードバックをおこなううえで、比喩の活用はもっとも効果的な方法だ。

金持ちと貧しい男の話のようなストーリーをさがすといい。幸い、たいていのリーダーには、フィードバックで正そうとしているまちがいに通じる事例を見た経験があるはずだ。そうした例のなかから、現在の状況とは異なるものを選び、たとえ話として活用しよう。そして話しおえたら、問題点がどこにあるのか、聞き手に指摘させよう。自覚してもらいたい問題点を聞き手が指摘したら、そのタイミングを逃さず、問題を起こした張本人はきみだと告げよう。ナタンが国王にそう指摘したように。

＊＊＊

ときには、フィードバックを求められているにもかかわらず、リーダー側にその余裕がないこともある。たとえば、部下が大きなプロジェクトをぶじに終わらせたり、重要なプレゼンを終えたりしたのに、それに対してフィードバックをおこなう準備ができていないようなときだ。そんなときは、「ああ、よくやってくれた。お疲れさま！」とすませてしまいがちだが、いちばんいいのは、悪いが少し時間をもらえないか、あとでコメントするからと、正直に伝えることだ。そして実際にフィードバックをおこなう際には、前章で述べたふたつの教訓が役に立つ。第一に、自分が正しい質問に応じているのかどうかを確認する。第二に、〝二本道のストーリー〟でフィードバックすることが可能なようなら、そうする。次のストーリーは、その両方をよくあらわしている。

コートニー・マイナーは、前途洋々とした聡明な若いマネジャー。昇進したばかりで、現在は新たなチームを率い、重要なプロジェクトに取り組んでいる。だがプロジェクトを次の段階へと進めるには、予算の計上を上層部に承認してもらわなければならない。その承認を得るために、コートニーらは経営陣をまえにプレゼンをおこなうことになった。ジュニア・マネジャーにとって、お歴々のまえでプレゼンをおこなうのは、おそろしいことであると同時に、絶好のチャンスでもある。そして、だれもが通らねばならない道でもあった。

なんとかプレゼンを終えると、翌日、コートニーは上司のところに行き、フィードバックを求めた。

「きのうの会議で、私は充分話せていましたか？」

上司がけげんそうな顔をした。そして間を置いたあと、こう応じた。「その質問は見当違いだ」その意外な返事に、コートニーは目を丸くした。『私はちゃんと目的を達成できたでしょうか？』と尋ねるべきだ」そして、逆にこう尋ねてきた。「チームの進捗状況は、きちんと表現できたかね？」

「はい」と、コートニーは応じた。

「今後、見込まれる問題点やリスクは、明確に表現できたかね？」

「はい」と、彼女はうなずいた。

「プロジェクトに関するすべての質問に答えられたかね？」

「はい」

「副社長はきみのプロジェクトに賛成したかね？」

「はい」と、彼女は大声で言った。

「すばらしい仕事をしたようだな！」と、上司が結論をだした。「おめでとう」

コートニーは、その結論にほっと胸をなでおろした。しかし、彼女はまだなにも学んでいなかった。

そこで上司は、彼女の質問が見当違いであった理由を説明した。

「世間には、悪いアドバイスの例があふれている。私がこれまで耳にしたなかで最悪だったのは、『いっぱしのリーダーとして認められたければ、会議開始後、三分以内に重要なことを発言しなければならない』というアドバイスだ。いわゆる、会議の〝三分ルール〟だ。このアドバイスは完全におかどちがいとは言えないが、こんな考え方で会議に臨めば、最悪の結果を招くこともある。きみも、これを実践に移している人間を見たことがあるはずだ。連中は椅子の端に浅く腰かけ、しじゅうイライラしており、隙あらば他人の会話に口をはさもうとする。だがそんな態度をとっていたら、くだらないことを口走るのが関の山だから、ほかのメンバーに『ただ自分が発言したいだけだ』とうんざりされてしまう。いいか、自分が充分話せたかどうかを気にしていると、同じ穴のむじなになるぞ。話がはじまったら三分以内に、きみの主張なぞつぶしてしまおうと狙っているエリート連中が会議室にはひしめいているんだから。だがね、そんな連中のひとりになってはならない。ひとつ、それとは正反対の例を教えてあげよう。

アシュウィニ・ポーワルという男性が、わが社で役員を務めていたときのことだ。社長以下の経営陣が、とある営業所に出張することになった。その準備にあたり、役員のひとりが、その営業所にメールを送った。事前に経営陣ひとりひとりの人となりを、ある程度知っておいてもらうためだった。
書き手は、メンバーひとりにつき一段落をあてて横顔を紹介していった。最初は当然、社長のボブ・マクドナルドだった。『ボブは、ものごとの全体像をとらえて話すのを好みます……体裁をとりつくろわず、ありのままを述べます……そちらにも、問題の全体像に関して質問をするでしょう』そして数段落めで、アシュウィニの人物説明がはじまった。ほかの役員とちがい、アシュウィニに関してはごく簡潔だった。『アシュウィニ・ポーワル、リサーチ・ディレクター。口数は少ないが、彼が発言したときには耳を傾けること。ボブ・マクドナルドもそうするはず』
会議で〝三分ルール〟を実践する人間と、アシュウィニ・ポーワル。きみならどちらの人物像を好むかね？　三分ルール信奉者は、うぬぼれの強い傲慢な人間に見えるだろう。だがアシュウィニのようにふるまえば、きみが口をひらいたときには、全員が口を閉じ、耳をそばだてるだろう」
コートニーは、会議でどんなふうに発言すればいいのか、具体的に想像することができた。そして、自分が充分話せたかどうかは、もうどうでもよくなった。

＊＊＊

本章で紹介したストーリーでは、効果的にコーチングとフィードバックをおこなう方法を述べた。だが、フィードバックの〝受け方〟に関するストーリーも、ここで紹介しておこう。これを身をもって学んだのが、ゲイル・ホランダーという女性だ。

ゲイル・ホランダーは二〇年以上、広告業界で活躍してきたベテランで、ニューヨークの複数の大手代理店で仕事をした経験がある。さまざまな業界で成功をおさめたブランドの成長にかかわり、だれもが知っているテレビCMの制作も担当してきた。

ゲイルは、広告制作における顧客管理の仕事を担当していた。実際にクライアントと会い、要望に耳を傾け、コミュニケーションの戦略を練り、クライアントがどんな広告を望んでいるかをクリエーティブ部門に伝える。つまりクリエーティブ部門の担当者は、ゲイルと打ち合わせをすればすむ。かたやゲイルはといえば、クライアントのさまざまな要望にじかに対処しなければならない。突拍子もない要求や無理難題を突きつけられることもめずらしくなかった。

なかでも非常に厄介なクライアントがいた。クリエーティブの担当者がどれほどすばらしいアイデアをだしても、ぜったいに満足しないのだ。そして打ち合わせの最中にわめいたり、罵声を浴びせたりする。制作陣の意向を懸命になって伝えても、まったく理解を示さない。

ある日、そのクライアントが、ゲイルを担当者からはずせといってきた。金を払っているのはこっちだ、要求を通してもらおうと鼻息が荒いことこのうえない。そして実際に、広告代理店のクライアント・サービスの責任者に電話をかけてきた。クライアントに代理店の担当者を割り当てる責務を負っている人物に。ところが皮肉なことに、その担当者を兼任していたのがゲイル本人だった。自分を担当者からはずせという電話がかかってきたときも、ゲイルは驚かなかった。いつかはこうした事態におちいるだろうと、覚悟していたのである。だがクライアントの要望にじっくりと耳を傾けるのも彼女の仕事だった。そこでゲイルは辛抱強く共感を示しつつ、ゆっくりと耳を傾けた。クライアントは、なぜゲイルを担当からはずしてほしいのか、くどくどと理由を並べたてた。実際に打ち合わせで会ったときと同様、クライアントは彼女の仕事ぶりについて情け容赦なく攻撃しつづけた。

これまでなら、ゲイルはクライアントの非難に対して慎重に異議をとなえ、弁明をこころみただろう。だが、彼は顧客管理を担当しているゲイル・ホランダーに電話をかけてきたわけではない。クライアント・サービスの責任者に電話をかけてきたのであり、苦情に耳を傾けているのは、クライアント・サービスの責任者としてのゲイルだった。そして率直に、かつ客観的に状況を判断した結果、ゲイルは自分がこのクライアントの担当者にふさわしくないという結論をくだした。そして自分は担当からはずれ、ほかのスタッフを後任にあてた。

面と向かっているのに、まるでこちらがいないかのようにずけずけと苦情を言う人間を相手にするのはめずらしい状況だが、それは不運ではない。自分に対するフィードバックを客観的に受けられるからだ。当然のことながら、そういうフィードバックを、完全に私情をはさまず超然と受けとめることはできない。だが、ゲイルと同じように、自分がクライアント・サービスの責任者だと考えてみよう。フィードバックを、コーチングをおこなう義務があるだれかほかの人に対するものと考えるのだ。自分を改善するためにフィードバックを活用するなら、自分にどんなアドバイスができるだろう？フィードバックをこのようなかたちで受けとめれば、みずからを大きく改善していけるはずだ。

まとめと演習

1　なにかに上達したければ、その道の達人を見つけよう。そして相手のふるまいを観察しよう。
2　成功をおさめたら、そのたびに祝おう。ささやかな方法でもかまわない（〝ミッチ型マネジャー〟になる）。
3　一所懸命にフィードバックをおこなっても、相手が歓迎するとはかぎらない。次の方法を活用すれば、相手は気持ちよくフィードバックを受けいれやすくなる。（a）相手を褒めるなど、最初はポジティブなフィードバックからはじめる。(b)問題があることを自覚しているかどうか、確認する。(c)なにか手が打たれているか尋ねる。(d)協力を申しでる。(e)相手の価値を認め、その状況がふさわしくないことを伝える(〝ミッチ型マネジャー〟になる)。

4 あなたがどれほど良心的なフィードバックを与えても、聞き手が自分のミスを直視できない、あるいは直視しようとしないときもある。人は、自分のまちがいから目をそむけがちだからだ。こうした場合は、ほかの人間に関するフィードバックのストーリーを話そう。聞き手は、問題があることに同意するだろう。そのうえで、聞き手にも同じ問題があることを指摘しよう(ナタンとダビデ王のストーリー)。

5 フィードバックを求められたら、見当違いの質問をされていないかどうか、確認しよう。「私は充分話せていましたか?」は、インタビューに答えているのでもないかぎり、正しい質問とはいえない。コートニーがおこなったプレゼンの例を考えよう。

6 厳しいフィードバックを受けとる側は、覚悟を決め、タフにならなければならない。ゲイルが自分を担当からはずしたストーリーを話し、客観的にありがたくフィードバックを受けいれる方法を示そう。

第22章　問題解決の方法を示す

「問題をつくりだしたときと同じ思考では、その問題を解決することはできない」
――アルベルト・アインシュタイン（理論物理学者）

〈タイド〉は、一九四六年の発売以来、アメリカでもっとも売れている洗濯用洗剤のブランドでありつづけている。というのも、P&Gの化学者と技術者が、毎年、その処方と製造法の改善に尽力してきたからだ。一九九〇年代後半、かれらが取り組んでいた改善点のひとつは、とりわけ興味深いものだった。元チーフ・テクノロジー・オフィサーのギル・クロイドによれば、その年、問題視されていたのは、落としにくいタイプの泥汚れがあることだった。この泥汚れのもうひとつの難点は、いったん洗濯中の衣類からはがれると、べつの衣類に付着しやすいことだった。汚れが洗濯水のなかにとどまらないのだ。

一般に、洗濯用洗剤の効能を強化すると、かならずジレンマに直面する。処方が弱すぎると泥汚れを落とすことはできないが、衣類を傷める心配はない。だが処方が強すぎると、汚れを落とすことはできるが衣類を傷めるおそれがある。すなわち、衣類を傷めることなく、泥汚れやしみをきちんと落とす正しい処方を見つけなければならない。当時の開発チームもまた、まさにこの問題に直面していた。

数カ月間、試行錯誤をつづけたものの、成果はあがらなかった。すると、ひとりの社員がこう言った。「そもそも、この汚れが、第二の衣類にくっつかなければいいんだよね？」そこでチームは方向転換をはかった。付いた汚れを落とすのではなく、汚れが再付着するのを防ぐ化学物質を見つけることにしたのだ。すると比較的短時間で、チームは目標を達成した。ほどなくチームは、発売以来、もっとも洗浄力のある〈タイド〉の開発に漕ぎつけた。そして全米の消費者の支持を受け、固定客を獲得したのである。

このストーリーの教訓。ときに問題を解決する最善の方法は、そもそも、その問題を起こさないようにすることだ。こんど、あなたのチームが難題に直面したら、このストーリーを部下に話そう。そして「そもそも問題が起こらないようにするには、どうすればいいだろう？」と尋ねてみよう。

ギルが話してくれた〈タイド〉のストーリーは、〝枠にとらわれずに考える〟典型的な例だ。こういうストーリーは、独創的な解決策を導くのに役に立つ。ただ、「枠にとらわれるな」と言うだけではうまくいかないからだ。それは、ただ「仕事を愛せ」と言うようなものだ（第17章を参照のこと）。言葉で命じるのではなく、より大きな枠組みを示さなければならない。昔からある「九点の問題」を紹介しよう。

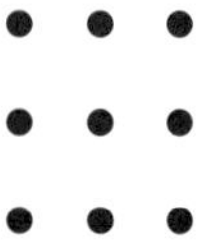

問題。四本以下の直線で、九つの点、すべてをつなげてみよう。ただし鉛筆を紙面からはなさず、同じ線を二度以上たどらない一筆書きにすること。大半の人は、九つの点が描かれた範囲のなかで線を引こうとするだろう。だがあれこれやっているうちに、その枠のなかでは正解が見つからないことに気づく。そこで、当初、自分で制限を設けていた枠組みから直線を外にだし、試行錯誤をつづけるうちに、答えを見つけることができる。こうして自由に考えられるようになれば、すぐに、ほかの答えも見つかるようになる。そのうちの二例は、次のとおり。

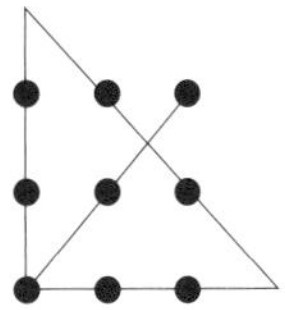

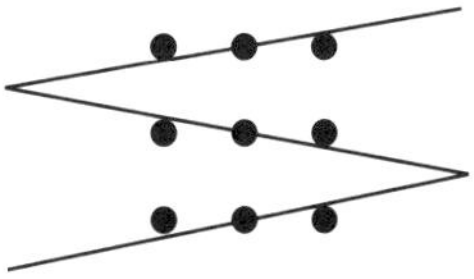

人はものごとを考えるとき、ある程度の枠組みを必要とする。まったく枠組みがない場合は、枠組みを自分で考えだす。つまり、こうした問題をより早く解かせる方法は、「枠にとらわれるな」と言うことではなく、もっと大きな枠を描いてみせることだ。たとえば、こんなふうに。「次の図の九つの点、すべてをつなげてみよう。ただし鉛筆を紙面からはなさず、同じ線を二度以上たどらない一筆書きにし、線はすべて枠の内側におさめること」

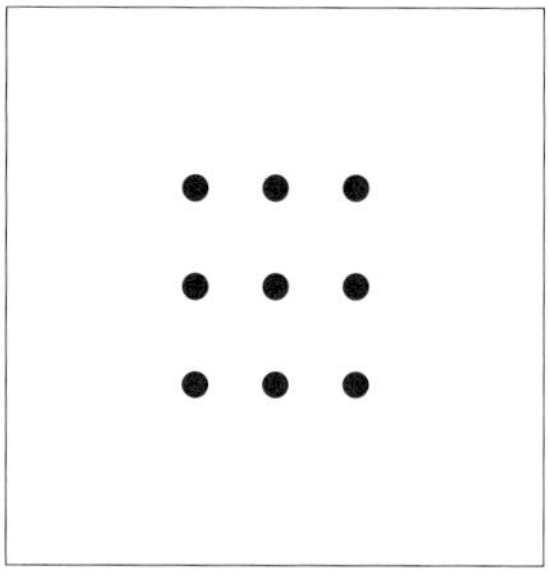

相手は、すぐに答えを見つけるだろう。九つの点の外側に枠を描いてから問題をだせば、自然と九つの点の外側のスペースも活用できるようになるからだ。

たとえば先述の〈タイド〉のストーリーを話して聞かせれば、聞き手は問題が起こってからの解決策を考えるのではなく、そもそも問題そのものが起こらないようにするにはどうすればいいかと考え、そこからまた可能性を広げていくかもしれない。目的そのもののとらえ方を見直すきっかけになるはずだ。

＊＊＊

あなたの組織に生じた問題を解決する、もうひとつの方法は、チーム、会社、業界といった枠の外に目を向けさせることだ。次のアンディ・マレーのストーリーは、その点をよく説明している。

一九九七年、アンディ・マレーはアーカンソー州スプリングデールで、創立まもない急成長中の顧客マーケティング代理店、トンプソンマレー社の共同経営にあたっていた。会社は、全米の小売店で店内のマーケティングをおこなって陳列に工夫をほどこす業務を請けおっていた。小売業は非常にペースの速いビジネスであり、流動的にたえまなく変化をつづけている。ブランドはつねに入れ替わり、毎週、特設コーナーに展示される商品やセール品の価格が変わる。マーケティングにはスピードが欠かせない。遅れをとった代理店は、生き残ることができないのだ。

こうした業界に身を置くアンディは、つねにアイデアをさがしていた。質を落とすことなく、会社はより速く前進しなければならない。ところがじきに、最高のアイデアが、じつは意外な場所から生じていることがわかった。そのひとつが、息子のかかりつけの小児科医、ジャクソン先生だった。ジャクソン先生は、町でもっとも信頼できる小児科医として最多の投票数を得た医師であり、患者に対する真摯な姿勢と態度で知られていた。とはいえ、アンディが感銘を受けたのはべつの点だった。大半の医師が一日に診る患者数は四〇人から五〇人であるのに対し、ジャクソン先生は一日に七〇人もの患者を診察していたのだ。

そこでアンディはジャクソン先生に、トンプソンマレー社までご足労いただけませんか、そして社員に、先生の仕事のやり方を説明していただけませんかと頼んだ。こうして話を聞いたアンディは、ジャクソン先生がほかの医師より長時間労働をしているわけではなく、患者と接する時間がほかの医師より短いわけでもないことを知った。それも当然だ。患者を短時間しか診ない医師が、町で最高の医師として投票されるわけがない。じつは、たいていの医師がひとりの患者に一〇分の時間を割き、そのほかに五分から一〇分をかけてカルテを書いたり看護師に指示をだしたりしているのに対し、ジャクソン先生は、患者と接していない活動を減らすかゼロにする工夫をし、浮いた時間をほかの患者を診る時間にあてていた。

たとえばジャクソン先生が最初の患者の待つ診察室に入ると、ドアにフォルダーが設置してあり、患者の病歴、来院理由、看護師のコメントなどが記入された書類と、口述録音機が揃っている。そこでジャクソン先生は、患者の病歴などを参考にしつつ治療方針を決める。そのあと、ほかの医師のようにフォローアップの仕事を一日の最後にまとめておこなうのではなく、患者の目のまえですべてをおこなうのである。口述録音機に、診察結果、処方箋の内容、アフターケアの指示を述べる。そしてフォルダーに録音機を戻す。すると、スタッフがフォルダーと録音機を確認し、指示どおりの作業をおこなう。そのあいだに、ジャクソン先生は次の患者を診察できるというわけだ。

フォローアップを患者の前でおこなうことで、いくつか利点が生じる。第一に、一日の終わりにフォローアップをまとめておこなうと、医師の記憶が曖昧になってしまうおそれがあるので、より正確な記録を残すことができる。第二に、指示を口述ですませるほうが、書くよりもずっと時間を節約できる。そのうえ、あとでメモを読みなおし、事実や結論を思いだす必要がないため、スピードもアップする。第三に、その三〜四分間を、オフィスでひとりですごしたり看護師とすごしたりするのではなく、患者のために使うことができる。それに患者は、医師の処方の指示やアフターケアの説明を正確に聞くことができるし、理解できないところがあれば質問できる。

アンディは、ジャクソン先生が患者を診察するプロセスを、自分のマーケティングの仕事にあてはめてみた。そこでまずクライアントごとにフォルダーをつくり、関連する書類はすべてそこにおさめることにした。プロジェクトがアンディとの相談からはじまり、顧客リサーチ部、クリエーティブ部、実物大の模型や最終的な販促用グッズの生産へと進展するとともに、フォルダーも動いていく。クリエーティブ部のところにクライアントAのフォルダーがまわったときには、スタッフはすぐに仕事に着手することができた。クリエーティブ部に対する注文、ブランドイメージ、顧客リサーチに関する仕事が完了しているかどうかを、いちいち考える必要がなくなったからだ。準備できていないことがあれば、クリエーティブ部にフォルダーがまわってくるはずがない。この結果、作業がスピードアップし、方向転換もすばやくおこなえるようになり、クライアントも満足するようになった。

またジャクソン先生との経験から、アンディはべつの教訓も学んだ。解決すべき問題があるのなら、業界の外にインスピレーションの源を求めること。同様の問題をすでに解決した業界を見つけ、それを、自分の業界の解決策として創造的に活用するのだ。たとえばスピードをあげる必要があるのなら、救急救命にたずさわる人たちがどんなふうに仕事を進めているのか、調べてみるのもいいだろう。消防士や、カーレースのピットで働く人たちからヒントを得るのもいい。

アンディは、こうして小児科の先生から知恵を授かってスピードアップの問題を解決し、会社は急成長をつづけた。

あなたのチームに、自分たちの部署という壁に囲まれた空間の外に解決策をさがしてほしいなら、アンディのストーリーを話して聞かせよう。なにか変化が起こるはずだ。

＊＊＊

問題に直面したときにぶつかるもうひとつの障壁は、問題そのものが非常に複雑に見え、どこから手をつければいいのかわからないことだ。すると問題に着手するのをあきらめ、とっつきやすいほかの仕事に関心を向けてしまうおそれがある。だがリーダーであるあなたはその障壁をとりのぞき、スタッフに仕事に着手させねばならない。こうした状況下では、次のストーリーが役に立つ。マーガレット・パーキンが、ロンドンの自宅で体験したことだ。(1)

ある日、マーガレットはセーターを編むことにした。柄はヒマワリがいい。そこで毛糸があまっていないかと母親に尋ねると、階段の下に大きな布袋があり、そのなかに古いセーターやマフラー、カーディガンを編んだときに使った毛糸の残りがはいっていると教えてくれた。マーガレットが布袋をあけると、そこには混然となった毛糸がはいっていた。

「あれじゃ無理よ！」と、マーガレットは母親に不平を言った。「あんなにからまってる毛糸じゃ、編み物なんかできないわ。だいいち、もつれた毛糸をどうやってほぐせばいいの？」

「案外、簡単にできるものよ」と、母親が応じた。「簡単にほどけそうな結び目をさがせばいいの。それがほどけたら、次の結び目はもっと簡単にほどける。毛糸が全部ほどけるまで、同じことを繰り返せばいいだけ」

マーガレットは母親に言われたとおり、最初の結び目をほどき、二番め、三番め……と、次から次へと結び目をほどいていった。すると思っていたよりも早く毛糸のかたまりはほぐれ、これまでとはちがう色がでてきた。ほどきはじめたときは赤い毛糸だったのにやがて黄色の毛糸がでてきて、次に緑色、次にグレーがでてきた。巨大な毛糸のかたまりをほどきおえると、マーガレットのまえには色とりどりの小さな毛糸だまが並んだ。そして、いざセーターを編みはじめると、柄が浮かびあがってきた——彼女の身体にぴったりとあうセーターの真ん中に、巨大な美しいヒマワリが。

「きっとみんな、夢にも思わないわ」と、マーガレットは言った。「こんなに美しいセーターが、あの古い、ぐちゃぐちゃになった毛糸のかたまりのなかに隠れていただなんて」

「でも、ずっとあそこにあったのよ」と、母親が応じた。「ただ、どこをさがせばいいのか、あなたが知らなかっただけ」

このストーリーの教訓は、問題がこんがらがると、人は呆然とするということだ。だが、問題を小分けにし、別々の問題として考え、一度にひとつずつ対処していったらどうだろう？　同様に、仕事も小さなかたまりに分け、一度に、ひとずつ処理していこう。問題をひとつ解決したら、次の問題へと進んでいこう。

＊＊＊

こうしたストーリーは、どんな難題でも解決できるように力を貸そうとするものだ。ところが、それが役に立たないたぐいの問題もある――「問題があることに気づいていない」という難問だ。問題を解決するには、まず、問題の存在を認識しなければならない。本章で最後に紹介するストーリーはじつにシンプルだが、問題の存在を知る有効な方法が述べられている。デビッド・アームストロングの著書からのストーリーだ(2)。

一九六〇年代、ニュージャージー州のエバーラスティング・バルブ社はひとりの営業担当者を採用した。研修を受けてから数週間後、彼はそろそろ顧客を訪問することにした。しかし、訪問の目的はセールスではなかった。自社のボイラーのバルブがどんなふうに設置され、顧客に利用され、保守点検のサービスを受けているのか、現場を見たかったのだ。自社製品がどう活用されているのかがわかれば、将来、顧客のニーズに応じやすくなる。そこで彼は、顧客のいくつかの工場に訪問の約束をとりつけた。

最初の顧客先に到着すると、担当者が案内を買ってでてくれた。工場のフロアに着くと、一台のクレーンがゆっくりと木枠をもちあげているところだった。突然、木枠が大きな音をたてて地面に落ちた。営業担当者は思わず「あぶない！」と叫び、逃げだした。木の破片があたりに飛びちった。

「大丈夫ですか？」と、営業担当者が尋ねた。

するとと案内役の社員が笑い、請けあった。「大丈夫ですよ。わざと、ああしてるんですから。あの船積み用の木枠はつくりが頑丈なもんで、床に落とすほうが、中身をとりだしやすい。分厚い木の板をこじあけるのに、えらく時間がかかってね」

営業担当者は、壊れた木枠に記してある商品名を見た。そこには〝エバーラスティング・バルブ社〟とあった。

これは実話である。そして、「メーカーが想像もしていない方法で顧客が製品を使用している」、つまり製品デザイナーが「補償行動」と呼ぶものの実例でもある。それは、その製品に問題があるという明白な証拠だ。エバーラスティング社のバルブ製品の一割は、こうした強靭な木製の枠におさめられ、販売されていた。そこで、木枠が頑丈すぎることにこの営業担当者が気づいてから、会社はその木材をもっと安価で扱いやすいものに変えた。すると会社はコストを削減できたうえ、顧客は木枠をあける時間を短縮できるようになり、わずらわしさがなくなったうえ、安全性も確保できた。

たとえばあなたは、電動の小さなおもちゃのビニール製の梱包用パッケージをあける際に、金属用の弓のこを使ったことがないだろうか？　箱に記されていない材料をケーキミックスにくわえてつくったことがないだろうか？　ＤＶＤプレーヤーに、いつまでたっても12：00というライトが点滅しているので、しかたなく黒いテープを貼りつけ、隠してしまったことはないだろうか？　こうした行為が「補償行動」だ。それは製品やパッケージの説明に足りない部分があるという証拠でもある。自社製品を顧客が実際に利用しているところを観察するのは――エバーラスティング・バルブ社の営業担当者がしたように――補償行動を見つける最善の方法だ。顧客に関する情報を、ホテルの会議室でおこなわれた調査やオンライン調査だけに依存していると、いつまでたっても補償行動はわからないままだ。オフィスを飛びだそう。そして顧客を訪問しよう。そこが会社であれ民家であれ、自社製品が使われている現場に足を運ぼう。だれかがあなたの足元に木枠を落とすほどの現場は目撃できないかもしれない。それでも細心の注意を払っていれば、まさに補償行動そのものを見つけることができるはずだ。

まとめと演習

1　「枠にとらわれずに考えなさい」と命令するだけでは、相手に通じない。もっと大きな枠を描いてみせよう。九つの点の問題のように、〝枠の外側〟で考えるストーリーを話せば、聞き手は無意識のうちに自分で設けていた制限をとりはらって、可能性を広げることができる。

2　問題を解決するには、そもそも、その問題自体が起こらないようにすればいい場合もある。こんど、あなたのチームが難問に直面したら、洗濯用洗剤〈タイド〉のストーリーを話そう。そして、聞き手に「そもそも……」という言葉を投げかけ、考えてもらおう。

3　〝枠の外〟に解決策をさがすときには、業界の外にも目を向けよう。アンディ・マレーのように、似たような問題をすでに解決した業界をさがし、そこから学ぼう。アンディのストーリーを、あなたの部下に話そう。そして解決策をさがしてもらおう（〝口述録音機をもっている医師〟をさがしにいかせよう）。

4　問題があまりにも複雑に思え、どこから手をつけていいのかわからず、やる気を失っている部下には〝毛糸のかたまり〟のストーリーを話して聞かせよう。問題を小分けにし、ひとずつ解決していこうと、やる気をもたせよう。

5　もっとも大きな問題は、問題の存在に気づいていないことだ。〝補償行動〟は、あなたの会社の製品やサービスがニーズを満たしていないときに顧客がとる行動だ。バルブ会社の営業担当者が学んだように、補償行動を見つけることができれば、問題の所在がわかり、解決策をさぐることができる。このストーリーを部下に話そう。そうすれば、部下は顧客を実際に訪問し、補償行動をさがそうとするだろう。

第23章　顧客理解をうながす

「ストーリーテリングは、強力なツールであることが立証されている。それはリサーチの科学とビジネスの言語のあいだの言語障壁をとりはらう[1]」
——クリストファー・J・フランク（マイクロソフトのリサーチャー）

一九九三年、インドのP&Gで生理用ナプキン〈ウィスパー〉のブランド・マネジャーに任命されたロヒニ・ミグラニは、三日間かけて顧客の家庭を訪問し、リサーチをおこなうことになった。その初日、うだるような暑さのなか、彼女はインド南部の都市チェンナイにいた。手にしたリストには、インタビューに応じることに同意してくれた、中流層や低所得者層の女性一五人の名前と住所が記されていた。これまでは布ナプキンを使っていたのに、なぜ〈ウィスパー〉に相当の出費をしてくれるようになったのか、ロヒニはその理由をさぐろうとしていた。次に、彼女が語るストーリーを紹介しよう。

その日は、朝からなにもかもうまくいきませんでした。住所がまちがっていた、お客さまが留守にしていた、言葉がうまく通じなかったなどの理由で、午前中をすっかり無駄にしてしまったのです。次の訪問先は、中流下層の人たちが住む郊外にありました。こんどこそ、ちゃんとお客さまの話をうかがいたいと、私は心から願っていました。

ようやく、目指すお宅に着くと、まるで待っていたかのように予定外の停電が起こり、のろのろと回っていた扇風機が震えながらとまりました。申し訳なさそうに女性が微笑み、玄関近くに置いてある金属製の折りたたみ椅子に座るよう、手で示しました。

彼女が差しだしてくれた金属製のコップでゆっくりと水を飲みながら、私は室内に目をやりました。薄暗い部屋がふたつ。カーテンの向こうには狭いキッチンも見えます。私たちが座っている二脚の椅子のほかに家具と呼べるものは、木製の椅子が一脚と金属製のキッチンテーブルだけ。テレビなし、冷蔵庫なし。それでも、窓の下枠には造花をいれた瓶が置かれ、壁にはヒンドゥー教の富の女神、ラクシュミーを描いた派手な色彩のカレンダーが飾られています。そして窓の下のテーブルには、茶色の紙できっちりとカバーをかけられた学校の教科書が整然と重ねられていました。

当の女性はといえば、とてもまじめそうで、年齢より老けて見えました。くたびれたサリーのたるみや目の下のくまから疲労感がにじみでています。彼女の昼間の静かな時間帯を、私が邪魔していることを痛感しました。子どもたちが学校にでかけていき、夫が仕事にでている貴重な時間に、なぜ、わざわざ私のインタビューに応じる気になってくれたのだろうと不思議に思いながら、私はメモをとりはじめました。私にできるのは、よい聞き手になることだけであり、なんの謝礼もできないからです。

話を聞きはじめてすぐに、彼女自身は〈ウィスパー〉を使っていないことが判明しました。以前はやはり布を使っていた八年生のお嬢さんのために〈ウィスパー〉を買っているというのです。私は尋ねました。なぜ、わざわざお嬢さんのために〈ウィスパー〉を買うことになさったんですか？

「わかるでしょ、娘は学校に行かなくちゃならないからです」と、母親が応じました。

「布を使っていらっしゃると、なにか不都合があったんでしょうか？」と、私は尋ねました。

「なんとかやってはいましたけど、やっぱり、不快感があったみたいで……勉強に集中できないんですよ。〈ウィスパー〉を使っていれば快適だし、しみがつく心配もしなくていい」

「でも、お嬢さんが快適にすごすために〈ウィスパー〉は買うのは、痛い出費ではありませんか？」

「ええ、痛い出費です。でも、そうしなければ、娘は授業に集中できません。集中できなければ、いい成績もとれません」

「なぜ、いい成績をとる必要があるんですか？　卒業後、結婚なさるのなら、成績はあまり関係ないのでは？」私は、問いかけました。

「私は娘に進学してほしいのです。あまり早く結婚してほしくはありません」

「でも、あなたご自身は一六歳で結婚なさった。それのどこが悪いのでしょうか？」

彼女は身を乗りだし、こちらの目をじっと見つめました。もう疲弊感は消えうせています。「娘には、私のようになってほしくないのです。娘には経済的に自立し、社会で活躍してほしいのです。結婚するかしないかは、自分で決める。そのためには勉強し、よい成績をとり、大学に進学し、就職しなければなりません。二〇歳になったときに、ふたりの子どもがいるような人生を送ってほしくないのです。私はいま、子どもを通じて自分の人生を生きています。自分の人生に野心や向上心などない。だから娘は、私とはちがう人生を送らなければならない。だからこそ〈ウィスパー〉には、痛い出費をするだけの価値があるのです」

オフィスに戻ると、ロヒニはリサーチ・チームとともに、調査結果を的確に報告書にまとめた。そこには、一週間にわたる十数人の女性たちとのインタビューから抽出された〝消費者〟像が、詳細に描かれていた。だが、消費者理解のためにもっとも有効だったのは、そこで出会ったひとりの女性のいきいきとした描写だった。以来二〇年、この報告は社内でずっと愛読されてきた。そしてこんにちまで、〈ウィスパー〉を担当することになった社員が顧客を理解するうえで大きな力となっている。いっぽう正式な報告書のほうは、おそらくこの一五年ほどは、日の目を見ていない。

スパイ小説の名手、ジョン・ル・カレが述べたように、「デスクから世界を見るのは危険である」。オフィスを飛びだし、顧客とじかに顔をあわせよう。そしてオフィスに戻ってきたら、自分の体験をもとにしたストーリーを書こう。

＊＊＊

ロヒニのように長いストーリーは書けないと尻込みする必要はない。これまで何度か見てきたように、効果をあげるのに、かならずしも長いストーリーは必要ではないからだ。

ジム・バンジェル（第1章に登場したコーポレート・ストーリーテラー）は、一九八五年におこなった消費者調査のことをいまでもよく覚えている。当時の彼は、あるショートニングのブランドを担当していた。そしてショートニングとラードの利用法のちがいについて、ある女性から話を聞いていた。すると彼女が「ラードより、ショートニングのほうが健康にいいってことはわかってるの。でも、うちの子どもたちには、ラードを買うほうがいいのよ」と言ったのだ。

わけがわからなかった。ショートニングのほうが健康にいいのなら、どうして子どもたちにラードを買うほうがいいのだろう？　すると、彼女はこう説明した。「ショートニングを買うと、牛乳を買うお金がなくなっちゃうの。ラードと牛乳のほうが、ショートニングと水より健康的でしょ。だから私はラードを買うの……それと牛乳を」

はっとした。家計のやりくりをしながら牛乳を買わなければならない母親がふたつの商品のあいだで妥協している現実を、ジムは初めて実感として理解した。

このストーリーは、ごく短いものだ。それでも、人の認識を変える大きな力をもっている。あなたが顧客に関するストーリーを創案する際、長いものである必要はない。

＊＊＊

本書ではこれまで、口頭や活字で伝えるストーリーについて述べてきた。だがビジネスのストーリーには、ほかにも適したメディアがある。私が知るなかでもっとも強力なストーリーには、ビデオを活用したものもあった。第8章で紹介した、勤務地や勤務時間に柔軟性をもたせるストーリーは、会社のウェブサイトで視聴したビデオで知ったものだ。次に紹介するストーリーは、アメリカの大手小売店が、従業員にもっと顧客のことを深く知ってもらうために制作したものである。

ビデオは、買い物客を演じるひとりの女優がカメラに話しかけるシーンではじまる。「あのさ、この店、もうちょっと工夫してくれると、うんと便利になると思うんだけどね。悪く思わないでね、この店、気にいってるんだから。でもさ、買い物をすませるのに少なくとも二時間かかるって問題じゃない？　このまえだってそう。買い物が山ほどあったんだ――なのに買い物に割ける時間は三〇分しかなかった。長男のジョンがサッカーの練習に行ってて、迎えにいかなくちゃならなかったの。だからね、いい子にしてたら、アイスクリームサンデーをつくる材料を買ってあげるわよって、子どもたちには言っておいた。みんな、アイスクリームサンデーが大好物なのよ。

駐車場に車をとめると、夫のビルから電話がかかってきた。具合が悪いから風邪薬と頭痛薬を買ってきてくれって。で、あたしは子どもたちと店にはいった。いつものように、めちゃくちゃ混んでたわ。あたしは例のごとく、食料品のコーナーからまわりはじめた。だって食料品は一カ所に集まってるでしょ――たいていの食料品は。子ども用のアイスクリームはすぐに見つかった。でもドッグフードは――ドッグフードがどこにもないのよ！　看板を何度も確認したけど見つからない。だからメインの通路を歩きながら、左右の通路にも目をこらしたわ。でも手前の陳列品が邪魔になって、奥になにがあるのか、全然見えない。だから五分もむだにして、ドッグフードをさがしたわ。結局、店の反対側にあったのよ！

次に、夫から薬を頼まれていたことを思いだして、薬局に行ったの。薬局コーナーはわかったんだけど、夫の好きなブランドが見つからない。あの薬って、鎮痛剤の棚にあるの？　それとも風邪薬の棚？　それとも睡眠薬？　全然見つからなくて、しかたなく、店員さんに訊いてみたの。そうしたら、いっぺんさがした棚にあることがわかった。とにかく、ようやく薬もカートにいれて、腕時計を見た。残り時間一〇分。なのに、買い物リストはまだ半分も残ってる。だから、残りの品物は、サッカーの練習場から家までの途中にあるドラッグストアで買うことにしたわ。

レジには大行列ができてた。あたしたちは列に並び、ようやくいちばんまえにきた。そのとき、思いだしたの。いけない、アイスクリームサンデーの材料を買い忘れた！　あたしは、自分のうしろの行列に目をやったわ。それから腕時計を見た。もう時間切れだ。いますぐ行かないと、サッカーのお迎えに遅れちゃう」

この短い描写から、ママが自分に失望しているようすが伝わってくる。子どもたちを失望させることがわかっているから、ママは自分に失望しているのだ。と同時に、店にも怒りをあらわにしている。リストに載っている商品をすべて揃えることを至難の業にしている店に。

カメラは、楽しみにしていたアイスクリームサンデーにありつけなかった子どもたちを写しだす。ただのバニラアイスがはいったカップをまえに、がっかりしている子どもたちの顔を。

フェードアウト。

このストーリーは、顧客マーケティング代理店、サーチアンドサーチX社が制作したビデオである。このビデオは、アメリカの大手小売店の買い物客がよく感じる苛立ちを伝えるために制作された。この内容自体は、クライアントにとってめずらしいものではない。棚にお目当ての商品を見つけるのが顧客にはむずかしいこと、人気のある商品が店内のあちこちに分散して置かれていること、ゆえに見慣れない商品がぎっしりと詰まった棚のあいだを歩いていると障害物競走に出場しているような気分になることを、クライアントはよく承知している。ではなぜ、このストーリーとビデオがつくられたのだろう？　なぜならお偉方は、調査報告書に記されたデータの山を見てもぴんとこないからだ。ところが、ひとりの女性――インタビューをおこなった数百人の苛立つ買い物客の典型――のストーリーは、お偉方に実態を強く訴えることができる。

このビデオが経営陣のあいだで視聴されると、ビデオで説明されたすべての問題を、いやそれ以上の問題を解決しようと、この小売店は全米の店舗の売り場デザインの変更に着手した。いくら統計学的データを並べた調査報告書をつくったところで、クライアントの心に強く訴えかけることはできない。だが、この創造的なビデオのストーリーを制作することで、クライアントに問題を実感してもらうことができたのだ。

まとめと演習

1　デスクから離れ、実際に顧客を訪問しよう。その際には、できるだけチームメンバーを一緒に連れていこう。そしてもっとも示唆に富む訪問について、ストーリーをつくろう。報告書、図表、メモといった書類は、淡々とした統計学的な報告には向いている。だが、よく練られたストーリーは、組織のひとりひとりに親密で個人的な理解をうながす（「娘には、私のようになってほしくないのです」）。

2　最近、自社製品を利用している顧客に関して、目からウロコが落ちるような発見があっただろうか？　あるのなら、ストーリーを書こう。ほんの数行しかない、短いストーリーでもかまわない。目からウロコが落ちた瞬間を他人と共有しよう（〝ラードと牛乳〟）。

3　典型的な顧客の一日を描いたビデオをつくろう。あるいは、サーチアンドサーチX社のように、自社製品やサービスを利用する顧客を描いたビデオを制作するのもいい。きっと、何度も再生されるだろう。ふつうの報告書のように、引き出しに押し込まれたままではなく（〝アイスクリームサンデーをつくる約束〟）。

〈HOW TO〉第24章 比喩の活用

「一枚の写真に一〇〇〇語分の言葉の価値があるとしたら、比喩には一〇〇〇枚分の写真の価値がある」
——ジョージ・ラクオフ、マーク・ジョンソン著『メタファーズ・ウィ・リブ・バイ』

一〇歳の息子のマシューが、新五年生としての初日を終え、帰宅すると、こう宣言した。「ぼく、ユーフォニアムを習うことにする！」

「いいね！」親として誇らしい気持ちになり、私は嬉々として応じた。それから、おずおずと尋ねた。「で、そのユーフォニアムっていうのは、なんだい？」

そんなことも知らないのという顔で、息子が言った。「ちっちゃいチューバみたいなものだよ。もっと高い音をだすんだ」

私としては「おまえの演奏を聞くのが待ち遠しいよ！」としか言うことがなかった。それ以上質問がなかったからだ。そんな名前の楽器は聞いたこともなかったが、とりあえず楽器のかたちは想像がついたし、息子がその楽器をどんなふうに手にもち、どんな音をだすのかも想像がついた。というのも、チューバがどんな楽器であるかが、わかっていたからだ。

だが、息子の説明がもし、辞書のようなものだったらどうだろう。「金管楽器のひとつだよ。四個の弁がある円錐管で、開口部が上を向いている。マウスピースが直角に突きだしていて、テナーの音をだすんだ」小さなチューバというたとえで表現された場合ほどには、簡単に想像がつかない。

なぜたとえのほうが効果的に描写できるのだろう？　なぜなら、ユーフォニアムの説明に必要な詳細の大半が、すでに私の頭のなかに存在しているからだ。私のなかには「チューバ」としてそのイメージがある。息子としては、そこにアクセスさせ、わずかにそのイメージを変更させればいい（もっと小さく、もっと高い音をだす）。これが、比喩の力だ。私たちの頭のなかにすでに存在するイメージを利用するのだ。息子はこうして、賢明なやり方で私にユーフォニアムを教えた。

残念なことに、職場で比喩を使うのをためらうリーダーは多い。比喩を使うのはあまりプロらしくないと危惧する人もいる。「きちんとした説明や定義に比べると比喩は正確性に欠ける」と誤解している人もあるかもしれない。だが、そんなことはない。本書では、それを立証するストーリーをいくつか紹介する。

＊＊＊

読者のみなさんは、すでに本書でいくつか比喩を利用したビジネス・ストーリーを読んできた。〝タクシー〟という比喩、〝開拓者と入植者〟という比喩、恐怖心をあらわす〝縮む巨人〟の比喩などだ。

本章では、まず、地球上でもっともハッピーな場所を例に、ビジネスにおける比喩の例を見ていこう。

大半の企業で社員は、〝社員〟もしくは〝従業員〟と呼ばれているが、ディズニーワールドでは〝キャスト・メンバー〟と呼ばれている。キャストと呼ばれるのは、シンデレラを演じる女性やグーフィーのコスチュームに身を包んだ男性だけではない。ディズニーワールドで働いている人間は、チケット販売係、写真撮影係、道を掃除する係、だれもがキャストと呼ばれている。

その理由は、ディズニーが〝製品〟を売っているわけではないからだ。ディズニーが販売しているのは〝体験〟だ。だからパークで働く人はみな、ゲストの体験にインパクトを与えることができるし、実際にインパクトを与えている。キャストというのは、強力な比喩だ。自分はキャストであると自覚するからこそ、さまざまな状況に応じた訓練を受けていなくても、それぞれの状況にふさわしい行動を自分で考えるようになる。

では、実際にキャストがどう対応しているか、見てみよう。あなたは、ディズニーワールドでアイスクリームを販売している。そこへジョニーという男の子がやってきた。そして両親にアイスクリーム・コーンを買ってもらう。あなたはジョニーにアイスクリーム・コーンを渡す。だが少年はくるりと背を向けた拍子に、アイスクリームを落としてしまう。少年はわっと泣きだす。さあ、あなたはすばやくどんな対応をするだろう？

もちろん、あなたは少年にもうひとつアイスクリーム・コーンを渡す！　ジョニーをまた行列に並ばせる？　とんでもない。ジョニーの両親に、ふたつめのアイスクリームの代金を支払わせる？　とんでもない。なぜかって？　なぜなら、あなたがそんな真似をすれば、その日のゲストの体験が台無しになるからだ。アイスクリーム販売員であるあなたは、その場の状況を収拾することのできる唯一の人間だ。ピーターパンにはできない。人魚姫にもできない。ミッキーマウスにだって無理。あなたにしかできない。あなたが、このショーのスターなのだ。

あなたの上司は、ジョニーのためにもうひとつアイスクリームをつくれと命じなければならなかっただろうか？　代金を支払わせる必要もないと、言わねばならなかっただろうか？　ノー。あなたには自分がどうすべきかがわかっていた。なぜならあなたは、ディズニーのキャストなのだから。

さあ、同じ状況を想像してもらいたい。だがいまのあなたはファストフード店の〝従業員〟だ。小さなジョニーが店内にはいってきて、アイスクリーム・コーンを買う。少年は背を向けた拍子に、コーンを床に落とす。あなたはどうするだろう？　あなたはなにもしない。だってカウンターにへばりついているのが、あなたの仕事だから。「ついてないね」くらいのことは思うかもしれない。そしてジョニーは両親と一緒にまた列に並び、アイスクリーム・コーンを買いなおすだろう。

〝キャスト〟という比喩は、ディズニーがゲストの体験を管理する際に、非常に有効なツールだ。この比喩は活用するたびに、その効力を強める。「ディズニーのキャストの応募書類を最後まで記入してください」、「おめでとうございます！　あなたはこれでディズニーのキャストの一員です」、「キャストのみなさん、どうぞ持ち場についてください。そろそろ開園の時刻です。ショーのはじまりです！」

＊＊＊

P&Gもまた比喩を活用している。最近の例では、CEOに就任してほどなく、A・G・ラフリーがふたつのシンプルな比喩を使い、会社が目指す方向性を全社員に伝えた。

世界でもっとも普及している消費財製品の開発とマーケティングを一世紀半以上おこなってきた会

社であれば、消費者のことならあらかたわかっていると考えるのも無理はない。だがそうなると、現在おこなっている自社のマーケティングと製品開発の枠から外に目を向けるのがむずかしくなる。

全社員に向けたスピーチや文章で、CEOのラフリーは「消費者がボス」という非常にシンプルな一文で、社員がなにに集中すべきかを訴えた。この簡潔な比喩は、非常に多くのことを伝えている。というのも、「ボス」がなにを意味するのか、だれもが知っているからだ。ボスとは、あなたになにをすべきかを命じ、よい仕事をしたかどうかを明確にし、きちんとした働きをしていなければあなたを解雇できる人物だ。「消費者がボス」という言葉を「消費者にフォーカスしろ」と言い換えることもできただろう。言いたいところは明確に伝わる。だが「消費者がボス」という比喩にともなう深い意味合いは失われてしまう。ボスに向ける尊敬の念が欠けてしまう。

「消費者がボス」という比喩は、一二万七〇〇〇人の社員に、いちいちマネジャーに確認することなく、自分がすべきことを考えさせることができる。かれらがしなければならないのは、ボスである消費者に確認することなのだ。

ラフリーが使ったもうひとつの比喩は、社の消費者リサーチが、もっぱら自宅における製品使用時の反応ばかりを調べていると気づいたことから生まれた。つまり、予想と比べて実際に製品を使用した感想はどうか、今後も同じ製品を購入するつもりがあるかどうか、といったことが決まる時点だ。ラフリーには、それがP&Gにとって決定的な瞬間――真実の瞬間であることはわかっていた。[1]

しかし、真実の瞬間は、そのまえにも訪れる。消費者が製品を購入しようと決断する瞬間だ。その決断はスーパーマーケットで陳列棚のまえに立っているときに訪れる。それが〝第一の真実の瞬間〟

である。ラフリーは、P&Gが〝第二の真実の瞬間〟の調査に時間をかけすぎていると考えた。自宅で製品を使うときのことばかり調査して、店の陳列棚のまえで起こる第一の真実の瞬間に関する調査が足りないと考えたのだ。

ラフリーは各部門のリーダーたちに、第一の真実の瞬間について尋ねた。商品のパッケージは目につきやすい場所に置いてあったか？　陳列棚の目についたか？　この比喩はうまくいった。だれもが真実の瞬間とはどんなものかを、よく把握していたからだ。それは、重要なものごとの成否が決まる瞬間である。第一の真実の瞬間という言葉は、消費者が自宅で実際に商品を使うまえに、小売店における商品の見せ方にも充分工夫をほどこさなければならないことを示したのだった。

この言葉が会社全体にインパクトをおよぼすまで、P&Gのパッケージ・リサーチはたいてい、会議室のテーブルの中央に試作品を置き、消費者に感想を述べてもらうという方法でおこなわれていた。だがP&Gが第一の真実の瞬間を重視するようになってからは、本物の（あるいはバーチャルの）陳列棚を用意し、そこにほかの製品と並べて試作品を置き、消費者の反応を観察するようになった。テーブルの上にひとつ、可愛いパッケージの製品をぽつんと置くのも悪くはない。だが、同様に強く自己主張をするほかの製品と並べて陳列棚に置けば、第一の真実の瞬間に、試作品はほかの商品にまぎれ、まったく目立たなくなっているかもしれない。

＊＊＊

すばらしい比喩を考えだすには、とんでもなく創造的になる必要があるのだろうか？　幸い、そんなことはない。比喩は、人の思考、感情、行動を理解するうえで強力なツールとなるため、消費者リサーチャーたちはすばやく簡単に比喩をつくるテクニックに磨きをかけてきた。もっとも人気のある手法は、一九九〇年代にハーバード大学の研究者、ジェラルド・ザルトマンによって開発されたザルトマン・メタファー誘引法(ZMET)である。

それはこんなふうにおこなわれる。数人の消費者にテーブルを囲んでもらう。テーブルには《グッド・ハウスキーピング》、《ポピュラー・メカニクス》、《アウトドア・リビング》、《ピープル》などの雑誌が置かれている。あなたは参加者に、弊社の製品やサービスのイメージを思い浮かべてくださいと頼む。そして、そのイメージを示す写真やイラストを雑誌のページから切りとってもらう。そして、製品やサービスのイメージをもとに、コラージュを製作してもらう。その後、なぜその写真を選んでコラージュを製作したのかを、参加者は説明する。そしてリサーチャーたちは、それぞれのコラージュをデジカメで撮影する。そこには、参加者が製品やサービスに対してもっているイメージが率直に表現されている。

私はある女性グループに、土曜日に買い物をするときの気分をコラージュで表現してくださいと頼んだことがある。この調査の目的は、もっとも混雑している日のスーパーの実態を知ることだった。できあがったコラージュを見ると、土曜日の買い物がひどい体験であることがよく伝わってきた。かんしゃくを起こしている子どもたちの写真、髪の毛をかきむしっている人の写真、渋滞する車の写真、蒸気を吹きだしている圧力鍋の写真などが使われ、土曜日のスーパーでの買い物の苛立ちがみごとに表現されていた。なにをイメージしてもらうかは、お望みしだい。すばらしい新製品のアイデアでもいいし、あなたが考えだしたビジョンでもいい。仕事上の最大の難問に対する提案でもいい。

比喩を考えだすもうひとつのテクニックは、じつにシンプル。相手に直接、訊く方法だ。たとえば自社に導入した新たなコンピュータ・システムを、あなたがテストしているところだとしよう。うまくいけば、社員の仕事の能率が上がる。ところが、日によって調子にむらがあり、システムがダウンする傾向があるという噂もあった。この新たなシステムを導入した部は、作業効率はアップしたが、システムが安定性に欠けるのも事実であると認めている。とはいえ、定期的にメンテナンスをおこなえば、問題はほぼ回避できるという。

新たなシステムの導入を全社員に納得してもらうには、システム導入による利点を理解してもらい、しょっちゅう障害が起こるのではないかという懸念を払拭する必要がある。そこであなたは、試験的にシステムを導入した部のスタッフに「コンピュータ・システムを車にたとえるとしたら、以前のシステムはどんなモデルにあたるでしょう?」と尋ね、「新たに導入するシステムについても同じ質問に答えてください」とつけくわえた。またある部門の社員には、コンピュータ・システムを動物にたとえるとしたらなんですかと尋ね、ほかの部門の社員には、有名なロックバンドにたとえるとしたらなんですかと尋ねた。

その結果? 古いシステムは「一五年物のホンダ」であり、新しいシステムは「ポルシェ911のぴかぴかの新車」という答えが返ってきた。古いシステムは「バセット・ハウンド」、新しいシステムは「サラブレッドの競走馬」という答えもあった。古いシステムは「ビートルズ」、新しいシステムは「メタリカ」……。

あなたは、車の比喩がいちばん気にいる。そこであなたは「一五年物のホンダをポルシェ911にアップグレードする」という比喩を使い、社員に説明を試みる。「吉報です」と、あなたは社員に告げる。「私たちは、ポルシェをフルサービス・メンテナンス付きで購入しました。毎週土曜の午後、一時間のメンテナンスを受けられます。ですから週明けの月曜日、新しいスポーツカーは準備万端で、あなたの出社を待っています」

専門用語を使って新たなシステムについてくどくど説明したところで、大半の社員にはギリシア語を聞かされているようなものだろう。だからIT部門のマネジャーに説明させても、社員を納得させる役には立たない。だがシンプルな比喩を使えば、新システム導入の意義を伝えることができる。このテクニックは、コラージュをつくってもらう方法と同様、あらゆる場面で応用できるはずだ。

まとめと演習

1 比喩は、ひとつのストーリーと同様の効果をもつ場合がある。というのも、聞き手の頭のなかにすでに存在しているストーリーと関連づけることができるからだ。それらは、〝よいストーリー〟を〝すばらしいストーリー〟に変えることができるし、ストーリーの代わりに使うこともできる。

a 例――第5章の〝タクシー〟、第15章の〝開拓者と入植者〟、第16章の〝縮む巨人〟、第2章の〝大聖堂を建てる〟、そして本章の〝ディズニーのキャスト〟、〝消費者がボス〟、〝第一の真実の瞬間〟のストーリー。

2 ふさわしい比喩を見つけたいときには、次のふたつの手法を試そう。

a 雑誌の写真を切り抜き、コラージュをつくってもらう。

b 聞き手に直接、訊いてみる。「コンピュータ・システムを車になぞらえるとしたら、古いシステムはどんな車種のどんなモデルといえますか?」

第5部

権限を与える

第25章 権限を委譲し、許可を与える

「やり方を教えるな。なにをすべきかを伝えれば、かれらは創意工夫し、こちらを驚かせる」

――ジョージ・S・パットン・ジュニア将軍

一九七〇年代半ば、オービル・スイートは、アメリカン・ポールド・ヒアフォード・アソシエーションのCEOだった。CEOを務めた経験のある人間なら口を揃えるだろうが、CEOにはときとして、親しい友人や同僚を解雇せざるをえない場合がある。それはまさに、その年、オービルが断行したことだった。だがこの話で重要なのは、解雇の詳細より、その数日後に起こったことだ。彼のもとに一本の電話がかかってきた。

電話をかけてきたのは、解雇した男性の夫人だった。どうやら、その後、彼がひどく落ち込んでいるらしい。それどころか、夫は自殺をするのではないかと夫人は心配していた。そこでオービルは、本人に代わってほしいと頼んだ。電話口にでてきた男性は、たしかに解雇されてからはつらい毎日だが、大丈夫、じきに立ち直ると気丈に言った。だが、その声にはストレスがにじみでていた。オービルは、彼のことも夫人のこともよく知っており、状況の深刻さが痛いほどわかった。思わず、ある提

案をして相手を驚かせた（オービル本人も驚いた）。「なら、戻ってくればいいじゃないか？」

「ほんとうに？　また雇ってくれるのか？」

「ああ」と、オービルは請けあった。「きみの後任はまだ決まっていない。きみのデスクには、まだ、だれも座っていないよ」

「それなら、もちろん戻るよ！　ありがとう、オービル。あすの朝、いちばんに出社する」

当然のことながら、その男性の復職はほかの社員を混乱させた。だが彼に対する敬意から、オービルはただ、彼がまえの仕事に戻ったとだけ告げた。それ以上なにも説明せず、男性がひどく落ち込んでいたことも、彼の妻が自殺を懸念していたことも、いっさい口にしなかった。

なにごともなく三、四週間がすぎたころ、オービルのオフィスに男性が姿をあらわした。「オービル、復帰させてくれて、ほんとうに感謝している。あのときはまだ会社を辞める心の準備ができていなかったんだと思う。というより、自分の意志で辞めたかったのかもしれない。とにかく、もう心の準備ができた。きょうの午後、私物を片づけるよ」そう言うとオービルと握手をかわし、私物をまとめ、でていった。それは彼の二度めの退社だった――が、こんどは、頭を高く掲げて社を去っていった。彼が解雇された理由はなんであれ、それは妥当だった。そして本人にもそれがわかっていた。オービルが猶予期間を与えることで、彼にはそうした現実を受けいれる時間ができたのである。

いったん解雇した社員をふたたびオフィスに戻すというオービルの決断は、こんにちの人事管理の常識にそむいている。いや、一九七〇年代の常識にもそむいていたはずだ。月並みな事情通なら、そういうやつはできるだけオフィスに近づけないようにしろと助言するだろう。思いやりのあるボスなら、彼をカウンセリングに送り込むかもしれないが、同時に、万が一にそなえ、会社のセキュリティを強化するかもしれない。

こうしたありきたりな対応をとっても、同じようにうまくいっただろうか？　うまくいったかもしれない。だがオービルのいっぷう変わった解決策が、元社員の威厳を救ったのはたしかだ――ひょっとすると、彼の命も。

オービルのストーリーは、社内で広まった。おかげで社員のなかには、私生活で面倒が起こったときにちょっと変わった解決策を思いついた者もいた。じつに心温まる物語だと感じただけの者もいた。ところがロジャー・ワッソンにとって、このストーリーには大きな意味があった。

当時、ロジャーはインディアナ州畜牛協会の副会長を務めていた。その昔、ロジャーとオービルはふたりとも全米豚生産者評議会のCEOの候補となり、面接を受けたことがあった。そしてオービルが選ばれ、CEOに就任した。するとオービルはそこでも突飛な行動をとった。CEOの候補者全員に、評議会の役員職を打診したのである！　新たな経営の布陣を組むにあたり、これほど手っ取り早く適任者を見つける方法はないと、オービルは考えたのだった。そして、この提案を受けいれた唯一の候補者が、ロジャー・ワッソンだった。

こうした経緯があったため、オービル・スイートがたぐいまれな機知の持ち主であることが、ロジャーにはわかっていた。そこで、オービルがいったん解雇した社員を呼び戻した話を聞くと、そこにはなにかしら教訓が秘められているはずだと考えた。そして、その教訓を見つけた。ロジャーは社会人になってからずっと、マネジメントについて学んできた。リーダーシップに関する良書にはおおかた目を通し、さまざまな講座も受講した。そのため、どんなマネジメントの難問に対しても〝正しい答え〟がわかっていた。しかしオービルのストーリーはロジャーに、それらをすべて無視してもいいという許可を与えていたのだ。自分の本能に従えばいい――状況によっては型破りの方策をとってもかまわない、と。この教訓をロジャーは胸に刻み、仕事をつづけるうえで実際に応用してきた。いま彼は、本のアドバイスどおりにすべきか、自分の直観に従うべきか迷っている相手がいると、このストーリーを話して聞かせることにしている。

ゲーリー・クラインは著書『決断の法則』のなかで、こうした話を〝許可のストーリー〟と呼んでいる。[1] 聞き手に、自分が選択した行動を実行する許可を与えているからだ。第20章で説明した〝二本道のストーリー〟と同様、〝許可のストーリー〟は、なにをすべきかを言うのではなく、聞き手に行動を選ばせる。ロジャー・ワッソンは、まさにこの手法をとった――つねに世間の通念に従う必要はない、ときには自分の本能を信じてかまわないと、聞き手に助言したのである。

＊＊＊

オービル・スイートのストーリーは、自分が解雇した元社員への対応において、正しいことをした経験を説明している。たしかに型破りな方法ではあったものの、そのおかげで事態はうまくいった。すなわち、これは成功のストーリーである。これを第20章で紹介した一〇〇万ドル規模のプロジェクトの失敗のストーリーと比べてもらいたい。こちらのストーリーは、のちに後悔することになるであろうまちがいを避けるためなら、上司に「ノー」と言ってもかまわないという許可を聞き手に与えた。つまり失敗のストーリーである。〝許可を与えるストーリー〟は、成功談と失敗談のどちらにもある。そして次に紹介するストーリーは、成功談でも失敗談でもない、いわば第三のストーリーだ。だが、とても役立つストーリーであることに変わりはない。[2]

キャサリン・ハドソンがイーストマン・コダックに就職したばかりのころ、京都の重要な顧客を訪問する機会を得た。おりしも、日本経済が危機を迎えようとしていたころだった。この顧客の父親はたいへんな努力家であり、裸一貫からファミリービジネスを築きあげた人物だった。そして長年、コダック社とは強靭な信頼関係をむすんでいた。

この打ち合わせの席で、非常に高価な資材の注文を受けたため、キャサリンは驚いた。「失礼ですが、日本の経済状況は今後、いっそう悪化するものと思われます。そのなかで、ほんとうにいま、これほど巨額の投資をなさるおつもりですか？」と、彼女は尋ねた。

すると彼はオフィスに飾られた大きな竹の植木鉢を指差した。「竹が成長するようすがわかりますか？　竹には節《ふし》がある。しばらく伸びつづけたあと、一時期、成長をとめる。竹の輪が強くなるのは、そのゆっくりとした成長の時期にあたる。そして、それが次の成長の基盤となる。われわれのビジネスも似たようなものです。未来への成長の準備をととのえる必要があるのなら、投資を惜しんではなりません」

その後、キャサリンはこの日の打ち合わせを忘れたことはなかった。そして一九九四年、ブレイディーコーポレーションのCEOに就任したあとも、このストーリーをよく話している。とくに、不況下で必要経費を捻出するのに苦労している人がいれば、こうした時期は〝竹の成長の歳月〟にあたるのだと説明している。

キャサリンの〝許可のストーリー〟は、成功談でも失敗談でもない。このストーリーのパワーは、〝竹〟という比喩にもともとそなわっている知恵から生じている。こうしたアドバイスを必要としている相手に対して、ただ「竹には節がある」と説明をすることもできる。聞き手が想像力を発揮させ、その意味するところをうまく把握したとしても、ストーリー全体を聞いたときと同じような効果は得られない。このストーリーはまた、現実に少なくとも三社がその知恵を受け継いでいることを示している——日本人が経営する京都の会社、イーストマン・コダック、そしてのちにキャサリンがCEOに就任したブレイディーコーポレーション。こうした情報がくわわることでアドバイスの信憑性が増し、聞き手は積極的に従おうという気になる。

＊＊＊

さて、こんどは〝許可〟ではなく、〝権限委譲〟のストーリーに移ろう。ほんの数人しか従業員がいないスモールカンパニーでは、あらゆる決断はひとりの人物——オーナー——によってくだされる。ところが、もう少し規模の大きな会社になると、そうはいかない。組織のなかのさまざまなリーダーに異なる決断をさせるよう、責任を割り当てなければならない。多くの企業では、どのレベルの管理職にどんな決定権があるのか、その詳細を示した〝権限委譲〟に関する書類を用意している。次に紹介するふたつのストーリーは、正しい地位の人間に権限を委譲することの重要性を説明しており、最初のストーリーではそれを誤用する分岐点が述べられている。

フィル・レンショーは、ロンドンを拠点に金融業界の管理職にコーチングをおこなっている人物で、第12章にも登場した。彼はこれまで仕事を通じて、またクライアントを通じて、結果として害にしかならない管理職の行動を多々見てきた。権限委譲に失敗し、部下を報告義務で縛るのが、よく見られる例だ。なかでも、以前、取引のあった大企業の例は忘れられない。

その企業の経営幹部はあるとき、セールスマネジャーたちに課した売上目標が達成されないのではないかと考えた。そこで毎週、個々のセールスマネジャーに電話をかけ、最新の報告をさせては、改善策を提案させた。新たな戦略を提案したセールスマネジャーたちは経営幹部から励まされ、経営幹部のほうは、自分たちの介入が効果をあげていると実感できる。こうしてポジティブなフィードバックができあがり、電話による打ち合わせは繰り返された。やがて、たとえ業績が良好であろうと、年に一度、あるいは三カ月に一度のペースで、こうしたやりとりが繰り返された。

さて、このささやかなゲームにそなえ、賢いセールスマネジャーがなにをしたか、おわかりだろうか？ かれらはわざと売上予想を低くし、電話による打ち合わせにそなえて改善策を考えておいた。結果として、経営幹部はかれらの力になっていると思っていたが、実際は、そもそも必要のない仕事をさせているにすぎなかった。なお悪いことに、権限を委譲せず、セールスマネジャー自身に目標を設定させなかったため、かれらにもてる力を発揮させていなかった。いったん委譲した責任を相手から奪い、説明責任も負わせずにいると、いい結果は生じない。ゆえに、この罠におちいってはならない。いったん権限を委譲したら、長い目で状況を眺めよう。そして、それを取り戻そうとするまえに、よくよく考えよう。

＊＊＊

それでは、権限をふさわしいかたちで委譲すると、相手はそれをどう感じるのだろう？ じつにいい気分になるはずだ！ そのあたりのことを、マイク・タフリのストーリーから見てみよう。

一九八七年、マイク・タフリは、奇跡のような効果を保証する脂肪代替品のブランド、〈オリーン〉の研究開発部門の部長を務めていた。〈オリーン〉で食品を調理すれば、脂肪、コレステロール、カロリーの増加を抑えられるはずだった。もちろん、当時、マイクやエンジニアたちが〈オリーン〉の研究室でなにを開発しているかを知っているのは、世界でもほんの一握りの人間だけだった。〈オリーン〉はまだ市場にだせる状態ではなく、マイクの仕事はもっぱら、コストを八割、削減する方法を考えることだった。削減しないかぎり、市場では通用しない。なにか画期的な名案を考えだす必要があった。

やがて、マイクのチームは知恵をしぼり、ひとつの案を考えだした。〈オリーン〉を一度に大量生産する（いわば巨大な鍋で一気に調理する）のではなく、自動車工場の流れ作業のように連続作業で製造できないかと考えたのだ。試行錯誤を繰り返し、創造性を発揮した結果、規模こそ小さかったものの、マイクたちは実際に研究室でそれを実現した。とはいえ、生産力をあげるには、同じ作業を二四〇〇倍の規模で実施する必要があった。

マイクの上司、ピーター・モリスは、この計画に目を通し、これではリスクが高いのではないかと言った。「ここまで規模を大きくしても大丈夫だと考えた根拠はなんだね、マイク？」マイクは、化学エンジニアとしての自分の判断と、チーム全体の意見だと答えた。しっかりした仕組みを使っているので、うまくいくはずです、と。ピーターは確信をもてなかったものの、最終的な決断をくだす副社長の意見を仰ぐことには同意した。

副社長ユルゲン・ハインツとの最初の打ち合わせで、マイクのチームは、テスト・マーケティング用の製品を製造する工場建設のため一五〇〇万ドルの出資を依頼する計画を立てていた。ユルゲンの反応の見当がつかず、マイクたちはピリピリしていた。エンジニアのチームは、詳細なデザインとコストの見積もりをまとめた七五ページにもわたる書類を持参していた。準備万端だったわけだが、それでもチーム全員が緊張していた。かれらは副社長に分厚い書類を渡し、幸運を願った。そしてプレゼンをはじめると、ほどなく副社長が手を挙げた。「ストップ。私にはこのプロジェクトをきちんと評価する知識がない」そう言うと、副社長は、過去に仕事を一緒にしたことがあったマイクを見やった。「マイク、うまくいくと思うかね？」

室内には、上司も含め、二五人の人間がいた。その全員が、マイクを凝視している。「はい、副社長、うまくいくと思います」すると、副社長がピーターのほうを向き、どう思うかとたずねた。ピーターはこう答えた。「マイクがうまくいくと言うのなら、信じるべきです」

副社長はペンをとってくれと言い、書類に署名した。

マイクは、これほど責任を感じたことも、自分の権限を実感したこともなかった。自分のチームを誇りに思うと同時に、副社長と上司の期待を裏切らないためにも、最善を尽くす決意を固めた。そして実際に工場が稼動をはじめると、かれらがデザインした連続作業は奏功し、予想を上まわる成果をあげた。マイクのチームは、その後もシステムの改良に取り組みつづけた。

マイクが学んだ教訓は、すると言ったことはかならず実行する相手をさがし、一緒に仕事をすべしということだ。そして、そんな相手を見つけたら、許可を与え、責任をもたせよう。きっと相手は驚異的な結果をだすはずだ。

まとめと演習

1　ビジネスにおいても私生活においても、これまで教えられてきたことにそむき、本能に従わねばならないときがある。〝許可のストーリー〟は、直観に従う自由を聞き手に与える。自分の判断を信じていいと、伝えることができるのだ。

a　成功談。オービル・スイートの話は、人命の保護といった深刻な問題や、よく知っている相手を解雇するといった個人的な問題に関しては、会社のマニュアルに従うより、自分の直観を信じるほうがいいことを教えている。

b　失敗談。〝一〇〇万ドル規模のプロジェクトの失敗〟（第20章）は、「ノー」と言うことが双方にとってベストであるケースもあると教えている。

c　〝竹の成長〟のストーリーは、世のリーダーたちに、厳しい経済状況下でも必要な投資をおこなう許可を与える。

2　よいリーダーは、決断をくだすにふさわしい知識や経験のある地位にある人間に、権限を委譲する。いっぽうダメなリーダーはあくまでも自分本位であり、部下に権限を譲ろうとしない。そして状況が悪くなると、部下に責任をなすりつける。

a　失敗談。フィル・レンショーの〝売上予想を低くしておく〟ストーリーは、適切に権限を委譲できなかった場合の予期せぬ結果を伝えている。これと似たようなことがあなたの組織で起こったら、このストーリーを話して聞かせよう。

b　成功談。権限委譲が正しいかたちでおこなわれたときのマイク・タフリの体験。マイクは報われたと感じ、大いに力を発揮した。権限を与えられると、部下がどれほど充足感を覚えるかをリーダーに伝えたいとき、このストーリーを活用しよう。

第26章　イノベーションと創造性を駆りたてる

「自分のアイデアを話して笑われないようなら、まだ創造性が足りない[1]」
——デビッド・アームストロング

ある窓用エアコンのメーカーは、知りたがっていた。既存のエアコンよりもはるかに静かな新製品が発売されたら、消費者はどの程度、よけいに代金を支払ってくれるだろう？　もちろん、「騒音がたった三五デシベルのエアコンに、いくらならよけいに払います？　二〇デシベルではどうです？」などと尋ねることはできない。防音にくわしいエンジニアでもないかぎり、三五デシベルと二〇デシベルの差などわからないからだ。そうなるとメーカー側は、消費者のまえに異なる騒音レベルの試作品を並べ、実際に騒音を聞いてもらわねばならない。ところがひとつ、問題があった。実際のところ、はるかに静かなエアコンはまだ製造されていないのである。ゆえに、この難題に消費者リサーチの担当者は頭を悩ませていた。

そこで、じつにシンプルでありながら、独創的な方法をとることにした。かれらは実験用の設備の窓に、一見、ごくふつうのエアコンを据えつけた。ただしこのエアコンは外側のケースしかなく、中身はからっぽだ。そして背面に直径一〇センチの排気ダクトを装着し、それを通路へと伸ばし、べつの部屋に置いてある本物の（うるさい音をたてる）エアコンにつなげた。つまり、実験用の設備にはいってきた消費者が窓のほうを向くと、エアコンからはさわやかな空気が流れてくることになる。それも、ほとんど無音で！　さらに本物のエアコンまでの距離を調節することで、騒音のレベルも調節することができた。

私がこの話を聞いたのは、もう何年もまえのことであり、だれから聞いたのかも覚えていない。情報源がいったいどこなのか、調べてみてもわからなかった。だが、これは第22章で紹介した〝枠の外〟のストーリーの典型だ。こうしたストーリーを活用すれば、問題解決の役に立つだけでなく、組織の創造性を喚起することもできる。あなたのチームにもっと創造的に考えてもらいたいとき、こうしたストーリーを話して聞かせよう。

＊＊＊

杓子定規な上司に問題がある場合も多い。部下に創造性を発揮する余裕を与えないのだ。だがイノベーション、つまり革新を起こすのは、直線的なプロセスではない。発明家は自由に発想の翼をはばたかせ、そこからどんな成果が生まれるのか、想像しなければならない。ゆえに、性急に成果をあげるよう強いるだけでは、革新的な発見など生まれない。次のストーリーは、どれほど支配的な上司であろうと理解できるよう、その点をわかりやすく説明している。

ある晩、ジェームズ少年はキッチンにおばと一緒に座り、お茶を飲んでいた。しばらくすると、ジェームズがあまりにも怠惰に見えたので、おばが大声で叱りつけた。「ジェームズ、あなたみたいな怠け者、見たことないわ！　本を読むとか、家事をするとかしたらどうなの？　この一時間、あなたときたらひと言も話さず、やかんの蓋を一度もちあげて、また閉めただけじゃないの」[2]どうやらジェームズは、やかんから噴きあがる蒸気を夢中になって観察しているようだ。銀のスプーンを蒸気にかざしては、水滴ができ、その水滴が柄へとつたって落ちていくようすを眺めている。何度も何度も、彼はこの単純な行動を繰り返し、同じ現象を観察しつづけた。「だらだらして、恥ずかしくないの？」と、おばがまた叱りつけた。

幸い、この少年は、おばの叱責にひるまなかった。二〇年後の一七六五年、彼はまだ、おばのキッチンで発明した現象に魅了されていた。そして二九歳のジェームズ・ワットは、新方式の蒸気機関を発見し、産業革命の先導役を務めたのだった。

このストーリーは、部下に発明の余地を与えるよう、管理職の人間にコーチングをおこなう際に役立つ。その管理職があなた自身であっても、うまくいく！　ジェームズ・ワットのおばがそう感じたように、部下たちは一見、だらだらと遊んでいるように見えるかもしれない。だがそれが革命のきっかけとなることもあるのだ。

＊＊＊

上司として、組織に創造性を発揮させるもうひとつの方法は、次のストーリーでよく説明されている。有効な方法だが、常識には反している。ぜひ、ご自分で判断してもらいたい。

社員に副業を禁じている企業は多い。たとえそれが直接、仕事の邪魔にはならなくても。副業をもつと、本来仕事に向けられるべきエネルギーや創造性が副業のほうに向けられるというのが、その根拠だろう。

これとは正反対の見解を紹介しよう。ブラックブックEMG社は、社員は副業をもつべしと、厳格に定めているのだ！

ブラックブックは、有能な社員が地元の社交活動やネットワークに参加できるよう、企業に情報を提供している。たとえ、そのためには、そうした活動を自社が生みださなければならないとしてもだ。たとえば、あなたが三二歳の女性エンジニアだとしよう。独身のあなたは、サウジアラビアからアメリカ中西部に越してきた。郊外に仕事を見つけ、ひとり暮らしをはじめたところだ。あなたは、すぐに環境に慣れることができるだろうか？　むずかしいにちがいない。好きな食品を売っている店や好みのレストランをどうやって見つける？　好きな音楽が流れているバーは？　趣味にあう服をそろえた店は？　環境、文化、信仰、価値観などが似ている人と出会える社交イベントは？　さまざまな研究結果からもわかるように、こうしたものを見つけることができないと、仕事を辞め、母国に戻ってしまう確率が高くなる。そこから、ブラックブックが誕生した。ブラックブックはあなたのかわりに、こうしたものをすべて見つけてくれる。見つからなければ、それをみずからつくりだすこともある。

これをうまくこなすには、創造的で、情報が豊富で、広い人脈をもつ社員の力が必要となる。だからこそ、創業者クリス・オストイッチは社員に副業を課した。「仕事に必要な創造性を身につけるには、仕事と同じように情熱をそそげるものを人生にもたねばならない」と、彼は信じている。関心をもっているものがあればいっそう創造性とエネルギーが生じる。仕事への情熱が減るわけではないと思っているのだ。クリス自身、それを痛感したことがある。地域の美術協会の理事に就任し、できたてほやほやの会社の経営とボランティア組織の運営には、多くの共通点があることに気づいたのだ。

もっとも説得力のある例は、社員のスティーブンのストーリーだろう。市議会が最近、ダウンタウンにカジノの建設を認めた。そこはスティーブンの住まいから近い地域だった。地元の市民団体がいくつか、この計画への反対運動をはじめた。自分が反対運動に参加しようがしまいが、この建設計画は進む。それがわかっていたスティーブンは、異なるアプローチをとることにした。カジノが地域のコミュニティによい影響をおよぼせるよう、組織を立ちあげたのだ。たとえばカジノに併設されるレストラン、バー、売店などは、たいてい建物の中央部分につくられる。するとそこを目指す客は、賭け事がおこなわれているテーブルの横を通らなければならない――客の一部をギャンブルに引き込もうという戦略だ。ところがスティーブンは、そうした店をカジノの外に、通りに面した場所にもってくることを提案した。そうすれば、客は窓のない建物の奥ではなく通りにでて買い物や飲食を楽しむ。必然的に歩行者が増え、活気あふれる町の雰囲気づくりに貢献できるはずだ。

スティーブンの組織が成長するにつれ、ブラックブックの顧客企業の社員も彼の理念に賛同するようになった。なかには組織で責任ある地位につき、リーダーとして活躍する人もでてきた。組織で責任の重い地位につけば、当然、町に深く関わるようになる。こうして自分でも気づかないうちに、スティーブンの副業はブラックブックのビジネスの目標に貢献した。ブラックブックの理念のひとつは、クライアントを地域のコミュニティとつなげることにある。スティーブンの副業は、まさにその橋渡しの役目をはたしたのだ。

いったいブラックブックは、どの程度の副業を社員に求めているのだろう？　少なくとも、自由時間の二五パーセント。そして仕事をきちんとこなしているのなら、平日の昼間の時間を副業にあててもかまわない――大半の社員はそうしている。クリスは、就職希望者との面接で、はじめにこの点を明確にしている。もし、仕事以外に情熱の対象となるものがないのなら、就職のチャンスはない。そして実際に雇用されても、しだいにその情熱を失ってしまったら、退職を言い渡されかねない。

常識に反した教訓ではあるが、部下に創造的になってもらいたいのなら、残業を命じるのではなく、オフィスですごす時間を減らすことだ。そして、情熱をもっていることに取り組ませよう。最初は、部下からも、ボスからも、頭がおかしくなったのかと思われるかもしれない。そんなときは、ブラックブックのストーリーを話そう。そして、試してもらおう。副業に関する会社の方針を、あなたが書き換えることになるかもしれない。

＊＊＊

創造的・革新的であるためには、まったく新しいものを生みだす必要があると思われるだろう。イノベーションとは、将来を見すえた努力だと。たいていはそのとおり。だが本章では最後に、新しいものをつくりださなくても、古いものを見直すだけで利益をあげられた例を紹介する。デビッド・アームストロングのストーリーが、その方法を説明している[3]。

一九七九年、アームストロング・インターナショナルはハント・モスクロップ有限会社を買収した。ハント・モスクロップ社は、過酷な使用に耐える電気ヒーターの製造会社だ。どんなヒーターかといえば、まず、職場のデスクの下に置けるような小ぶりの電気ヒーターを想像してもらいたい。次に、それよりずっと大きなユニットヒーター、電気ではなく蒸気かグリコールで動くヒーターを想像してもらいたい。さて、こうした巨大ヒーターはかつて工場のような広いスペースの暖房器具として利用されていた。その主要部品はバッフル板という金属製の細長い板で、ヒーターの中心部で蒸気やグリコールの流れを変える役割をはたしていた。

さて、買収から一三年後、アームストロング社のふたりのエンジニア、カール・ルーニーとチャック・ロックウェルが、ヒーター製造部門に異動となった。同社のエンジニアたちが少なくとも年に一度はそうしているように、ふたりのエンジニアはコスト削減ができないものかと知恵を絞った。そしてふたりは、ほかの人間が当然と考えているものごとに、いちいち疑問を投げかけた。「こうした方法をとっている理由は？」、「なぜ、この部品は必要なのか？」と。ふたりはほどなく、バッフル板が必要なのはグリコール式ユニットヒーターのみであることに気づいた。蒸気式ユニットヒーターでは、バッフル板はなんの役目もはたしていなかったのである。アームストロング社がハント・モスクロップ社を買収したとき、蒸気式とグリコール式双方のヒーターにバッフル板は必須であると思いこんだ。ところが皮肉なことに、バッフル板を必要とするグリコール式ユニットヒーターは、製造しているヒーターの一割にすぎなかった。つまり会社は、この一三年間ずっと、バッフル板など不要である九割のユニットヒーターに、せっせとバッフル板を取り付けていたのである。

もちろん、すぐさま、蒸気式ユニットヒーターにバッフル板を取り付ける工程は省かれ、コスト削減をはかることができた。だが、とうてい過去一三年間のむだな浪費を回収することはできない。そもそも、これまでいったい何人の新人現場労働者が、蒸気式ユニットヒーターにバッフル板を装着するのは「これまでずっとそうしてきたから」だと言われつづけてきたのだろう？　このストーリーからわかるように、創造的になるには、かならずしも新しいものを考えだす必要はない。古いものを見直し、「なぜ？」と問い直せばいい。創造性を発揮し、革新を起こすためには、「もし○○だったら？」という問いかけがいちばん強力な発想だが、「なぜ？」という問いかけもまた、それに劣らない力をもっている。

まとめと演習

1　問題を解決する際には、〝枠の外〟のストーリーが、読み手の創造性を刺激する。窓用エアコンのストーリーや、第22章で紹介した〝枠の外〟で考えるストーリーを活用し、必要なときに創造性を発揮してもらおう。

2　イノベーションには、アイデアをもてあそぶための時間とスペースが必要だ。部下を仕事に集中させていると自負する上司は、ひょっとすると、チーム全体の創造性を抑圧しているかもしれない。自分のチームにもそのおそれがあると感じたら、ジェームズとやかんのストーリーを、上司に伝えよう。

3　情熱は、創造性とイノベーションを刺激する。どうすれば部下の情熱をかきたてることができるだろう？　ブラックブックEMGのクリス・オストイッチは、会社の外に情熱の対象を見つければ、社員は創造性を発揮し、いきいきと働くことに気づいた。本業への情熱が減るわけではないのだ。あなたの会社では副業が禁じられている？　クリスのストーリーをボスに伝え、改革を訴えよう。

4　イノベーションには、かならずなにか新しいものの創造がともなうとはかぎらない。ときにそれは、古いものを見直すことを意味する。一三年間、無意味なバッフル板を取り付けていたように、長いあいだ当然と思われていた慣行を見直せば、大きな利益をあげられるかもしれない。旧態依然とした慣行を見直したいときには、このバッフル板のストーリーを話そう。あなたの組織からも創造的なアイデアが飛びだすかもしれない。

第27章　営業は全員の仕事

「セールスは、買い手がノーと言ってからが勝負だ」

——作者不詳

二五年間、営業畑ひと筋で働いてきたグレッグが、こんな体験談を話してくれた。大手小売店の仕入れ担当者のなかには、豪華な分厚い営業用バインダーを商談中に見ると、思いがけない行動をとる人たちがいる。「私が持参したバインダーをひらくと、製品の価格表や仕様書をすべてとりだし、丸ごとゴミ箱に捨てるんだよ。こちらの目のまえで、営業用パンフレット、マーケティングのプレゼン用資料、なにもかも。あげくのはてに、資料がはいっていたバインダー本体まで捨てちまう。そして、『こんなのは金のむだ使いだ』なんてことを言うんだ。想像がつくだろう？　初めてこんな仕打ちをうけたあわれな新米営業部員が、どれほどあわてるか」

営業用の資料をすべてゴミ箱に捨てられてしまう場合にそなえて、あなたはよいストーリーを用意しておくほうがいい。というのも、どれほどすばらしい資料を用意しようと、実際に捨てられてしまう場合もあれば、相手がそれをまるで理解せず、結局はなんの役にも立たない場合もあるからだ。そんなときこそ、よいストーリーの出番だ。次のストーリーには、ありきたりのビジネスリーダーなら派手な営業用バインダーをとりだし、潜在顧客の異論に対応しようとするような場面がでてくる。だがメリッサ・ムーディの会社にとって幸いなことに、彼女はありきたりのビジネスリーダーではなかった。

「この業界では、なにかに前払いの金が必要だと言われたら、それはインチキだ」モデルやタレント業界では、よくこう言われる。だが残念ながら、これは真実ではない――少なくとも、本気で成功しようと思っている人にとっては。野心あるモデル志望者の多くが、なんのトレーニングも受けず、未経験で、仕事のイロハさえ理解していなくても、「事務所にはいりさえすれば、いい契約がとれるはず」と思い込んでいる。だが当然のことながら、まず、そんなことはありえない。どんな業界であれ、スキルを身につけ、経験を積んでいたほうが、成功する確率は高くなる。そして野心あるモデルがそうしたスキルを身につけ、経験を積むための最高の場所のひとつが、第18章で紹介したエクセル・モデル&タレントだ。オーナーのメリッサ・ムーディはこの二五年間、《ヴォーグ》、《エル》、《コスモポリタン》といった女性誌や、ニューヨーク、パリ、ミラノのファッションショーにモデルを送り込んできた。所属事務所の歌手やダンサーのなかには、グラミー賞、アメリカン・ミュージック・アワードなどに輝いた者もいる。

ほかのタレント事務所とはちがい、エクセル・モデル&タレントはただクライアントにモデルを紹介し、仲介料を得るだけではない。業界の常識、マナー、社会人としての行動の基本、モデリングの技術などを生徒たちに教えているのだ。そのうえメリッサは個人的に、生徒たちをニューヨーク、ロサンゼルス、パリのショーに連れていき、経験を積ませている。もちろん、直接、クライアントと契約させる場合もある。だが取引先である世界各国のモデル事務所などのネットワークを利用して、彼女たちに仕事を見つける努力も重ねている。

そうしたサービスを提供しているのだから、生徒たちに授業料の支払いを求めるのは当然の話だ。それでも、ときおり「仕事をはじめるまえにいっさいお金はだしたくない」という抵抗にあう。そんな人たちには、メリッサは三段階の返事をすることにしている。まず「ではオフィスに見学にいらしてください」と頼む。「おわかりでしょう？　この教室をどうやって維持していると思われます？光熱費だってかかりますよ？」次に、モデル志望の相手に、あるいはその両親に、どうやって生計を立てているのかと尋ねる。「まあ、あなた、会計士をなさってるのね。よかったわ、ちょうど、うちでも税金の計算をしているところなの。還付金がくるまでお支払いはできないけど、税金の計算、ただでやってくださる？」もちろん、相手はただ働きなどしない。

ここまできてもまだ相手が納得しない場合、メリッサは切り札をだす――ストーリーを話すのだ。このストーリーの主人公はクリスティーン。一七歳で、茶色の髪、長い脚、高い頬骨をもつ美女である。世界に通用するトップモデルになる素質の持ち主でもあり、メリッサの最高の生徒のひとりだ。年に一度、ニューヨークで開催されるコンテストで、ある年、クリスティーンは一二〇〇人の少女たちのなかから第二位に選ばれた！　翌週は代理店やクライアントから四二本ものオーディションの電話を受けた。メリッサは、そのなかから最高と思われる取引先を選んだ。そしてクリスティーンと両親は実際に契約をむすぶため、ニューヨークにでかけていった。

ニューヨークに着いた日、メリッサのもとにクリスティーンから電話がかかってきた。契約をむすぶ取引先に向かうタクシーの後部座席で、携帯電話を握りしめているらしい。クリスティーンは泣いていた。「どうしたの？」メリッサは尋ねた。

クリスティーンは迷っていた。じつは、クリスティーン自身は、モデルになりたいとは思っていなかった。それはママの考えだった。もちろん、クリスティーンも成功したいと思っていたが、それはモデル業界ではなかった。「メリッサ、あたし、学校の成績はクラスでトップだったの。自分の外見に頼る仕事はしたくないのよ」ほんとうはビジネススクールに進学し、会社を経営したいという。「どうすればいいと思う、メリッサ?」

ここまでクリスティーンのストーリーを話したところで、メリッサは言葉をとめる。そしてエクセル・モデル&タレントで学びたいと思っている相手に、こう説明する。もし、クリスティーンがこの授業料を払っていなかったら、私はこう答えていたかもしれません、と。『クリスティーン、私はすでに一万五〇〇〇ドル、あなたに投資しているのよ。メソメソしてないで、さっさと契約してきなさい。そして、私が投資したお金を返してちょうだい!』とね。でも、私はそんなことは言いたくありません。ですから、彼女にもこう言いました。『クリスティーン、自分の心の声に従いなさい。故郷に戻り、自分の夢を追いかけなさい』と。いま、クリスティーンは大学二年生。ビジネスを学んでいます。まさに前途洋々です——自分自身が選んだ仕事に就き、成功することでしょう」

授業料など払いたくないという抵抗に対処するメリッサの方法には、ふたつの教訓が含まれている。第一に、最強かつ最高の武器は、事実や議論ではなくストーリーであることを、彼女はよく承知している。第二に、授業料の支払いはメリッサのためではなく生徒自身のためであることを、このストーリーは強調している。この点は、最初のふたつの反論とは大きく異なっている。教室の維持費や光熱費の支払いは、メリッサにとって必要なことだ。また税金の計算をただでしてくれるかというたとえ話も、メリッサが授業料を必要としている理由を説明している。ところがクリスティーンのストーリーは、生徒にとって授業料の支払いが有益であることを示している。授業料を支払えば、事務所は生徒の意志をなにより尊重する。あとで当人の気が変わったとしても、モデルになれと強制することはない。メリッサに言わせれば、「こうしたことができない事務所こそインチキ」である。

あなたが自社の価格設定を守ろうとしているのなら、メリッサのストーリーが役立つかもしれない。このストーリーを聞いたあとで、自分の業界に関する同様のストーリーを考えだすことができるかもしれない。その場合は、価格設定が自社の利益になる理由を説明するのではなく、顧客にとって利益になることを強調しよう。この方法は、どんな抗議や反論を受けた場合でも応用可能だ。それがどんな内容であれ、顧客にとって利益があることを説明するストーリーを見つけよう。

＊＊＊

セールスのストーリーは、顧客との交渉の場でのみ役立つわけではない。リーダーとして、組織全体を強力な営業部隊に変えたいときにも役に立つ――営業部門以外の社員を一体化させることができるのだ。次のふたつのストーリーは、まさにその方法を教えている。

有能なセールス・チームをつくるひとつの方法は、きちんとしたセールス・トレーニングをおこなうことだ。専門家のトレーナーを呼んできたり、チーム全員をセールス・セミナーに送り込んだりと、年に一度、こうした研修を実施している企業も多い。だが大半の企業には、セールス・トレーニングのすばらしい素材が社内に眠っている。ただ、めったに活用しないだけなのだ。

一九九八年に引退するまで、ボブは四一年間、商業ビルの資材から学校の備品、肥料など、さまざまな製品をつくるメーカーの資材部門で働いてきた。仕事をはじめてから数年後、初めてマネジャーに昇進したときのこと、ボブは前任者がずっと特定の業者から鉄鋼を買っていたことに気づいた。ボブ自身が、その鉄鋼会社の担当者と会い、納得した。その営業担当はまさにバイヤーが取引をしたくなるタイプの人物だったのだ。誠意があり、公平で、いざというときには上層部にかけあうことも辞さない。とはいえ、主要な資材の仕入先を一社に絞るのはあまりにもリスクが大きい。そこでボブはほかの業者とも取引をはじめたが、それでも鉄鋼の大半は同じ業者からの購買をつづけていた。

ほどなく、くだんの理想の営業担当者が昇進した。残念なことに、後任としてやってきた男性は前任者とは大違いだった。営業の経験が皆無の元冶金《やきん》学者だったのだ。誠意はあるが、四角四面。ボブとの最初の商談で、自分がアメリカ最大の鉄鋼会社を代表していること、ボブの会社にとっては最大のサプライヤーであることを誇示するような態度をとった。そして、世間話もそこそこに、それどころかボブのことをろくに知りもしないうちに、さっと書類カバンに手を伸ばし、分厚い報告書を引っ張りだした。「ここ四半期の報告書に目を通したんですが、貴社はたったの四五〇トンしか、わが社から購入していません。どうしたんですか？」

「はあ？」と、ボブは応じた。

営業担当者は言い直した。「以前の四半期には、もっと購入していたはずです。いったい、なにがあったんです？」しかたなく、ボブは説明した。納入業者を一社に絞るリスクを冒したくないからね、と。ところが、この新任の担当者はいっさい同意を示さなかった。そして、こう言い放った。「こんど、こちらにうかがったときには、この数字に変化が見られると確信しています」

バイヤーであるボブは、営業担当者からこれほどずけずけとした物言いをされたことがなかった。彼は呆気にとられ、ただひと言、こう応じた。「だろうね」

その言葉どおり、次の三カ月間、ボブはこの鉄鋼会社に発注する量を変えた。次に営業担当者がやってきたとき、発注は二〇〇トンにまで落ちていた！　彼はボブのオフィスに、前回とはまったくちがう雰囲気ではいってきた。そして開口一番、「私がこの仕事に慣れていないこと、おわかりですよね」と言った。もはや、最重要事項であるかのように自社の名前を連呼することはなかったし、ボブが発注を増やすのが当然という雰囲気も漂わせてはいなかった。最初に会ったとき、彼がなぜあれほど傲慢な態度をとったのかはわからない。ただ慣れていなかったからか？　それとも世間で流行している強気の「パワーセールス」とやらの手法をとったのか？　いずれにしろ、それがうまくいかなかったことを、この人物は学んだ。そして今回、彼は時間をかけてボブのことを知ろうと努力した。もっと重要なことに、ボブの要望にじっくりと耳を傾けた。こうして、彼が営業担当者としてのスキルを身につけると、次の四半期、ボブが発注する量は回復した。そして彼が成長するにつれ、ボブが発注する量も増えていったのである。

ボブ・スミスのもとを訪れるのは、原材料をおさめる営業担当だけではない。社内の営業部員もやってくる。かれらは用があって本社にやってくると、かならず資材部に顔をだし、ボブと一五分ほどお喋りすることにしている。セールスマネジャーに会いに行くまえに、ボブのところに寄る者までいる。なぜだろう？　なぜなら、ボブのオフィスに行けば、ほかの営業担当者の話を聞かせてもらえるからだ。ボブはこうしたストーリーをよく新米の営業部員に話して聞かせる。そうすれば、彼が訪問先で同じようなあやまちをせずにすむ。

このストーリーから学ぶべき教訓は、営業担当者が仕入れ担当者とどう接するべきかという問題だけではない。もっと重要な教訓がある。メーカーには、かならず資材部門と営業部門がある。そしてボブのような資材部門のバイヤーは、日々、営業部員と会っている。有能な営業もいれば、無能な営業もいる。巨額の契約を実現させる者もいれば、がっくりと肩を落とし会社に戻る者もいる。ゆえに、よい営業担当者になるにはどうすべきかを教える人材として、バイヤーほどの適任者はいない。だからこそ、ボブは営業の人間に自分の体験談を話しつづけている。ところが大半の企業では、資材部門と営業部門の社員は、互いの顔さえ知らない。もったいない話だ。あなたが営業の達人を輩出したいのなら、バイヤーから体験談を聞かせてもらおう。そして最高の営業部員と最低の営業部員の例を教えてもらおう。次の四半期には、売上の数字に変化が見られるかもしれない——よい方向に。

＊＊＊

たいていの企業では、社員のだれもが（営業部に所属していなくても）一度は営業訪問に同行するはずだ。新製品の改良点について説明するためエンジニアが同行する場合も、ターゲットである消費者について説明するためリサーチャーが同行する場合も、増益を導くであろう広告キャンペーンについて説明するためマーケティング・マネジャーが同行する場合もあるだろう。つまり、営業の達人を輩出するには、営業部以外の社員にもよい営業担当者になってもらう必要がある。本章で最後に紹介するストーリーは、この点を説明している。

一九九五年、私はP＆G西海岸営業部で新たな職務に就いていた。現地のセールス・チームは、週に一度、取引先の小売店の経営陣と顔をあわせていた。そしてときおり、P＆Gのシンシナティ本社から副社長がやってきて、重要な営業訪問に同行することがあった。私が着任してすぐ、そんな日がやってきた。

取引先の小売店は、P&Gがあるブランドにくわえた変更のことで憤慨しており、副社長にそれを伝えたがっていた。こちらとしては、なんとか事態を収拾したかった。取引先からは厳しい要望があいつぎ、室内の緊張は高まった。だが一時間がたつころには、取引先の口調が穏やかになった。私たちは要望にじっくりと耳を傾け、状況の改善を約束した。会合は終わった。わが社はブランドのラインアップを守ることができたし、取引を継続することもできた。

会議室をでようとしたとき、P&Gの副社長が、取引先との緊張関係を最後にもう一度やわらげようと、握手をし、名刺を渡してこう言った。「御社との取引は、わが社にとってかけがえのないものです。こちらが私の電話番号です。私がシンシナティに戻ってしまうと、あいだに通訳がはいり、うまくメッセージが伝わらないおそれがありますから、いつでも気軽に直接お電話ください」それは軽いジョークでもあり、非常に気前のいい申し出でもあった。取引先が礼を言い、私たちは会議室をあとにした。

オフィスに戻ると、今回の営業訪問を簡単に報告した。そして、チーム全員で玄関まで副社長を見送り、空港に向かうタクシーに乗せた。タクシーが出発すると、私は振り返り、笑いながら仲間に話しかけた。「思っていたより、ずっとうまくいったな!」

しかし、驚いたことに、全員が、頭がおかしくなったのかと言わんばかりの表情を浮かべて私の顔を見た。「本気かい?」と、ひとりが辛らつな口調で言った。あきらかに、私はなにかを見逃していた。だが、なにを? しばらく、私は狐につままれたようだったが、ついに同僚が教えてくれた。

「きみの言うとおりだよ、ポール。たしかにうまくいっていた。最後の最後に副社長が取引先に名刺を渡し、『あいだに通訳がはいり、うまくメッセージが伝わらないおそれがあります』なんて言うまでは。あれじゃ、われわれがメッセージもまともに伝えられない、能無しの集団みたいじゃないか。われわれは、たったの一〇秒で信用を失った。だがとりもどすには、半年はかかるだろう」

そのとおりだった。くだんの取引先はその後の数カ月、なにか疑問があれば、副社長に直接、電話をかけた。もう、現地のわれわれなど必要ではなくなったのだ。それは私にとって手厳しい教訓となった。営業の基盤は信頼関係にある。信頼関係なしに、営業はなりたたない。あの副社長は誠意をもって関係の修復に努めようとした。しかし、そうすることで、P&G支社のセールス・チームの信頼をそこなうことになろうとは、夢にも思っていなかった。

副社長は、こう言うべきだった。「御社との取引はわが社にとってかけがえのないものです。ですから、わが社で最高のセールス・チームがここに控えております。ご要望があれば、なんなりとかれらにお伝えください。かれらはなにをすべきかを心得ております。そして必要があると判断すれば、私なり、社長なり、CEOなりを呼びだすことでしょう」と。

現在、私はP&Gの複数のセールス・チームと仕事をしている。そして若手のリサーチ・マネジャーが初めて顧客との商談に臨む際には、よくアドバイスを求められる。以前の私は「すべきこと」や「してはならないこと」をリストにして渡していた。だが、いくらリストを渡されたところで、あらゆる局面に対処できるわけではない。そこで私はかれらに、〝歓迎されざる名刺〟のストーリーを話して聞かせることにした。本社からきた若手のマネジャーは、取引先に好印象を与えたいと思いがちだ。ちょうど、あの副社長のように。だが翌日、自分が飛行機で本社に戻ったあと、現地のセールス・チームはその後もずっと取引先と交渉をつづけなければならないことを、ゆめゆめ忘れてはならない、と。

本社から派遣された人間の役割は、取引先に感銘を与えることでも、ヒーローになることでもない。現地のセールス・チームが仕事をしやすくすることだ。支援を提供するのはいい。だが、その結果、セールス・チームの力が奪われるようなことになれば、それは害悪以外のなにものでもない。

まとめと演習

1 営業の資料がゴミ箱行きになる場合にそなえて、よいストーリーをたずさえておこう。どんなに熱心に営業の口上を並べ立てたところで、それもまたゴミ箱行きになる可能性がある。ストーリーのほうが聞き手の記憶に長く焼きつく。

2 あなたが提供する製品やサービスが、どんなふうに顧客の利益になるのか、あらゆる観点から説明できなければならない。なぜ、それだけの代価を請求する必要があなたにあるのかではなく、顧客がそれだけの見返りを得られることを説明しよう（〝前金はインチキか?〟）。

3 研修の予算が少ししかない? セールスのテクニックを教えたいのなら、わざわざ講師を頼まなくても、あなたの社内に成功例を教えてくれる人材がいる——資材部門に。鉄鋼メーカーの営業担当者とボブ・スミスのストーリーを、営業部と資材部の社員に話そう。そして双方の社員がもっと話し合える時間をつくろう。両者とも互いに学ぶところが大いにあるはずだ。

4 たとえ営業部の人間ではなくても、だれもが、なんらかのかたちで営業訪問に関わることがある。部下を初めての営業訪問に送りだすまえに、歓迎されざる名刺のストーリーを話して聞かせよう。同様のミスを犯すリスクを減らすことができ、セールス・チームもあなたに感謝するはずだ。

第28章　初日に敬意を獲得する

「こちらの意向などおかまいなしに、あなたの噂は流れはじめる。どんな噂話を流されるのか、決めるのはあなただ」

——ボブ・マクドナルド（P&G、CEO）

あなたがデュッセルドルフを拠点とするドイツのテクノロジー企業の中間管理職になったところを想像してもらいたい[1]。一〇年まえ、会社はアメリカのライバル会社に買収された。それから数年おきに、新オーナーはアメリカから副社長をデュッセルドルフに送り込んできた。だが、そのたびに、惨憺たる状況が生じた。アメリカ人にはヨーロッパのビジネス慣行がわからないし、ドイツ人の顧客の要望も理解をこえている。それまでは年に一五〜二五パーセントの成長をつづけていたというのに、買収以来、成長率は二〜三パーセントに落ちた。最後にやってきた副社長はやっと、「現地社員が提案した戦略の実行を考慮する」と発言するようになった。だが、もちろん、考慮などされなかった。

さて、またアメリカから副社長がやってくることになった。彼の名前はバート。これまでアメリカ以外の国で働いたことも、暮らしたこともないという。英語しか話せず、おじは会社の元ＣＥＯだ。あなたはまだ当人に会っていないにもかかわらず、すでにこのバートなる人物のことが気にいらない。

もちろん、デュッセルドルフのスタッフもみな同じ気持ちだ。

あなたは盛大な歓迎会に行く。オードブルを食べ、現地スタッフと握手をしていたバートが、みなのまえで挨拶をする。「こちらに赴任できて光栄です」というお決まりの文句のあと、こんな話をはじめた。

「私は家畜がわんさかいるテキサス州の田舎町で育ちました。高校を卒業後は数年間、父が経営する農場で働きました。ですから、ラボックにあるテキサス工科大学に入学したときには、ほかの新入生よりいくつか年上でした。おかげで、すぐバーテンダーのアルバイトができるようになり、三年生になるころには、町でも腕利きのバーテンになっていました。ひいきにしてくれるお客さんたちは、ほかの店になど見向きもせず、わざわざうちのバーに通ってくれていました。私はひとりひとりの好みの飲み物を覚えていたし、かならず笑顔で差しだしていました。でも、常連客を獲得する秘訣はほかにもありました。私はだれよりもよくお客の話に耳を傾けていたのです。六時間勤務で三〇人のお客の話を聞いたこともありましたが、きっとみなさん、私と一対一で一時間は話したと思ってくださったはずです。

一年後、私は大学院に進学するため、シカゴに越しました。バーテンの経験があったため、応募した最初の店でアルバイトをはじめることができました。私はわくわくして、初日の仕事に臨みました。バーテンはかくあるべしという見本を大都会の連中にも見せてやろうと意気込んでいたのです。

ところが、散々な結果に終わりました！　私は一晩じゅう注文に追われました。私はスコッチならロック、バーボンならストレートという注文に慣れていたのですが、シカゴのお客は〝レッド・ホット・ラバー〟だの〝イリノイ・カクテル〟だの、私が聞いたこともないような飲み物を注文するのです。そのうえ、三〇分に三〇人のお客をさばかなければなりません！　とても全部の注文には応じられませんでした。そのうえ、なんとかお客に『きょうはどんな一日でしたか』と声をかけてみると、お客は、まるでストーカーを見るかのような目つきでこちらを見るのです。勤務時間が終わるころ、オーナーから声がかかりました。明日の晩も店にきなさい、と。ただし、出勤ではありません。ただ店の隅に座り、観察しなさいというのです。トッドというバーテン長がいる、やつは最高の腕前だ、勉強しろ、と。

翌日、私は言われた時刻に店に着き、カウンターの端に座りました。そしてテキサス州北部のバーで四年間に学んだことよりも、シカゴのバーの二時間で多くのことを学びました。トッドはとにかく最高でした。彼には顧客の好きな飲み物を覚える必要などありません。なにしろ、毎時間、新規の客が来店するからです。そしてバーのほうに歩いてくる客がいれば、かならずその客と目をあわせ、なににになさいますかと注文を訊くのです。テキサスでは、そんな注文の取り方は無礼であり、押しつけがましいと思われていました。ところがシカゴでは、それが正しいマナーでした。そのうえトッドはお代わりを訊くタイミングも心得ていました。タクシーを呼ぶ頃合も。その後、数カ月かけて、私はこうしたテクニックを身につけていきました。でも私は、二時間で理解したのです。自分に必要な新たなテクニックを。

その晩、私はふたつの大切な教訓を学びました。第一に、ある場所で成功したからといって、ほかの場所でも成功できるとはかぎらないこと。第二に、なにかに上達したければ、その道の達人から学ばねばならないこと。

私は、これから数カ月、みなさんおひとりおひとりと親交を深めるのを楽しみにしています。私はカウンターの端に座り、みなさんを観察させていただき、学ぶつもりです」

さあ、あなたはこんどの新しいボスをどう思うだろう？　ほっとした？　希望をもった？　わくわくした？　会うまえから彼を悪く思っていたことをうしろめたく思ったかもしれない。この場合、すでに自分のことを悪く決めてかかっている相手に対して、バートが自分の印象をよくするためには、ストーリーを話すしか手段がなかったともいえる。バートが自分の仕事で敬意を獲得するとしたら、六カ月から九カ月はかかっただろう。

このストーリーは、じつはフィクションなのだが、初日に相手の敬意を獲得するひとつの手法を示している。自己紹介をする際に、〝私はみなさんが思っているような人間ではない〟というストーリーを話すのだ。こうしたストーリーを活用すれば、自分への先入観があることを想定したうえで、それを固定させないようにすることができる。そしてまた初日に相手から敬意を獲得することもできるのだ。

＊＊＊

このストーリーは、語り手に対する先入観をくつがえすうえで効果的だが、とりあえず自分自身のことを知ってもらいたいのであれば、それほど先入観の有無を気にする必要はない。一九九九年に《ニューヨーク・タイムズ》とCBSがおこなった調査の結果を見てみよう。「世間では、どのくらいの割合の人が信頼できると思いますか？」と質問したところ、答えの平均は「三割」だった。次に「あなたの知人のなかで、信頼できる人は何割ぐらいですか？」と尋ねたところ、答えの平均は、なんと「七割」にも達したのである！　なぜか？　あなたのことを知らない人は、とりあえずあなたを信用しないという選択をするからだ。「彼のことは知らない。信用ならないやつかもしれない」というわけだ。ところが、あなたのことを個人的に知っている人は、とりあえず信用しようという気になる。「彼女のことは知っている。これまでのところ、こちらの信頼を裏切るようなことはしていない。きっと信頼できる」と。つまり、個人的に知っている人のことは信用しやすいという習癖には強い力がある。だからこそストーリーを話し、あなたについて少しでも知ってもらうことが肝心なのだ。

その好例を紹介しよう。

二〇〇五年一月、P&Gがジレット社を買収したときのことだ。これは、史上最大規模ともいえる日用品ブランドの買収でもあり、当然のことながらジレットの社員は、自分たちの仕事、賃金、福利厚生はどうなるのだろうと懸念した。

買収の合意に達した数日後、P&GのCEO、A・G・ラフリーと、ジレットの役員数名は、ボストンのプルデンシャルタワーのジレット本部で大規模な会合の場をもった。目的は、オーナーの交代に社員ができるだけスムーズになじめるようにすること。そこで、かれらはジレットの社員を講堂に収容できるだけ招いた。そのひとりが、マイク・ベリーだった。

ジレットの役員たちが最初に話しはじめた。そして、なぜこの買収がジレットの社員にとっても大きな恩恵となるのか、その理由を並べたてた。「P&Gは、ほぼすべてのカテゴリーにおいて市場リーダーです……社員への待遇には一六〇年の実績があります……利益分配制度にも力をいれています」などなど。やがて、CEOのラフリーに話す順番がまわってきた。当然、ラフリーも、この買収がジレットの社員にとって益があると説明をするつもりだった。だがそのまえに、少しばかり自分の個人的な話をさせていただきたいと、ラフリーは言った。そして最初に仕事をしたのが陸軍であったことを打ち明け、その後は家族のこと、趣味のこと、休暇の旅行先ではどこが好きかという話などをつづけた。

会合が終わると、室内の多くの人間の気持ちを代弁するかのように、マイクがこう言った。「すごい！　この五年でうちの経営陣についてわかったことより、この五分でラフリーについてわかったことのほうが多かったよ！」まさにそれは、ジレットの社員に必要なことだった――ラフリー個人について少しばかり知る必要があったのだ。このときジレットの社員にとってなにより重要だったのは、自分の会社を買収した男を信頼することだった。もちろん、ラフリーは「私のことを信頼してくださ い。あなたがたの面倒を見ます」とだけ請けあうこともできただろう。だがそれでは、自分について知ってもらうことはできない。この〝私のことを少しばかり知ってもらう〟ストーリーを聞き、ラフリーに対する聞き手の信頼度は三割から七割へと上昇したのである。

＊＊＊

初日に敬意を獲得するもうひとつの手法は、なぜ、あなたがいまここで働いているのかをストーリーで説明することだ。なぜ、この仕事を選んだのか？　なぜ、この会社を、この業界を、あるいはこの部門を選んだのか？　なぜ、この旅をはじめることにしたのか？　その答えが「金が必要だったから」でないかぎり、そうした理由を説明すれば、すみやかに敬意を獲得できる。

〝私はなぜここで働いているのか〟というストーリーは、短くてもかまわない。私はこれをジェフ・ストロングから学んだ。ジェフは、これまで一緒に仕事をしたリーダーのなかで、もっとも着想豊かなリーダーである。私はP＆Gの新規ビジネスを扱う部署で働いていたとき、ジェフと出会った。私たちの仕事はP&Gがこれまで参入していなかったカテゴリーに新製品を導入することだった。マーケティング・ディレクターとして赴任した初日、ジェフはこう自己紹介をした。「私は現実的な人間です。だからこそ、私はこの会社で働いています。妻子がおり、子どもの大学資金も貯めなければなりません。ですから、仕事と収入の面で大きなリスクを冒すわけにはいかないのです。とはいえ、私は新しいものを創造し、前例のないことをするのも大好きです。ですから、この部署で働くことになり、胸を高鳴らせています。わが社で起業に関われるのはこの部署だけです。おまけに、大きな決断をくだしても家族が路頭に迷う心配もないので、夜もぐっすり眠ることができる。こちらで早く働きたくて、待ちきれないほどです」

早く働きたくてうずうずしている相手となら、だれだって一緒に働くのが楽しみになるというものだ。ここが肝心。人は熱意あるリーダーと一緒に、そして、そうしたリーダーのために、働きたいと思う。なぜ自分がこの仕事を選んだのか、振り返ってよく考えよう。そして〝私はなぜここで働いているのか〟というストーリーを、周囲の人に話そう。

＊＊＊

さて、最後にもうひとつだけアドバイスしたい。自分に関するストーリーを話すときは、こんなふうに同僚から思われたいというイメージをそこなわないように。妙なことを明かせば、かえって悪影響をおよぼす。たとえば、以前、私が開催したストーリーテリングのセミナーに参加した若いマネジャーが、その数日後、興奮しながら「ぼくの話を聞いてください」とやってきたことがある。私はセミナーをおこなうまえから、彼のことを知っていた。聡明で行動力ある青年ではあるが、どちらかといえば他人より自分を優先する傾向があるという評判があった。だから彼が自分のおいたちについて話しはじめたとき、私は少々驚いた。子ども時代、彼は小さな町で貧しい生活を送っていた。学校のなかでもいちばん貧しく、そのせいで、いろいろな面で恥ずかしい思いをしてきた。だが、この苦境からなんとか這いあがろうと努力を重ねた。懸命に勉強し、クラスのトップで卒業し、家族で初めて大学に進学した。そして有名大学院に進学した。「あんな貧乏暮らし、自分の子どもにはぜったいさせたくありません！　上流の生活ができるようになるまで、がむしゃらに働きます！」

心あたたまる話かもしれない……ほかの人なら。

残念ながらこのストーリーは、自己中心的だという彼の評判の裏づけとなるだけだ。このストーリーを聞いた同僚は、なるほど、だから彼はあれほど我《が》が強いのだと納得するだけだろう。彼にはべつのストーリーが必要だ。そこで私は、いまの仕事のどこがいちばん好きかと尋ねた。すると管理職となり、部下をもつのはこれが初めてだということがわかった。そしてリーダーとして未経験だったにもかかわらず、彼を上司に迎えてから数週間もすると、部下たちはめきめきと成長をとげた。そして数カ月後、あなたはこれまでで最高のマネジャーですと、部下たちが彼に言いはじめた。さらには部の業績もそれを裏づけていた。そこで、私は彼に尋ねた。部下が成功し、その成功に自分も貢献していると感じるのは、どんな気分かい？「すごくいい気分です！　思いもよりませんでした。それに、自分のことだけに集中せず、部下のコーチングに時間を費やすと、部全体の業績が上がることもわかったんです」

「それだよ」と、私は言った。「それがきみのストーリーだ！」

彼のストーリーは、自分が他人の成功に貢献できれば、自分の昇進に腐心するよりはるかに気分がいいということの〝アハ・モーメント〟だった。それこそ、ほかの社員が、とくに彼の部下が聞きたい話だった。将来、そんなふうになりたいと考えている人間にとっても。このストーリーを話せば、自分の悪い評判を強化するのではなく、いい評判に置き換えることができるはずだ。

まとめと演習

1　あなたの評判とは、すなわち、あなたに関する周囲の噂そのものだ。出会ったときにあなたがどんな話をするかで、あなたの評判は変わってくる。

2　第一印象を与えることができるのは一度きりだ。新たなチームをまえにした最高の自己紹介は、ストーリーを話すことだ――あなた自身のストーリーを。初日に敬意を獲得するストーリーには三つの種類がある。

a　〝私はみなさんが思っているような人間ではない〟というストーリーを話し、あなたに対してチームがもっている先入観をなくす（シカゴでのバーテン経験を話したバートがその例）。

b　〝私のことを少しばかり知ってもらう〟ストーリーは、あなたを知らない相手に、あなた個人について知ってもらう役に立つ。短くても、こうしたストーリーを話せば、個人的にあなたのことを知るようになったチームは、あなたへの信頼度を三割から七割に上げる。ジレットの社員に語りかけたP&Gのラフリーのように。

c　〝私はなぜここで働いているのか〟というストーリーは、部下の士気を高める。熱意あるリーダーの下で働きたいと、だれもが思っているからだ。なぜ、自分がこの道を選んだのか、じっくりと考え、その理由を説明しよう（「私は現実的な人間です」）。

3　自分のことをこんなふうに思ってもらいたいと思うイメージを裏切らないストーリーかどうか、よく確認しよう。悪いストーリーを話せば悪影響をおよぼす（「上流の生活ができるようになるまで、がむしゃらに働きます！」）。

〈HOW TO〉第29章 聞き手をストーリーに組みいれる

「話を聞くと、忘れる。見せてもらうと、覚える。関われば、理解する」
——中国のことわざ

一九九七年、私は西海岸にあるP&G工場の財務マネジャーを務めていた。任期の途中で上司（工場長）が異動となり、新しい上司としてジョー・ロバトを迎えることになった。

工場長に就任して二カ月めのある日、就業時間が終わるころ、ジョーは各部署の責任者に覚え書きを送った。「明朝の会議で、本工場のマネジャー全員に対する新たな給与体系と昇進に関する方針を伝える。そのまえに、今夜、各自、この問題について考えてきてもらいたい。では明日。ジョー」

私たちは、帰宅する直前にその覚え書きを読んだ。基本的に、そこで伝えられていたのは、この工場におけるもっとも重要な三つの部門——製造、梱包、輸送——に所属していない者には、昇進も賃上げもいっさいない、ということだった。リーダーのなかには、この通達をまったく意に介さない人間が三人いた——製造、梱包、輸送の責任者だ。だが、それ以外の部署のリーダーたちは激昂した！

当然のことながら、私たちは仏頂面で帰宅し、配偶者に愚痴をこぼし、子どもたちに怒鳴り、熟睡できなかった——翌朝、ジョー・ロバトにどんなふうに不満をぶちまけようかと、ずっと考えていたからだ。

朝を迎え、会議がはじまると、私たちはいっせいにジョー・ロバトを責めたてた。こんな話はばかげているという理由を並べたてたのだ――「こんなのフェアじゃありません！　ここには世界各地から人材が集結しています……この工場の賃金はいわば全米の基準なんです……こんな方策をとったら有能なマネジャーがこなくなります……そもそも、わが社の理念に反しているじゃありませんか！　それに」と、私たちは食ってかかった。「こんな決定をする権限など、あなたにないはずです」

二〇分ほどだろうか、ジョーは私たちに怒りを吐きださせた。そして、ついに口をひらいた。「オーケイ、もう気を揉む必要はない。そんな制度を設けるつもりは毛頭ないんだよ。私はただ諸君に、ひと晩だけでも実感してもらいたかったのだ。私がここに赴任する以前に、この工場では管理職以外の社員には、賃金や昇進に関してこれと同じ不公平な方策をとっていただろう？」ぎこちない沈黙が流れた。

ジョーの言うとおりだった。たしかに、そうした方策があった。製造、梱包、輸送部門で働いている社員は重労働を強いられている。それに比べれば、ほかの仕事は快適そのものだ。エアコンのきいた室内のデスクで作業ができるのだから。だがP＆Gの企業理念は、重労働だからといって社員に高い賃金を支払うことを認めていない。そこで私たちは知恵を絞り、その方策を編みだしたのだ。もし、かれらがデスクの仕事に異動になったとしても、こうした条件があれば、数年のうちに重労働ではあるが厚遇されている職場に戻ろうという気になるかもしれない。当時は、じつにいい考えのように思えた。

ジョーは、会議でこうした賃金や昇進の制度には問題があると主張し、納得できないとか、公平ではないとか、改革したいと言い立てることもできたはずだ。だがそうなれば、私たちは彼をなだめ、なぜこれまでこうした方策をとってきたのか、その理由を並べたてただろう。ところが、ひと晩だけでも、それと同じような制度が実施され、わが身に災難が振りかかってくると思い込んだだけで、私たちは憤慨し、彼に食ってかかった。自分たちで異議を唱えたのだから、これまでの方針を肯定するのはむずかしくなる。

ジョーは、私たちにストーリーを話しただけではなく、私たちをストーリーのなかに組みいれた。自分の身に起きたこととして、ストーリーを実感させたのだ。それは驚異的な効果をおよぼした。ストーリーを話すだけではなく、聞き手を登場人物のひとりに組みいれることができれば、あなたが伝えたいメッセージは何倍もの力をもって相手の胸に響く。ストーリーテリングの力が新たなレベルへと強化されるのだ。

本書ではさまざまなストーリーテリングの手法を述べているが、この手法がもっとも強力といえる。だが、この手法をとる際には、慎重をきわめること。浅はかな考えでの利用は非常に危険であり、逆効果となりかねない。たとえばジョー・ロバトの場合、「かつがれた」、「いやな思いをした」と、当時のことをいまだに根にもつ社員がいるほどだ。かつがれたのは、たった一五時間だったというのに。

これは、たしかに極端な例である。思いきってこんな手段に訴え、うまくいくのは、あなたのキャリアのなかでもほんの二、三度しかないだろう。しかし、あなたと聞き手にとってきわめて重要な問題であれば、こうした手段をとるしかない場合もある。ジョーは部下に情熱を示し、全員が公平に扱われることを確認させた。彼にとっては、この手段に訴えるだけの価値ある問題だったのだ。

では相手を激怒させることなく、この戦略を使うことはできないのだろうか？　できる。第19章で紹介した、ジム・オーウェンがおこなった歴史の授業初日のストーリーを思いだしてもらいたい。ジム・オーウェンのストーリーとジョー・ロバトのストーリーには、大きなちがいがふたつある。第一に、歴史の授業では生徒をかついだ時間はほんの一五秒ほどであり、一五時間ではなかったこと。第二に、生徒自身が犯罪者のふりをした人間に脅されたわけではなく、脅されたのは教師だけだったこと。いっぽうジョーのストーリーでは、賃金や昇進の制度が変わるという悪い知らせが聞き手に直接伝えられた。ストーリーの筋書きのなかで苦しむはめにおちいったのは、語り手ではなく、聞き手本人だった。だから、聞き手をかつぐ時間に制限を設けよう。そして聞き手に直接、害がおよばないようにしよう。

＊＊＊

でも、聞き手を巻き込まざるをえないときには、どうすればいいのだろう？　ジョー・ロバトのストーリーのように、もっと強い手段に訴え、聞き手に教訓を重く受けとめてほしいときには？　そんなときには、最後に確認テストをおこなおう。自分が聞き手となったところを想像し、そうした災難が自分の身に振りかかったところを思い浮かべるのだ。種明かしがおこなわれたあと、あなたは貴重な教訓を授けてくれたと、相手に感謝するだろうか？　それとも腹を立てるだろうか？　その教訓が聞き手にとって非常に重要なものなら、感謝されるだろう。だが、あなたにとって重要であるだけなら、聞き手はまず感謝しない。

あなたが伝えたいと思っているメッセージのなかには、このテストに合格しないものもあるだろう。

それに、ジム・オーウェンのようには名案を思いつかないかもしれない。では、いっさいだますことなく聞き手をストーリーに巻き込み、同様のインパクトを与えることはできないのだろうか？　幸いなことに、できる。いくつか例を紹介しよう。

一カ月に一度、あるアメリカ企業の地域販売店が会合をひらいていた。大きな会議室に全員が集まり、経営陣の報告に耳を傾け、画期的な出来事を祝い、業績を評価するのだ。それは大規模な懇親会と決起集会を兼ねたような、よくある会合だった。

あるとき、人事部の女性マネジャーがマイクを握り、いかにもお祝いごとをするような口調で言った。「来月、西海岸のチームは、この一〇年間でもっとも独創的な改革をおこなうことをご存じでしょうか？　製品の性能を一〇パーセントも向上させる、新しいテクノロジーが誕生するのです！　このカテゴリーで大躍進をとげることでしょう」拍手喝采が起こった。

彼女はつづけた。「ご存じですか？　そのうえ本社からの支援を得て、売上目標達成のため、三週間後にはふだんの倍の幅で値下げをおこなう予定であることを？」いっそう拍手喝采。

「さらに、ご存じでしょうか？　秋に予定されていた広告をいくつかキャンセルし、その予算を流用して、全米のお客さまに改良された新製品の試作品をお送りすることを？」ふたたび、拍手喝采。

こうした問いかけのかたちの修辞的なスピーチがさらにつづき、チームからはお決まりの歓声があがった。拍手がおさまると、人事部のマネジャーはみずから投げかけた質問に答えて、こう言った。

「ええ、私自身、昨夜一〇時まで知りませんでした。オフィスのなかを歩いていたら、デスクやコピー機、ファクシミリ機のあたりにたくさんの紙が置きっぱなしになっていたものでね」ふいに歓声が消え、ぎこちない沈黙が広がった。「あのメモがライバル社の人たちの手に渡ったらどうします？

先方に手を打たれ、私たちの努力が水の泡になるんじゃありませんか？」聴衆のあいだに罪悪感をともなう、あやふやなうなずきが広がった。「わが社がクリーン・デスク・ポリシーを提唱しているのはなぜでしょう？　ちゃんとした理由があるからです。お願いですから、競争上の秘密はそのままに――つまり秘密のままにしてください」

この人事部のマネジャーは、立ちあがり、クリーン・デスク・ポリシーを守ってくださいと（何度繰り返したかわからないせりふを言い）全員に釘をさすこともできた。だが、彼女がとった行動はじつに効果的だった。聞き手をストーリーのなかに引き込んだのだ。と同時に、特定の人間を糾弾することもなかったのである。

クリーン・デスク・ポリシーの違反は、翌日から目に見えてなくなった。

このストーリーは聞き手をかついでいないだけでなく、インパクトがありながら聞き手にいやな思いをさせない理由がもうひとつある。数の安心感だ。だれひとり、のけものになっていない。たとえばジョー・ロバトのストーリーでは、三部門のリーダーたちは〝新〟制度に影響を受けなかったが、残りの五人のリーダーは影響を受けた。このように不平等な扱いがあると、不満が生じる。不公平に扱われるのがどれほど不快かを立証したいのでないかぎり、聞き手を不平等に扱う状況は避けるほうが賢明だ。

＊＊＊

先のストーリーでは、人事部のマネジャーはべつに聞き手をだましたわけではなかった。ただ修辞的な質問を繰り返すことで、相手に勘違いをさせる工夫をした。こうした巧妙なごまかしもせずに、聞き手をストーリーに引き込むことができるだろうか？　答えはやはりイエスだ。次に、ある方法を紹介しよう。科学実験をとりいれ、聞き手を被験者にする方法を。

二〇〇七年、私はプライベートブランド製品に関する二日間の企業研修に参加した。二日間の大半は、プライベートブランドの躍進ぶりと、競争力強化の方策に関するスピーチとプレゼンテーションで占められた。なかでも、もっとも強く印象に残ったのは、実際に製品を使った三〇分間の演習だった。私たちは一五〜二〇人のグループに分けられ、別々の部屋に案内された。室内にはいくつかテーブルがあって、製品のサンプルが並べられていたが、あるテーブルには、牛乳をいれたコップが並んでいた。テーブルの片側に並んでいるコップにはAというラベル、反対側に並んでいるコップにはBというラベルが貼られていたが、ほかには牛乳に関する情報はいっさい表示されていない――牛乳を購入した店、ブランド名、価格は、いっさいわからない。

ここで参加者は、AとBのコップをそれぞれひとつずつ取って中身を飲み、どちらが高価なナショナルブランドで、どちらが安価なプライベートブランドかを紙に記録するよう指示された。ほかのテーブルでは、べつの製品で同じような条件がつくられていた――チョコレートチップクッキー、ハンドクリーム、オレンジジュースなど。あるテーブルでは、並べられた紙おむつに、まえのテーブルで残ったオレンジジュースをそそぐように指示された。そして、ジュースが吸収されるようすを観察するように言われた。

すべての製品を試し、選別をおこなうと、全員が最初の大きな部屋に戻り、すぐに、どちらがナショナルブランドで、どちらがプライベートブランドかを教えてもらえた。私は驚いた。私がナショナルブランドだと思って選んだ製品の五分の四が、実際にはプライベートブランドだったのだ。五分の四！　うち三つの製品はＰ＆Ｇが商品を製造したことのない分野のものだったが、そんなことはたいした問題ではなかった。肝心なのは、プライベートブランドがそのカテゴリーのなかでよい製品であるのなら、わが社と競合するカテゴリーでも悪いはずがない、ということだった。

その日の夕方、私たちは、それぞれのテーブルで参加者がナショナルブランドを当てた割合を知らされた。また、広範な消費者リサーチによる同様のテスト結果も知らされた。

とはいえ、私は詳細についてはあまり覚えていない。覚えているのは、私が〝よりよい〟ナショナルブランドだと考えた製品のうち、五分の四が、実際にはプライベートブランドであったことだ。その結果、私はストーリーの一部になった――実験の一部に。こうして私はどんな調査や統計学上の数字を並べられるよりも、プライベートブランドが脅威であることを実感したのである。聞き手になにかを納得してもらいたいときには、さまざまな学術的かつ専門的なリサーチ結果を並べることもできるし、それをなんとか実証してみせることもできる。後者のほうがまちがいなく効果がある。

＊＊＊

どれほど努力しようと、聞き手をストーリーに組みいれることができない場合もある。そんなときは、聞き手をストーリーテリングの一部にするといい。本章で最後に紹介するのはその好例だ。

数年まえ、私は朝から晩までつづくミーティングの準備をしていた。出席者は、顧客である小売店の役員の面々だった。ミーティングのある時点で、私はこう論じなければならなかった。貴店の陳列棚に並んでいる、もっとも目立ついくつかのブランド――わが社のブランド――に関しては、ライバル社の小売店は貴店の三倍も広告をしています、と。

私は調査したすべての広告をデータにまとめ、ふたつの小売店のあいだにはあきらかに三対一の割合で広告量に差があると指摘することにした。そして明確にその事実を示した派手な図表をつくった。棒グラフの色まで、それぞれのブランドのロゴにあわせるという工夫までほどこした。私は心からその図表が気にいっていた。

ところが打ち合わせまであと数日を迎えたとき、上司のジェフ・ションバーガーが、打ち合わせはすべて口頭での話し合いにすべきだと言ってきた。「スライドなし、図表なし、グラフなしだ」と。もちろん、私はただ、ライバル社が三倍も広告費に支出していると口頭で述べることもできた。だが、私たちはたいてい大学一年のときに心理学の授業で、「人は聞いたことの二割しか覚えていないが、見たことの三割を覚えており、見聞きしたことの五割を覚えている」と習っている。だからこそ、私は図表を使いたかったのに。

とはいえ、大学時代の古い教科書を見直したら、あなたは思いだすかもしれない。「人は見聞きしたことよりも、自分が言ったことの七割を覚えており、実際にしたことの九割を覚えている」ことを。ここに私はチャンスを見いだした——私の立派な図表を見るよりももっと記憶に残るようなことを、聞き手に言ってもらったり、してもらったりすればいい。そこで私は土曜日の新聞を引っ張りだし、双方の小売店のちらしに目を走らせた。そして顧客の店のちらしで、わが社のいくつかのブランドの広告を数えた——三つ。いっぽうライバル店のほうは——九つ。ビンゴ！

私は三歳の息子がトイレで成功したとき、ご褒美にあげていたような小さな黄色い星のかたちのシールを手にいれた。そして、くだんのブランドの広告の横に目印として貼りつけ、打ち合わせに臨んだ。

打ち合わせをはじめ、まさにその問題を提起するとき、私は新聞にはさんであったちらし広告をとりだした。そして、ちらしを聞き手が見えるように掲げたあと、室内でもっとも上級の役員のテーブルに置いた。そして、貴社のちらしで小さな黄色の星形シールがついている箇所を数えていただけませんかと頼んだ。「ひとつ、ふたつ、三つ」と、役員は数えた。

「ありがとうございます。では次に、ライバル社のちらしの星形シールを数えていただけますか？」

「一、二、三、四……九」と、役員が数えた。

私は締めくくった。「私たちは、過去半年のちらしをさかのぼって調べてみました。すると、これらのブランドに関しては、まったく同じ割合で広告が掲載されていました。毎週、毎週、貴店のちらしにおける弊社の製品広告はライバル店と比べ一対三の割合で少ないのです」

もし、ジェフが私の望みどおり、あの美しい図表を使わせてくれていたとしても、打ち合わせはうまくいったという自負はある。だが、丸一日つづいたあのミーティングの場で、あの役員が私の話を事実として吸収し、記憶にとどめておく確率はぐんと低くなったはずだ。

まとめと演習

1　メッセージを教えやすい場を設けよう。聞き手が参加できるようなイベントを企画したり、状況をつくったりしよう。そうすれば、聞き手は一方的に話を聞くだけではなく、実体験を通じて教訓を学ぶことができる。

a　出発点となるストーリーを話そう（工場に新たな昇進制度ができたというストーリー）。

b　聞き手をしばらくのあいだ勘違いさせる手法をとる場合、リスクを冒すだけの価値があるかどうか、よく考えよう。それは最終確認テストに合格するだろうか？　短時間であれ、相手を誤解させたあと、聞き手は貴重な教訓を授けてくれたことを感謝するだろうか？　それとも、立腹するだろうか？

2　だれかを怒らせるリスクは減らそう。

a　いつわりの仮定をいっさいしない（クリーン・デスク・ポリシーのストーリー）。

b　ストーリーのなかでは聞き手全員を平等に扱う。勝者も敗者もつくらない（やはりクリーン・デスク・ポリシーのストーリー）。

c　ドラマ仕立てにする際には、自分または関係者だけがそのドラマに関わるようにする。聞き手をドラマに引きいれない（ジム・オーウェンの歴史の授業初日のストーリー）。

d　種明かしは、数時間後ではなく、数秒、あるいは数分後にする。

3　聞き手を被験者に仕立て、実験やデモンストレーションをおこなおう。聞き手自身にそれを立証してもらうのだ（プライベートブランドのテストのストーリー）。

4　人は、自分が見るか聞くかしたことの二割から三割を覚えている。いっぽう、自分が実際におこなったことの九割は覚えている。もし、聞き手に実際に行動してもらうことができなければ、ストーリーテリングの一部に聞き手を巻き込もう（星形シールを数えてもらうストーリー）。

第30章　いざ、実践！

「うちの犬に口笛を教えたんだ」
「口笛を吹いてるのなんか聞いたことないぞ」
「だから教えただけだってば。できるようになったとは言ってない」

——一九九一年の風刺漫画より

冒頭の引用は、ふたりの少年と一匹の犬が登場する漫画のせりふだ(1)。なにかを教えてもらったからといって、それで身につくわけではないという風刺である。さてあなたは本書をここまで読んできて、リーダーシップを発揮するツールとしてストーリーテリングが欠かせないことがおわかりになったはずだ。だが、それだけではストーリーテリングのスキルを身につけたとはいえない。その技術を習得する最善の方法は、とにかく練習すること。本書のストーリーを実際に活用してみよう。そして本書のツールを活用し、自分でもストーリーをつくってみよう。

手始めに本章では、ストーリーテリングを活用しようとする際に、みなさんがぶつかる疑問と、それに対する回答を述べているので、参考にしてもらいたい。

Q1　ストーリーをどこでさがせばいいか？

ストーリーテリングを活用しようとすると、大半のリーダーがこの疑問をもつ。自分にはなにも語るべきストーリーがないというわけだ。まず、ストーリーが必要になってからあわててさがしはじめるのではなく、いますぐストーリーの収集をはじめよう。本書のおもな目的のひとつは、そこにある──大半のリーダーが直面する難題に関するストーリーを集め、読者のみなさんにお伝えすることだ。だから、もうストーリーを語る準備はできている。すでに手元に、いますぐ使える一〇〇以上のストーリーが用意されているのだから。

とはいえ、もっとストーリーのストックがほしいと思うかもしれない。幸い、ストーリーを見つける場所と方法は山ほどある。次に、それを三つのグループに分けて例を挙げながら説明しよう。「あなたの過去の体験」、「身近で見聞きしたもの」、「人から聞いたもの」だ。ではまず、自分自身の体験からはじめよう。

あなたの過去のストーリー。よいストーリーとは、ほかの人の身に起こったおもしろい出来事だと考える人は多い。いかにもおもしろい体験をしていそうな人のストーリーこそ、よいストーリーだと思い込んでいるのだ。だって自分はごく平凡な人間だ、それほどおもしろいストーリーなどあるはずがない、と。だが、ある。かならず、ある。すばらしいストーリーをもっている人が派手な人生を送っているとはかぎらない。かれらにはただ、日々の自分の挑戦を積極的に人に伝える習慣があるだけなのだ。あなたにも同じことができる。本書でその方法を学んだのだから。あなたの過去を振り返り、よいストーリーを掘り起こしてみよう。そして、そのストーリーをすばらしいストーリーに仕立てよう。

　これまでの仕事で大きな成功をおさめたときのことを思いだそう。自分の業績を誇りに思えたことが何度かあったと思う。まちがいなく、それはあなたが大きな障害にぶつかり、それを克服したときだったはずだ。だからこそ、仕事のうえでも気持ちのうえでも大きな見返りを得て、記憶に残っているのだろう。そこには、すばらしいストーリーのはじまりに必要な条件が揃っている――関連づけることのできる主人公（あなた）、追い求めるだけの価値がある目標、手ごわい障害。付録の〈ストーリーの構成要素チェックリスト〉を活用し、ストーリーの構成要素として必要なものを確認しつつ、あなたのストーリーに肉付けをしていこう。

　次に、これまで仕事で大きな失敗をしたときのことを思いだそう。第20章で学んだように、失敗談は教訓を授けるもっともよいストーリーのひとつだ。失敗談を伝えれば、自分と同じあやまちを犯さないよう部下に釘をさすことができる。これまでにあなたが犯したあやまちのなかから、最悪の失敗をいくつか選びだそう。その失敗談こそ、もっとも効果的なストーリーであり、繰り返し伝えられることになるだろう。本書で学んだツールを活用し、それらをもっと発展させておこう。必要になったとき、すぐに活用することができる。

　次に、過去の体験を振り返ってストーリーを探す際に役立つ質問を挙げておく。これまでの人生におけるイベントのリストをつくり、それぞれのストーリーの出だしを考えよう。自分の過去にさまざまなストーリーが潜んでいることに驚くはずだ。

●心から尊敬している人のことを考えてください。それほど尊敬できる相手から、あなたはなにを学びましたか？

- これまで仕事をしていて、もっとも重要な教訓を学んだのはどんなときですか？
- これまでの人生で、もっとも心を動かされ、鼓舞されたのはどんなときですか？
- チームとの一体感を覚え、この仲間と頑張ろうと闘志を燃やしたのはどんなときですか？
- 仕事におけるもっとも困難な経験はなんですか？
- あなたがこれまでにおこなった、もっとも創造的なことはなんですか？
- その後のあなたの仕事ぶりに大きな影響をおよぼした、もっとも厳しい意見や忠告をされたのはどんなときですか？
- 仕事を通じて築くことができた最高の人間関係とは、どんなものですか？
- これまで働いてきて、もっとも驚いた出来事はなんですか？
- あなたに解決することのできた、もっともむずかしい問題はなんですか？
- あなたがいちばん好きな仕事はなんですか？　その理由は？

身近で起こったストーリー。すばらしいストーリーは、日々、あなたの身近なところで起こっている。ところがあなたは、それがストーリーだとは思っていない。それどころか、気にもとめない。ただ経験するのだ。そして、その経験を楽しむ。そこから学ぶ。元気づけられる。そして、それを人に話して聞かせ、共有するだけの知恵のある人にとってのみ、それはストーリーとなる。そのとき、ストーリーが誕生するのだ。

ではどうすれば、いま、自分はすばらしい体験をしていると気づくことができるのだろう？　大丈夫、あなたはすでに第一歩を踏みだしている。本書をここまで読んだ時点で、すばらしいストーリーとはどんなものかという意識があなたのなかに植えつけられている。すばらしいストーリーには、自分を投影できる主人公、有意義な目的、手ごわい悪役が欠かせない。だが、いま体験しているのがよいストーリーになるかどうかをそのレベルで分析するまえに、もっと簡単な方法がある。こう自問してみるのだ。いま自分は、予想外の教訓を学んでいるだろうか？　あるいは予想もしなかったやり方で教訓を学んでいるだろうか？　答えがイエスなら、よいストーリーが生まれつつある可能性がある。

たとえば、取締役へのプレゼンの手法を教えるクラスをいくら受講しても、おそらくよいストーリーは生まれない。だが、会議室の円卓でCEOにプレゼンをおこなったとき、私はまったく予想外の状況で教訓を学んだ（第1章）。ジェフ・ブルックスが、ブダペストに向かう列車のなかでかわされたトイレットペーパーに関する会話について話してくれたときには（第17章）、自分の仕事を愛する術《すべ》を学ぶことになろうとは思っていなかった。プリンターに社員番号を入力することにした結果、書類がだしっぱなしにならなくなったというストーリーをマーティン・ヘティヒが話したときには（第4章）、たしかにクリーン・デスク・ポリシーを守ってもらう方法について話し合っていたが、それが、コスト削減プロジェクトの一例から引きだされるとは、予期していなかった。

ストーリーに予想もしなかった教訓が含まれているか、あるいは、予想もしなかったかたちで教訓を学んだか。これが、そのストーリーを語る価値の有無を決める最初の判断基準となる。どちらかの条件にあてはまれば――それが自分の身に起こったことであれ、他人の身に起こったことであれ――メモに書きとめておこう。すばらしいストーリーが、いままさに誕生しようとしているのだから。

人から聞いたストーリー。もっとも豊かなストーリーの源は、まわりの人から聞いた話だ。あなたという人間はひとりだが、世界には七〇億もの人がいる。たとえ自分ではひとつもストーリーを編みださなくても、すばらしいストーリーを提供する無限の源があるのだ。ただ、人から聞いた話に注意を払ってさえいればいい。そうした話のなかから最高のものを選んでいけば、オリジナルの〝グレイテストヒット〟ストーリー集をつくることもできる。

いい話を聞いたら、頭のなかでメモをとる。これが、人から聞いたストーリーを集める第一歩だ。とはいえ、相手がストーリーを話しだすのを待っている必要はない。人のストーリーを見つける、より積極的な方法をいくつか紹介しよう。

〈こちらから尋ねる〉トム・ピーターズは著書『リーダーシップ魂。』でこう記している。「私の見るところ、有能なリーダーは社内を歩きながら質問――唯一の質問――を投げかけている。『なにか、いいストーリーはあるかい？』と」(2)。そんなふうに尋ねられても、すぐに興味深いストーリーを話すのはむずかしい。だが、あなたがその質問をするとあらかじめわかっていれば、多くの部下がストーリーを仕入れておき、次に尋ねられたときにそなえるようになるだろう。メアリーケイ・コスメティックスでは、もう一歩踏み込んだ方法で販売員からストーリーを集めている。メールで、「メアリーケイの仕事は、あなたの人生をどんなふうに豊かにしていますか？」といった質問を送っているのだ(3)。販売員からの返信は、すばらしいストーリーの無尽蔵の源となっている。

〈コンテストを開催する〉二〇一一年六月、P&Gのグローバル・ビジネス・サービス部門は、ストーリーテリングのコンテストを開催した。多様性《ダイバーシティ》を尊重する経営戦略を推進するにあたり、社員七〇〇〇人に対して、多様性が自分の人生にどのような影響をおよぼしているかを語ってほしいと募集したのだ。ビデオによる撮影とその編集作業は会社側が負担するため、有志は自分がストーリーを語るところを撮影してもらえる。その結果、世界各地の支店から二〇〇人以上がコンテストに応募し、社員は、社内のイントラネットを通じてそのビデオを視聴できた。そして二六〇〇人以上の投票で勝者が選ばれた。入賞者のなかには、第8章で紹介したコスタリカ在住のシルビア、アンネッテ、マリアという三人の女性も含まれていた。

だれにでも語るべきストーリーがある。ちょっと励まし、背中を押せば、話しはじめる人は多い。だからコンテストを開催し、あなたが必要としている話題に関する最高のストーリーを募集しよう。すぐれた顧客サービス、問題解決、コーチングの見本、創造性など、話題はなんでもいい。そして選ばれた勝者を賞賛し、かれらのストーリーをあなたのコレクションにくわえよう。

〈ストーリーテリングの場を設ける〉世界的な大手広告代理店、サーチアンドサーチ社は、四半期ごとに世界各地から二〇人の社員を集め、会合をひらいている。会ったことも、一緒に働いたこともない社員たちだ。会合でかれらはふたつのグループに分かれ、ひとつのグループは、職場で自分がだれかを〝鼓舞した〟経験について話す。もうひとつのグループは、自分がだれかから〝鼓舞された〟経験について話すのだ。(4) いっぽうコンテナ・ストアの各小売店では、毎日、社員がストーリーを話す時間を設け、互いに刺激を与えあっている。そのなかで最高のストーリーは文書にまとめられ、本部に送られ、そこから全米各地に配付される。(5) こうした例からもわかるように、近年では多くの企業が社員を集め、互いにストーリーを披露したり、ストーリーを収集したりする場を設けている。あなたの会社でも同様の工夫ができるはずだ。

〈正式なインタビューをおこなう〉アメリカの環境保護庁は「変化を起こす」、「結果をだす」、「連携体制をととのえる」といったテーマについて、管理職員たちにインタビューをおこない、そのようすをビデオで撮影した。そして印象に残る一〇のストーリーをおさめた一八分間のビデオテープを作成した。(6) いっぽうP&Gはプロのジャーナリストと作家をふたりずつ雇い、現幹部と元幹部への取材にあたってもらい、次世代のリーダーを鼓舞し、訓練するためのストーリーをさがしだしている。

実際に、こうした要望に応じる人などいるのだろうか？　もちろん、いる。かれらはよろこんで取材に応じる。大半の人は、相手がじっと聞いてくれるのであれば、自分の話をよろこんでしたがるものだ。本書の執筆のためにリサーチをおこなった際、私は八〇人以上にインタビューを依頼した。すると、辞退したのは七人だけだった。インタビューを申し込んでみることだ。

〈聞き手を触発する質問をする〉どんな質問をする際にも、ひとつ、注意点がある。あなたは市民団体などへのインタビューで、団体の存在意義について答えている人を見たことがあるだろうか？　大半の人はもごもごと曖昧なことしか言えない。それは質問自体が、たとえば「あなたにとってこの団体とはなんですか？」といった漠然としたものだからだ。質問はもっと具体的なものにしよう。たとえば、第28章で初日に相手の敬意を獲得する方法を執筆するにあたり、私はこんな質問を投げかけ、調査をおこなった。

●あなたはこれまで、初対面で聞き手の敬意を得た自己紹介を聞いたことがありますか？　それはどんな自己紹介でしたか？

●これまでに、相手の個人的な話を聞いたあと、その人に関する印象が一八〇度変わったことがありますか？　それはどんな話でしたか？

●初日に、周囲に受けいれられるチャンスをつぶしてしまった人を見たことがありますか？　その人はなにをしたのでしょう？

特定の話題に絞ることなく、ただ、すばらしいストーリーをさがしている場合はどうなのだろうか？　その場合、「最高のストーリーを教えてください」と頼むだけでは、よい返答は得られにくい。それは、自分にとって最高のストーリーになるだろうか？　とても気にいるだろうか？　聞き手の心を鷲づかみにするだろうか？　その可能性は低い。ちなみに、本書の執筆にあたり、私がさまざまな人たちにインタビューをするなかで、もっとも有効だったのは、「これまで仕事をなさっていて、繰り返し話してきたストーリーはなんですか？」という質問だった。それがどんな内容であろうと、ひんぱんに話して聞かせたストーリーは効果があり、人を引きつけたにちがいない。そしてこの質問は具体的であるため、相手からも具体的な答えを引きだすことができる。

市民団体などへのインタビューでよくあるもうひとつの問題は、カメラをまわしながらインタビューをおこない、すぐに返答させることだ。これでは、相手が質問の内容についてじっくりと考えてから答えることができない。だから、インタビューをおこなう際にはまえもって質問を知らせておこう。

私の場合、インタビューの数日まえにはかならず相手に質問の内容を知らせることにしている。そうすれば、よいストーリーについて考える時間をとってもらえる。これは非常に効果がある。七五人にインタビューを依頼したところ、ひとりを除いた全員が、私にさまざまなストーリーを披露してくれたのだから。

見知らぬ人のストーリー。特定の話題について、これといったストーリーが周囲ではさがせないこともある。そんなときには、見ず知らずの人たちからストーリーを集める方法が二種類あるので、活用しよう。

〈インターネットで検索する〉先日、ある話題にふさわしいストーリーがなかなか見つからないことがあった。そのときの私は、あるブランドを担当する小規模のチームのモチベーションをあげるようなストーリーをさがしていた。というのも、かれらは市場シェアや広告費の予算がライバル会社とあまりにも差があるため、怖気づいていたのである。そこで、現代版ダビデ対ゴリアテのようなストーリーをさがすことにした——われらがダビデが巨人ゴリアテを打ち倒すために教訓を得られるようなストーリーを。

これといったストーリーが見つからず、私はしかたなくグーグルの検索エンジンで「勝ち目の薄い戦いに勝つ」といれ、検索した。ごくありふれたアドバイスやつまらないコメントが多々あることは覚悟していたが、ひとつでもよいストーリーが見つかれば御の字だと思ったのだ。すると、ほんとうにひとつ、見つかった。二〇〇九年五月の《ニューヨーカー》誌に掲載されたマルコム・グラッドウエルの文章にリンクが張ってあったのだ。(7) そこには、初心者の一二歳の少女たちのバスケットボール・チームを率いる監督が、オールコートプレスという積極的なディフェンスの手法をあえてとり、全米大会にまでチームを進出させたというストーリーが記されていた。それは読者を魅了する筋書きであり、勝ち目の薄いチームが学ぶことのできる教訓がいくつも含まれていた。あなたがどんな種類のストーリーをさがしているにせよ、そうしたストーリーはかならず存在するはずだ。検索し、さがしてみよう。

〈さまざまなメディアにあたる〉書籍、雑誌、映画、新聞、テレビ番組などは、豊かな情報源だ。なかでも私は民話が好きだ。民話には、時代や文化の垣根を越えた知恵が記されている。本書でも、いくつか紹介してきた。ただし、よいストーリーを見つけたら、かならず出典を確認すること。

Q2　いざというときにストーリーを思いだせないのだが、どうすればいいか？

現在、ビジネスに関するもろもろ――セールス、個人情報、市場シェア、生産スケジュール、売掛金、在庫――はすべて、データベース化されて、どこかのパソコンにはいっている。ところが、もっとも豊かな知恵の集合体だけは保存されていない。そう、ストーリーだけは人の頭のなかにある。そして人間の記憶という、はかなくもろいものに頼っている。

そろそろ、私たちのストーリーをデータベース化しなくては！

ストーリーを書きとめたら、それを簡単にアクセスできるファイルに保存しておこう。私の場合、ストーリーをすべてワープロでまとめたうえで、パソコンのひとつのファイルにまとめている。こうしておけばいつでも必要に応じて、タイトル、題材、登場人物の名前などで検索できる。ストーリーをファイルにまとめる際、ストーリーにタイトルをつけ、それをリストにし、そのストーリーがどんな状況で有効か、説明をつけておくと便利だ。本書の付録にそうした表があるので、参考にしてもらいたい。この表を活用すれば、本書でストーリーをさがす際に、すばやく必要なものを見つけることができるはずだ。たとえば第1章で紹介した、CEOにしてはならないプレゼン法を私が学んだストーリーは、次の三点を部下に説明する際に利用できる。

1 なぜストーリーテリングを活用すべきなのか。
2 どうすれば、自分の提案を強く印象づけることができるのか。
3 重要な教訓を、どのように伝えればいいのか。

いっぽう、第3章で紹介した、メリルリンチ社のプレッジャーがふたりの若者を競わせたストーリーは、リーダーが次の四つの難題に取り組むとき、役に立つ。

1 目標を設定し、積極的に取り組ませる。
2 協力をうながす。
3 部下にやる気をもたせ、チームの士気を高める。
4 自分の仕事に情熱をもたせる。

付録の表の上部に、リーダーが直面する難題が並んでいる。自分が答えをさがしている問題を見つけたら、その下の●印がついている列を見れば、関連性のあるストーリーがわかる仕組みになっている。

とはいえ、本書のストーリーは私のストーリーにすぎない。それよりも、会社がこうしたストーリーのデータベースを保存しているほうがずっといい。さまざまなストーリーを保存してある唯一のデータベースに全社員がアクセスできるようにすれば、どれほど便利か。さらには、社員が自由にデータベースにストーリーをくわえることができ、状況にふさわしいストーリーをきちんと検索することもできれば、もっといい。たとえば、ある社員が創造性に関するストーリーがほしいと思ったら、そのデータベースにアクセスし、〝創造性〟や〝イノベーション〟といった単語を入力し、検索すればいいようにする。こうすれば、社員が困った状況におちいったとき、ひとりで悶々と悩まずにすむ。この状況を打開するヒントを与えてくれるストーリーをさがせばいいのだから。

また、ワープロでまとめた文書をプリントアウトし、書物の体裁にまとめるのもいい。この手法をとり、アームストロング・インターナショナル、P&G、GE、メドトロニックといった企業は、実際に社員に冊子を配付している。

いや、べつにストーリーなど書きとめる必要はないと、それでもお思いだろうか？　だが、書きとめられず、繰り返し語られることがなければ、ストーリーはどうなってしまうだろう？　すっかり忘れ去られてしまう。重要な教訓だけストーリーのなかから抽出し、プレゼンや報告書で箇条書きにしてまとめたところで、ストーリー本来の力は失われてしまい、聞き手に変革をうながすことなどできない。だからきちんとストーリーを書きとめ、保存しておこう。

Q3　ストーリーをどこで話せばいいか？

そもそも、ストーリーを語る際に、とくべつな時間と場所など必要ない。ごくふつうにリーダーシップを発揮するときに、その場でストーリーを語ればいいだけの話だ。正式な会議、通路でのちょっとした立ち話、数百人の聴衆を前にしたスピーチ、一対一の話し合い、メール、メモ、パワーポイントを使ったプレゼン、オフィスの隅、食堂など、場所は問わない。なにをすべきかを相手に伝えるとき、アドバイスをするとき、なにかを教えるとき、気軽にストーリーを伝えればいい。

また周囲でストーリーが語られている場所で、自分のストーリーを語るのもいい。研修を受けている教室、会社のウェブサイト、企業のニュースレター、顧客との打ち合わせの場、会社のイベント、年次総会、チームのミーティングなど、機会はいくらでもある。

さらに、ストーリーを語るための機会をとくべつに設けている会社も多い。アームストロング・インターナショナルの元CEO、デビッド・アームストロングは、ストーリーを書いた紙をオフィスのあちこちの掲示板に貼りだしたり、給料の支払い明細書に同封したり、オフィスの壁に額にいれて飾ったりしている。現場で働く営業部員のためには、それを音読したものをCDに録音しているし、映像にしたものを工場のテレビで流している。また、社内のストーリーを何冊かの小冊子にまとめ、受付や各職場に置き、社員ひとりひとりに送付もしている。ほかの企業では、社員同士でストーリーを共有するためのイベントを開催している。なかには社員が定期的に集まり、ストーリーを交換するストーリーテリング・クラブをつくっている企業もある。

ストーリーを話してはならない場所を挙げるほうがむずかしい。

Q4　ストーリーは正式な報告書やメールには向いていないのではないか？

これは、私がよく耳にする誤解のひとつ。こんなふうに言われることが多いのだ。「ストーリーを話すことに価値があるのはわかったよ――スピーチやプレゼンにとりいれるのも、ミーティングで引き合いにだすのも、ウォータークーラーで水を飲みながら話してもいいって言うんだろう？　だがね、会社の報告書やメールにストーリーを書くってのはどうかな。ストーリーって、正式なものじゃないだろう？」

ナンセンス！　第14章で学んだように、いずれにしろわかりやすい文章を書くときには話すように書くべきであり、気持ちよくストーリーを話せるなら、同じように気持ちよく書けるはずだ。

書かれたストーリーの効果を見るために、次に二通のメールを紹介しよう。最初のメールは、ごく一般的なビジネス・メール（すなわちストーリーを含まない）。二番めのメールには、ストーリーが含まれている。どちらもＰ＆Ｇのチーフ・マーケティング・オフィサーであるマーク・プリチャード宛のメールであり、同じ話題をとりあげている（ただしブランドやカテゴリー、消費者の反応などに関しては、情報守秘のため変更をくわえた）。

送信者：ポール・スミス
日時：２０１０年１月５日（火）、17：09
宛先：マーク・プリチャード
件名：〈クレスト・ビッグ・アイデア〉集会の成果

マーク
貴殿の指示を受け、本日、〈クレスト〉ブランドの新たなアイデアを募るべく〈ビッグ・アイデア〉集会を開催しました。

目的
〈クレスト〉の売上を伸ばし、市場シェアを広げるための画期的なアイデアを募る。

問題の背景
- マネジャーの大半が日々の業務に追われ、新製品、コンセプト、コミュニケーション戦略などを概念化することができず、ビジネスを成長させることができない。
- 〈ビッグ・アイデア〉集会を開催し、上記の問題に取り組む機会とする。

成功の基準
ブランドの売上や市場シェアを急成長させるためのアイデアを最低ひとつ、できれば複数、発案する。その際、次の二点を考慮にいれる。（1）消費者のニーズがあることはわかっているものの、まだ対応できていないものに応え、（2）まだ曖昧なニーズを掘り起こし、明確にする。

結論

当日の集会で、新製品、コンセプト、包装、コミュニケーションに関するアイデアが一〇〇以上提案された。それぞれのアイデアについて、アピール性、実施する価値、実施にあたっての難易度で評価がつけられた。トップ25にランクインしたアイデアは、二月に実施予定のコンセプト審査に向け、練りなおされる。

次のステップ

- 一月に予定されている質的調査において、トップ25のアイデアに対する消費者の関心を調べ、よりよいコンセプトへと改善する。
- ターゲットである消費者にどれほどアピール力があるか、コンセプト審査をおこなう。
- 七歳から一二歳の消費者を集め、この年齢層のニーズに合わせたアイデアについて評価してもらう。

大半の読者は、よくできたビジネス・メールだと思うだろう。ビジネス・メールの基本を満たし、目的、結論、次のステップと順を追って内容をまとめ、簡潔かつ明確に要点を押さえている。だが、こんなメールを多忙なマーケティングの役員が受信したらどんな反応をするだろう？「報告ありがとう、ポール。成功を祈る――マーク」と返信するのがせいぜいではないだろうか。

それでは、第二のバージョンを見てみよう。

送信者：ポール・スミス
日時：2010年1月5日（火）、17：09
宛先：マーク・プリチャード
件名：〈クレスト・ビッグ・アイデア〉集会の成果

マーク

本日、〈ビッグ・アイデア〉集会を終了し、実りある一日をすごすことができました。一〇〇を超える創造的なアイデアが生まれましたが、なかでも、おおいに触発される提案がありました。貴殿もこれには賛同してくださるはずです。

これまで〈クレスト〉に関する変革案の大半は、より徹底した歯垢除去、虫歯予防、ホワイトニングに集中していました。ところが本日、親が子どもに歯を磨かせる際、もっともイライラさせられる問題はなんだろうという話題がでました。するとそれは、歯垢除去ともホワイトニングとも虫歯予防とも関係がないことがわかったのです。

その問題とは、歯磨きをさせるために、親が子どもを追いかけたり、怒鳴ったり、おだてたり、懇願したりしなければならないということでした！

そのうえ、子どもとのバトルや緊張関係がつづいているにもかかわらず、だれも、この問題を解決しようとしてこなかったのです。

この話に、私は心から共感を覚えました。というのも、まさにこの問題で九歳の息子マシューに手を焼いていたからです。そこで、私の頭にひとつの疑問が浮かびました。「どうすれば、歯磨きを楽しいものにできるだろう？　子どもたちが歯磨きしたいと自分から思うようにするには、どうすればいいのだろう？　たとえば、歯磨きをしているうちに、歯磨き剤がきれいな青色に変わったら楽しくないだろうか？　チューブを絞るたびに、それがクリスマスツリーのようにぱっと明るくなったら？

私は自宅に戻り、その晩、息子のマシューに、こうしたアイデアについて話し、「どうすれば歯磨きが楽しくなると思う？」と尋ねました。するとたった数分のあいだに、息子の口からアイデアがぽんぽんと飛びだしました。チューブの奥に景品がはいっていたら？　歯ブラシを使うと、「よくやった！」って歯ブラシが褒めてくれたり、歌を歌ってくれたりするのはどう？　チューブにスポイトがついていて、歯磨き剤を好きな色に変えられたら楽しいな。

ご想像どおり、私と息子はそうしたアイデアに胸を躍らせました。歯磨きが楽しくなれば、子どもとの関係に問題をかかえている親御さんが、子どもとの距離を縮めることもできるでしょう。ブランドの謳い文句よりも、世界各地の消費者の生活をほんとうの意味でもっと豊かなものにできるはずです。

今後は、どのくらいの親がこの問題に直面しているのか、リサーチをする予定です。子どもの年齢層はどのあたりなのか、その子どもたちに歯を磨かせるにはどんな戦略が有効なのか？　また、マシューとの会話を通じて、子どもたち本人に対して調査をしたいという気持ちも湧きあがってきました。なぜ、子どもたちは歯を磨きたがらないのか？　歯磨きを楽しいものにするために、どんな創造的なアイデアがあるのか？

調査が終わったら、また結果をお知らせいたします。いずれにしろ、〈ビッグ・アイデア〉

集会はじつに有益でした！　デスクから離れ、貴重な時間をすごすようご指示くださったことに感謝いたします。

こちらのバージョンはどこがちがうのだろう？　第一に後者のメールは、一〇〇以上のアイデアについては論じていない。それどころか、たったひとつのアイデアしか論じていない。そして、そのアイデアがいかにおもしろく、奥深く、心を動かすものであるかを伝えている。第二に、そのひとつのアイデアの裏づけとして、複数のストーリーを挙げている。まず、子どもたちに歯磨きをさせるのに親が手を焼いているという話からはじめ、次に、このだれも気づかなかった問題を解決するべく、自分たちがどんなアイデアをだしたかを述べている。そして最後のストーリーでは、帰宅し、息子のマシューと話し合ったときのようすを説明し、息子が発案したさまざまなアイデアの例を挙げている。ここで、ひとつの複雑なストーリーが説明されていようと、簡潔なストーリーが三つ説明されていようと、それはどちらでもかまわない。肝心なのは、このメール全体がストーリーであるということだ。

二番めのメールは、私が実際に送信したことのあるメールに少し手をくわえたものだ。私の場合は、送信後、すぐに返信を得られた。「ポール。メールを読んで、胸が高鳴ったよ！〈ビッグ・アイデア〉集会で成果がでたのはすばらしい――それも、名案が生まれたとは。きみの言うとおり、子どもたちに歯を磨かせるのは大問題だ！」その後、このアイデアをどう発展させていけばいいか、いくつかアドバイスが記されていた。そして、必要な支援があれば遠慮なく言ってくれという言葉がつづいた。そして最後はこうむすばれていた。「楽しんで仕事を続けてもらいたい。〈ビッグ・アイデア〉で名案が生まれたら、ぜひ、また知らせてくれ！――マーク」

一分後、すばらしい提案がなされたのでお知らせしますという推薦の文章を添え、マークはこのメールをＣＥＯに転送してくれた。その日の夜、就寝しようとした私のもとに一通のメールが届いた。ＣＥＯがじきじきに、賞賛と感謝の念を伝えてくれたのである。

こんな返信をもらいたいのなら、ひるむことなく、メールにストーリーを――ひとつでもふたつでも――織り込もう。

Ｑ５　自分がうまくストーリーを語れているかどうかの判断をどこですればいいのか？

これは、ストーリーテリングに関する講座で、よく受ける質問だ。

いちばんはっきりわかるのは、そもそも、ストーリーを伝えることで達成したいと思っていた目標を、達成できたかどうかだ。チームにもっと一致団結してもらうために、協力に関するストーリーを話したのなら、話を聞いたチームメンバーが発奮し、一致団結してくれれば目標達成といえるだろう。だが、あなたがよいストーリーテラーであることを示すサインがもうひとつある。次に、その楽しい例を説明しよう。

二〇一一年一一月、私はＰ＆Ｇの財務部門から消費者リサーチ部門へと異動した。それは、八年間、ずっと一緒に仕事をしてきた同僚と別れ、まったく新しいチームのなかにはいっていくことを意味した。そして、新たな同僚のなかに、私の知り合いはひとりもいなかった。異動してから三カ月後、最近、耳にしたという新たなビジネスモデルについて、上司がチームに説明をした。そのビジネスモデルはどうやら社内の紙おむつ部門の社員が発案したらしいと、上司は言った。その社員は、社長や経営陣をまじえた会議の席で奇妙な手法をとり、売上と利益の四〇年間の相関関係に関する自分の発見について説明した。一九八〇年代初頭にその関係に変化が生じたことを、自分から説明するのではなく、経営陣に推測させたのだ、と。

しだいに、私にもわかってきた。上司が説明している人物が、まぎれもなく自分だということが！彼女が話しているストーリーは、第5章で説明したように、私自身が紙おむつ事業部のリーダーたちに話してきかせたものだった。それは、どこかこそばゆく、誇らしく、現実とは思えないような瞬間だった。私は、子どもを誇らしく思う親のような笑みを浮かべ、上司の説明に耳を傾けた。そして要所要所で、同僚たちと一緒にうなずいた。そして、このストーリーが語り継がれるうちにつけくわえられた箇所や変更された箇所を、楽しみながら聞いたのだった。

すばらしいストーリーはウイルスのように広がっていく。そして何度も語られているうちに、日付、場所、関係者の名前など、瑣末な詳細は消えていく。あとに残ったものが、そのストーリーの本質だ。語り手たちがストーリーの意義を見いだしたものだけが残るのだ。ここまでくれば、そのストーリーの変形バージョンが、ストーリーをつくった張本人のところまで戻ってくる場合も少なくない。こんなふうに、自分が語ったストーリーがめぐりめぐって戻ってくるのは、あなたが有能なストーリーテラーであるという証拠だ。幸い、そんなことが起こったら、ただ微笑み、「すばらしいストーリーだ」と感想を述べよう。

＊＊＊

すばらしいストーリーテラーになる第一歩は、むろん、まずストーリーテラーになることだ。初めのうちは、口ごもったり言葉に詰まったりして、うまく話せないだろうが、気にすることはない。本物のストーリーテラーになるには、そのストーリーを大切に思い、熱意をこめて話さなければならない。だから慣れない人はしばらく時間がかかるだろう。

作家・詩人のマヤ・アンジェロウは「自分のなかに語られることのないストーリーを抱えこむほどの苦しみはない」と述べている。では、自分が本物のストーリーテラーになったことがいつわかるのだろう？　それは、やむにやまれぬ気持ちになったときだ。すばらしいストーリーに胸を打たれたら、ただその話に感動し、のちに記憶から消してしまうのではなく、とにかくだれかに話したいという抑えがたい思いに駆られる。そのとき、あなたにもわかる。自分もまたストーリーを語るリーダーになることが。

まとめと演習

Q1　ストーリーをどこでさがせばいいか？

●**本書**。本書には、さまざまな状況に適用できる一〇〇以上のストーリーが収められている。難題に直面したら、その難題を扱った章を参照しよう。付録の表を参考にして、ふさわしいストーリーをさがそう。

●**自分の過去の体験**。自分の最大の成功と失敗を思いだし、ストーリーに組みいれよう。もっとアイデアがほしければ、本章の前半で挙げている一一の質問を参考にしてもらいたい。

●**身近で起こったストーリー**。だれかが、予期せぬ教訓を学んだり、予期せぬ方法で教訓を学んだりしたら、すばらしいストーリーが生まれるチャンス。その話を書きとめよう（第17章の〝ブダペストの列車〟のストーリーを参照のこと）。

●**人から聞いたストーリー**。

・オフィスを歩きながら、「なにか、いいストーリーはあるかい？」と尋ねてまわる。

・コンテストを開催する（第8章で紹介した〝FWA制度〟のストーリーを生んだ多様性に関するビデオ・コンテストを参照のこと）。

・ストーリーテリングの場を設ける（本章で紹介したコンテナ・ストアの例）。

・ストーリーに関して正式なインタビューをおこなう。

●**見知らぬ人のストーリー**。

・インターネットで検索する（勝ち目の薄いほうが勝利をおさめた記事をさがすなど）。

・書籍、雑誌、映画などを活用する。

Q2　いざというときにストーリーを思いだせないのだが、どうすればいいか？

●**ストーリーをデータベース化する**。ストーリーを書きとめ、パソコンに保存する。見出しをつけ、話題や登場人物などで簡単に検索できるようにする。

●**社内のストーリーを集め、小冊子をつくる**。アームストロング・インターナショナル、P&G、GE、メドトロニックなどがこの手法を実践している。

●**付録の表のようなストーリー一覧表をつくる**。

Q3　ストーリーをどこで話せばいいか？

●**リーダーシップをふだん発揮する場所**。なにをすべきか相手に伝え、アドバイスや教訓を授けたいのなら、いつでも、どこでも、ストーリーを活用できる。

●**きょう、あなたの会社でストーリーが語られた場所**。研修、会社のウェブサイト、ニュースレター、掲示板、クライアントとの打ち合わせ、社交イベント、年次報告書、チームのミーティングなどで、ストーリーを活用できる。

●**ストーリーテリングのための場所を自分で設ける**。ストーリーテリングのクラブを発足させたり、ミーティングをおこなったりする。壁にストーリーを貼りだしたり、給料支払いの明細をいれた袋にストーリーを同封したりする。

Q4　ストーリーは正式な報告書やメールには向いていないのではないか？

●いや、向いている。先述のマーク・プリチャード宛の〝二通のメール〟を思いだしてもらいたい。

Q5　自分がうまくストーリーを語れているかどうかの判断をどこですればいいのか？

●うまくストーリーを語れたあとには、以前よりリーダーシップを発揮できるようになる。あなたのビジョンを、部下が明確に把握するようになり、士気を高め、協力して仕事を進めるようになる。さらに、創造性を発揮するようになる。

●それがあなたのストーリーであるとは夢にも思わない人から、自分のストーリーを聞くことになる。

●ストーリーを語りたいという抑えられない衝動を感じるようになる。衝動にまかせよう。自分のストーリーを語ろう。

招待状

これで、あなたはストーリーテラーになる第一歩を踏みだした。とはいえ、まだまだ探検する世界は残っている。もっと学びたいのなら、もっとストーリーを見つけよう。自分のストーリーを語り、ストーリーテラーのコミュニティとつながり、旅をつづけていこう。

ぜひ私のＨＰ、www.leadwithastory.com に立ち寄ってもらいたい。

Stories to Make Training Stick (San Francisco: Jossey-Bass, 2003), p.230. ストーリーの著者、Katherine Hudson の許諾を得て使用。

26章

1 David Armstrong, *Managing by Storying Around: A New Method of Leadership* (New York: Doubleday Currency, 1992), p. 150.
2 Andrew Carnegie, *James Watt* (New York: Doubleday, Page & Co., 1905).
3 David Armstrong, *Once Told, They're Gold: Stories to Enliven and Enrich the Workplace* (Stuart, FL: Armstrong International, 1998), p. 187. 許諾を得て使用。

28章

1 Annett Simmons, *The Story Factor* (San Francisco: Jossey-Bass, 2006) におさめられたストーリーにヒントを得た創作。

30章

1 David Minton, *Teaching Skills in Further and Adult Education* (Florence, KY: Cengage Learning, 1991), p. 3.
2 Tom Peters, *Leadership* (New York: DK Adult Publishers, 2005).（トム・ピーターズ『リーダーシップ魂。』宮本喜一訳、ランダムハウス講談社）
3 Evelyn Clark, *Around the Corporate Campfire* (Sevierville, TN: Insight Publishing, 2004), p. 81.
4 Lori Silverman, *Wake Me Up When the Data Is Over* (San Francisco: Jossey-Bass, 2006), p. 118.
5 Clark, p. 164.
6 Silverman, p. 135.
7 Malcolm Gladwell, "How David Beats Goliath," *New Yorker* (May 11, 2009), www.newyorker.com/reporting/2009/05/11/090511fa_fact_gladwell.

5 "The World Factbook: Venezuela," Cia.gov.www.cia.gov/library/publications/the-world-factbook/geos/ve.html. Retrieved January 18, 2011.
6 El Pais, "96 homicidiosporcada 100.000 habitantes." Retrieved November 3, 2009.

19章

1 Richard Maxwell and Robert Dickman, *The Elements of Persuasion: Use Storytelling to Pitch Better, Sell Faster & Win More Business* (New York: HarperCollins, 2007), pp. 122–131.

20章

1 このストーリーは、Doug Lipman, *The Storytelling Coach: How to Listen, Praise, and Bring Out People's Best* (Atlanta, GA: August House, 1995), p. 109の"The Three Guides"という話に着想を得て創作したもの。
2 Craig Wortmann, *What's Your Story: Using Stories to Ignite Performance and Be More Successful* (New York: Kaplan Publishing, 2006), p.38.
3 Terry Haller, *Danger: Marketing Researcher at Work* (Westport, CT: Quorum Books, 1983).

22章

1 Margaret Parkin, *Tales for Trainers: Using Stories and Metaphors to Facilitate Learning* (London: Kogan Page, 1998), pp. 129–130. 許諾を得て使用。
2 David Armstrong, *How to Turn Your Company's Parables into Profit* (Stuart, FL: Armstrong International, 1995), pp. 208–209. 許諾を得て使用。

23章

1 Lori Silverman, *Wake Me Up When the Data Is Ove*r (San Francisco: Jossey-Bass, 2006), p. 187.

24章

1 ラフリー氏は"真実の瞬間"という概念を、Jan Carlzon, *Moments of Truth* (New York: Ballinger, 1987)（ヤン・カールソン『真実の瞬間——SAS（スカンジナビア航空）のサービス戦略はなぜ成功したか』堤猶二訳、ダイヤモンド社）から得た。

25章

1 Gary Klein, *Sources of Power* (Cambridge, MA: MIT Press, 1998).（ゲーリー・クライン『決断の法則——人はどのようにして意志決定するのか？』佐藤洋一訳、トッパン）
2 Mary B. Wacker and Lori L. Silverman, *Stories Trainers Tell: 55 Ready-to-Use*

15章

1 "Altitude Air Pressure Calculator," www.altitude.org/air_pressure.php.
2 "Who Is John Stephen Akhwari Who Ran in the Mexico City Olympics?" Answers.com, wiki.answers.com/Q/Who_is_John_Stephen_Akhwari_who_ran_in_the_Mexico_City_Olympics#ixzz1EKLsDbfJ.
3 U.S. 9th Circuit Court of Appeals abstract, law.justia.com/cases/federal/appellate-courts/F3/14/429/613125/.
4 U.S. 9th Circuit Court of Appeals, *Cal-Almond v. U.S. Department of Agriculture* (October 10, 1995), caselaw.lp.findlaw.com/scripts/getcase.pl?navby=search&case=/data2/circs/9th/9417160.html&friend=oye.
5 U.S. Supreme Court, *Glickman v. Wileman Brothers and Elliott Inc.* (October 1996), supreme.justia.com/us/521/457/.
6 Dale Darling, "Strategic Thinking for Global Operations: The Case of Blue Diamond Growers" (February 16, 2006), Almond Board of California, www.scribd.com/doc/1671008/USDA-Darling.

16章

1 Deborah Hedstrom-Page, *From Telegraph to Light Bulb with Thomas Edison (My American Journey)* (Nashville, TN: B&H Books, 2007), p. 22.
2 原作者不詳。私は最初、Margaret Parkin, *Tales for Trainers* (London: Kogan Page, 1998), pp. 136–137 でこの話を知ったが、ここでは目的に合わせて修正を加えている。
3 Richard Feynman, *What Do You Care What Other People Think?* (New York: W. W. Norton&Company,1988), p.46.（リチャード・ファインマン『困ります、ファインマンさん』大貫昌子訳、岩波現代文庫）

18章

1 Maturin Murray Ballou, *Treasury of Thought: Forming an Encyclopædia of Quotations from Ancient and Modern Authors* (Nabu Press, 2010; print on demand), p. 433.
2 The Imagineers, *The Imagineering Way: Ideas to Ignite Your Creativity* (New York: Disney Editions, 2003), pp. 151–153. 許諾を得て使用。
3 Richard Maxwell and Robert Dickman, *The Elements of Persuasion: Use Storytelling to Pitch Better, Sell Faster & Win More Business* (New York: HarperCollins, 2007), pp. 122–131.
4 Chip Heath and Dan Heath, *Made to Stick: Why Some Ideas Survive and Others Die* (NewYork: Random House, 2007).（チップ・ハース&ダン・ハース『アイデアのちから』飯岡美紀訳、日経ＢＰ社）

9章

1 Annett Simmons, *The Story Factor: Inspiration, Influence, and Persuasion Through the Art of Storytelling* (San Francisco: Jossey-Bass, 2006).（アネット・シモンズ『プロフェッショナルは「ストーリー」で伝える』池村千秋訳、海と月社）
2 Northwestern Mutual, “Company Overview,” northwesternmutual.com/about-northwestern-mutual/our-company/company-overview.aspx#Our-History
3 John E. Pepper, *What Really Matters: Reflections on My Career at Procter & Gamble with Guiding Principles for Success in the Marketplace and in Life* (Cincinnati: Procter & Gamble, 2005).

10章

1 “Henry Ford,” conservapedia.com/Henry_Ford.

11章

1 George Santayana, *Reason in Common Sense: The Life of Reason Volume 1* (Mineola, NY: Dover, 1980).
2 Michael Brown and Alan Khazei, City Year's *Founding Stories* (July 2004): 47–49 から翻案。許諾を得て使用。

12章

1 この話に似た、数十種類ものバージョンは、長年、インターネット上で見られてきた。私が初めて活字で読んだのは、John E. Renesch, *Getting to the Better Future* (San Francisco: New Business Books, 2000) においてで、そこでも話の出所は不明とされている。
2 G. R. Stephenson, “Cultural Acquisition of a Specific Learned Response Among Rhesus Monkeys,” in D. Starek, R. Schneider, and H. J. Kuhn (eds.), *Progress in Primatology* (Stuttgart, Germany: Fischer, 1967), pp. 279–288.

14章

1 William Strunk, Jr., and E. B. White, *The Elements of Style*, Third Edition (New York, MacMillan Publishing, 1979), p.23.（ウィリアム・ストランク、E・B・ホワイト『英語文章ルールブック』荒竹三郎訳、荒竹出版）
2 Antoine de Saint-Exupéry, *Wind, Sand, and Stars* (Boston: Houghton Mifflin Harcourt, 1992), p. 44.
3 Garr Reynolds, *Presentation Zen* (Indianapolis: New Riders, 2008), p.111.（ガー・レイノルズ『プレゼンテーション Zen』熊谷小百合訳、ピアソン桐原）

3 “*Fortune*—GE’s Jack Welch Named Manager of the Century” (April 26, 1999). Timewarner.com. Retrieved July 12, 2010.
4 Jack Welch, *Jack: Straight from the Gut* (New York: Warner Business Books, 2001), pp.100-103.（ジャック・ウェルチ『ジャック・ウェルチ　わが経営』宮本喜一訳、日経ビジネス人文庫）
5 Chip Heath and Dan Heath, *Switch: How to Change Things When Change Is Hard* (New York: Crown Business, 2010).（チップ・ハース＆ダン・ハース『スイッチ！「変われない」を変える方法』千葉敏生訳、早川書房）

5章

1 Lilly Walters, *Secrets of Successful Speakers: How You Can Motivate, Captivate, and Persuade* (New York: McGraw-Hill, 1993), p. 95.

6章

1 ポートランド空港ナショナルカーレンタルのマネジャー、Wayne Ranslem の報告による。
2 “The Extra Mile,” Trip Advisor.com. http://www.tripadvisor.com/ShowUserReviews-g31352-d500771-r109386484-Adobe_Grand_Villas-Sedona_Arizona.html#CHECK_RATES_CONT.

7章

1 Michael B. Druxman, *How to Write a Story . . . Any Story: The Art of Storytelling* (Thousand Oaks, CA: The Center Press, 1997).
2 “Story Grammar,” Curriculum, Technology, & Education Reform. http://wik.ed.uiuc.edu/index.php/Story_grammar.

8章

1 Ayn Rand, *The Voice of Reason: Essays in Objectivist Thought* (New York: Plume, 1990), p. 184.
2 Sumantra Ghoshal, *The Individualized Corporation: A Fundamentally New Approach to Management* (New York: Harper Business, 1997).（クリストファー・A・バートレット、スマントラ・ゴシャール『個を活かす企業——自己変革を続ける組織の条件』グロービス経営大学院訳、ダイヤモンド社）
3 C. Hampden-Turner and F. Trompenaars, *Building Cross-Cultural Competence* (New Haven, CT: Yale University Press, 2000), p. 45.
4 Patricia Beard, *Blue Blood and Mutiny: The Fight for the Soul of Morgan Stanley* (New York: Harper Perennial, 2008 [reprint]), p. 90.
5 The U.S. Geological Survey, “Historic Earthquakes,” earthquake.usgs.gov/earthquakes/world/events/1995_01_16.php.

6 Peg C. Neuhauser. もとの言葉は *Corporate Legends & Lore: The Power of Storytelling as a Management Tool* (Austin, TX: PCN Associates, 1993) より。 解説は、Margaret Parkin, *Tales for Trainers: Using Stories and Metaphors to Facilitate Learning,* rev. ed. (London: Kogan Page Limited, 2010) より。
7 Craig Wortmann, *What's Your Story: Using Stories to Ignite Performance and Be More Successful* (New York: Kaplan Publishing, 2006), p.44.
8 Eric Jensen, *SuperTeaching: Master Strategies for Building Student Success* (Del Mar, CA: Turning Point for Teachers Publishing, 1988).
9 Neuhauser, p. 39.
10 Evelyn Clark. もとの知見は *The Teaching Firm: Where Productive Work and Learning Converge* (Newton, MA: The Center for Workforce Development, 1998) より。クラークの解説は The Center for Workplace Development, *Around the Corporate Campfire: How Great Leaders Use Stories to Inspire Success* (Sevierville, TN: Insight Publishing, 2004), p. 215 より。
11 Parkin, p. 37.
12 Mary Wacker and Lori Silverman, *Stories Trainers Tell: 55 Ready-to-Use Stories to Make Training Stick* (San Francisco: Jossey-Bass Pfeiffer, 2003), p. xxv.
13 Annette Simmons, *Whoever Tells the Story Wins: How to Use Your Own Stories to Communicate with Power and Impact* (New York: AMACOM, 2007), p.28. (アネット・シモンズ『感動を売りなさい——相手の心をつかむには「物語」がいる。』柏木優訳、幸福の科学出版)
14 Armstrong, p. 13.

2章

1 Bob Johansen, *Leaders Make the Future: Ten New Leadership Skills for an Uncertain World* (San Francisco: Berrett-Koehler Publishers, 2009).
2 この話は、民話に著者が変更をくわえたものだ。もともとの民話の作者は不詳。
3 Peg C. Neuhauser, *Corporate Legends & Lore: The Power of Storytelling as a Management Tool* (Austin, TX: PCN Associates, 1993), p. 123.
4 Lori Silverman, *Wake Me Up When the Data Is Over: How Organizations Use Storytelling to Drive Results* (San Francisco: Jossey-Bass, 2006), p. 149.
5 "The Nokia Story," http://www.nokia.com/about-nokia/company/story-of-nokia/nokias-first-century.

4章

1 Larry Chang, *Wisdom for the Soul: Five Millennia of Prescriptions for Spiritual Healing* (Washington, DC: Gnosophia Publishers, 2006), p. 114.
2 "Past Leaders: Jack Welch," ＧＥのウェブサイト。http://www.ge.com/company/history/bios/john_welch.html.

原註

はじめに

1 Ryan Mathews and Watts Wacker, *What's Your Story? Storytelling to Move Markets, Audiences, People, and Brands* (Upper Saddle River, NJ: FT Press, 2008).

2 Craig Wortmann, *What's Your Story: Using Stories to Ignite Performance and Be More Successful* (New York: Kaplan Publishing, 2006), p.27.（クレイグ・ワートマン『物語力　ワートマンの「人の心を鷲摑みにする仕事術」』イースト・プレス編集部編・訳、イースト・プレス）

3 Evelyn Clark, *Around the Corporate Campfire: How Great Leaders Use Stories to Inspire Success* (Sevierville, TN: Insight Publishing, 2004); Lori Silverman, *Wake Me Up When the Data Is Over: How Organizations Use Storytelling to Drive Results* (San Francisco: Jossey-Bass, 2006).

4 Clark.

5 Silverman, p. 165.

6 Margaret Parkin, *Tales for Change: Using Storytelling to Develop People and Organizations* (London: Kogan Page, 2004), p. 65.

7 Silverman, p. 19.

8 Clark, p. 189.

9 Jack Maguire, *The Power of Personal Storytelling: Spinning Tales to Connect with Others* (New York: Tarcher/Putnam, 1998), p. 201.

10 Parkin, pp. 8–9.

11 Maguire, p. 201.

12 Doug Lipman, *The Storytelling Coach: How to Listen, Praise, and Bring Out People's Best* (Atlanta: August House, 1995), p. 24.

13 National Storytelling Network, www.storynet.org.

1章

1 Richard Maxwell and Robert Dickman, *The Elements of Persuasion: Use Storytelling to Pitch Better, Sell Faster & Win More Business* (New York: HarperCollins Publishers, 2007).

2 David Armstrong, *Managing by Storying Around: A New Method of Leadership* (NewYork: Doubleday Currency, 1992), p. 7.

3 同上、p. 7.

4 同上、p. 7.

5 Maxwell and Dickman.

活気づける			導く				権限を与える			
やる気をもたせる	勇気をもたせる	情熱をもたせる	教訓を授ける	コーチングとフィードバック	問題解決の方法を示す	顧客理解をうながす	権限を委譲し、許可を与える	創造性を駆りたてる	営業は全員の仕事	敬意を獲得する
					●			●		
●								●		
								●		
					●			●		
									●	
									●	
			●			●			●	
				●					●	
●										●
●										●
●										●
				●						●
			●							
			●							
			●							
			●							
		●				●		●		
			●							

		イメージする					環境をととのえる				
		ビジョンを描く	目標を設定し、取り組ませる	変革を主導する	提案を強く印象づける	顧客サービスの成功と失敗	文化を重視する	価値観をつくりあげる	協力をうながす	多様性を尊重する	正しい行動をとる
26	実験用設備のエアコン										
26	ジェイムズとやかん						●				
26	副業必須						●				●
26	13 年間のバッフル板										
27	営業用バインダーを捨てられたら				●						
27	前金はインチキか？				●						
27	鉄鋼メーカーの営業担当者										
27	歓迎されざる名刺								●		
28	シカゴのバーテンダー										
28	ジレット社でのラフリーのスピーチ										
28	「私は現実的な人間です」										
28	「上流の生活ができるように働きます」								●		
29	新たな昇進制度			●	●						●
29	クリーン・デスク・ポリシー										●
29	プライベートブランドのテスト			●	●						
29	星形シールを数えてもらう				●						
30	２種類のメール				●						
30	自分のストーリーを他人から聞く										

活気づける			導く				権限を与える			
やる気をもたせる	勇気をもたせる	情熱をもたせる	教訓を授ける	コーチングとフィードバック	問題解決の方法を示す	顧客理解をうながす	権限を委譲し、許可を与える	創造性を駆りたてる	営業は全員の仕事	敬意を獲得する
			●			●				
			●	●						
●			●	●						
			●	●						
			●	●			●			●
●		●		●						
				●						
				●						●
	●			●						
●					●			●		
			●		●			●		
			●		●					
					●	●				
						●				
						●				
		●				●				
			●							
			●			●	●			
			●			●			●	
	●						●			
	●						●			
							●		●	
							●			

		イメージする					環境をととのえる				
		ビジョンを描く	目標を設定し、取り組ませる	変革を主導する	提案を強く印象づける	顧客サービスの成功と失敗	文化を重視する	価値観をつくりあげる	協力をうながす	多様性を尊重する	正しい行動をとる
19	メキシコの朝食		●		●						
20	バリーのコーヒー vs. マイクのキッチン						●		●	●	●
20	エルステッド教授と方位磁石										
20	3人のリサーチャー			●							
20	100万ドル規模のプロジェクトの失敗								●		
21	"ミッチ型マネジャー"になる										
21	ナタンとダビデ王										●
21	「私は充分話せていましたか？」				●				●		
21	自分を担当からはずす										
22	「問題が起こらないようにするには？」								●		
22	口述録音機をもつ医師				●						
22	毛糸の玉										
22	補償行動										
23	「娘には私のようになってほしくない」										
23	ラードと牛乳				●						
23	アイスクリームサンデーをつくる約束										
24	「ユーフォニアムって？」										
24	ディズニーのキャスト					●	●				●
24	消費者がボス				●	●	●				
24	第一の真実の瞬間										
25	解雇された友人と空きポスト						●				●
25	竹の成長										
25	売上予想を低くしておく										●
25	〈オリーン〉の製造工場建設								●		

活気づける			導く				権限を与える			
やる気をもたせる	勇気をもたせる	情熱をもたせる	教訓を授ける	コーチングとフィードバック	問題解決の方法を示す	顧客理解をうながす	権限を委譲し、許可を与える	創造性を駆りたてる	営業は全員の仕事	敬意を獲得する
			●						●	
			●			●			●	
			●							
					●		●			●
			●						●	
				●						●
●	●	●		●						
●		●								
●	●									
●			●							
●	●									
	●						●			
	●		●	●						
	●									
●		●				●				
		●				●				
		●								
		●		●			●			
	●	●							●	
						●				
	●	●								
			●							
						●			●	

		イメージする					環境をととのえる				
		ビジョンを描く	目標を設定し、取り組ませる	変革を主導する	提案を強く印象づける	顧客サービスの成功と失敗	文化を重視する	価値観をつくりあげる	協力をうながす	多様性を尊重する	正しい行動をとる
13	ハイポテンシャル・ショッパーの〝リサ〟				●						
13	上昇志向ママのジュリー・ウォーカー				●						
13	法廷で吹雪の話をする				●						
13	給料の支払いの話				●		●		●		
14	新鮮な魚										
14	ＣＥＯとの15分間				●						
14	学びつづけるリーダー										
15	マラソンを完走する		●								
15	開拓者と入植者	●		●					●		
15	アーモンド協会 vs. 農務省										
15	次のチャンスがあるとはかぎらない		●								
16	挫折だらけの人生										
16	〈プリングルズ〉の売上回復		●	●							
16	縮む巨人										
16	病床の妻から学んだファインマン						●	●			
17	ブダペストの列車で										
17	ダラー・ゼネラルのＣＥＯ		●			●					
17	スタッフ・ミーティング						●		●		●
18	スペシャル・オリンピックス										
18	「日本には一度も行ったことがない」										
18	テキサスを汚すな				●						
18	ベネズエラの母と子						●				
19	歴史の授業の初日						●	●			
19	「貴社は充分な見返りを得ていません」				●	●					

活気づける			導く				権限を与える			
やる気をもたせる	勇気をもたせる	情熱をもたせる	教訓を授ける	コーチングとフィードバック	問題解決の方法を示す	顧客理解をうながす	権限を委譲し、許可を与える	創造性を駆りたてる	営業は全員の仕事	敬意を獲得する
			●		●				●	
				●						●
			●			●				
	●	●					●			
				●						
●	●	●								
										●
			●							
		●	●			●			●	
			●	●				●		
		●								●
		●								●
					●		●	●		
		●								●
●		●								●
				●						●
●		●								
			●							
							●			

		イメージする					環境をととのえる				
		ビジョンを描く	目標を設定し、取り組ませる	変革を主導する	提案を強く印象づける	顧客サービスの成功と失敗	文化を重視する	価値観をつくりあげる	協力をうながす	多様性を尊重する	正しい行動をとる
6	パソコンのセーブボタン					●		●			●
7	「かまわないさ。おれの車じゃない」							●			
7	ゴルフボールの新ブランド										
8	エジプトの反政府デモ						●	●	●	●	●
8	対照的なふたりのＣＥＯ						●		●	●	●
8	モルガン・スタンレーの朝食配達						●				
8	ＦＷＡ制度の活用						●			●	●
8	神戸の震災						●		●	●	
9	駐車スペースとＣＥＯ						●	●			●
9	列車事故の保険金							●			●
9	サム・ウォルトンとアイロン台のカバー							●			
9	メトロポリタン・オペラと犬							●			●
10	大都市からやってきた新しい上司			●					●	●	
10	弟のことを語ったジェイミー								●		
10	契約を解消されそうになる								●	●	
10	出張帰りの社用機で						●		●		
11	小作農の娘						●		●	●	●
11	「きみには、わからないだろうね」						●		●	●	
11	「雇用機会均等委員会には虫唾が走る」							●		●	●
11	旅人の民話						●		●	●	
12	ケージのなかの５匹のサル						●		●		●
12	〝ポークされる〟						●				●
12	過年度遡及修正をおこなったサラ						●				●
12	経費削減が招く思わぬ結果										●

活気づける			導く				権限を与える			
やる気をもたせる	勇気をもたせる	情熱をもたせる	教訓を授ける	コーチングとフィードバック	問題解決の方法を示す	顧客理解をうながす	権限を委譲し、許可を与える	創造性を駆りたてる	営業は全員の仕事	敬意を獲得する
			●							
			●							
●			●							
●				●						
●										
●										
●		●	●							
●		●								
●		●								
				●			●			
●							●			●
			●	●						
	●	●	●							
●										
			●		●				●	
			●				●			
			●							
	●						●			
						●	●	●		
						●	●	●		
						●				

ストーリー一覧表

章	ストーリーの名前	イメージする					環境をととのえる				
		ビジョンを描く	目標を設定し、取り組ませる	変革を主導する	提案を強く印象づける	顧客サービスの成功と失敗	文化を重視する	価値観をつくりあげる	協力をうながす	多様性を尊重する	正しい行動をとる
はじめに	陪審員室のテーブル			●	●						
1	ＣＥＯにしてはならないプレゼン				●						
1	コーポレート・ストーリーテラー				●		●	●	●		●
2	大聖堂を建てる	●							●		
2	売上予測担当者の１日	●		●	●						
2	《フィナンシャル・タイムズ》の記事	●			●						
2	タンメルコスキ川のほとりで	●			●						
3	「きょう、自分は勝ったか負けたか」		●								
3	ふたりを競わせる		●						●		
3	「弁解しません、サー！」		●				●		●		
3	ＳＷＯＴ分析		●	●	●				●	●	
4	ジャック・ウェルチの現実直視	●	●	●			●				
4	帰りのバスに向かう双子の少年			●					●		
4	プリンターの社員番号入力			●			●				●
4	《ビジネスウィーク》誌の記事	●		●							
5	1983 年の発見の旅				●						
5	ニューヨークのタクシー	●			●	●					
5	前提に疑問を投げかける				●	●					
5	「いつ敷金を返してくれる？」				●				●		
6	ミートボール・サンドイッチ					●					
6	期限切れの運転免許証					●		●			
6	業務用のゴミ収集容器に腰までつかる					●					

いたあと、相手はあなたにすばらしい教訓を授けてくれたと感謝するだろうか？

- 聞き手に気を揉ませる場面は短くする。数分か、せいぜい数時間にすること。数日間では長すぎる（第19章の“歴史の授業の初日”、第29章の“クリーン・デスク・ポリシー”）。
- 聞き手が参加できるような実験や体験の舞台を用意する（第29章の“プライベートブランドのテスト”）。
- 聞き手にストーリーを語ってもらう（第29章の“星形シールを数えてもらう”）。

	〈記憶に残るよう、驚きの結末で締めくくる〉 • ストーリーのなかのサプライズを活用する（第 19 章の“歴史の授業の初日”、「はじめに」の“陪審員室のテーブル”、第 16 章の“縮む巨人”）。 • 結末にサプライズをつくるために情報の一部を最後まで明かさないでおく（第 16 章の“挫折だらけの人生”、第 2 章の“タンメルコスキ川のほとりで”、第 26 章の“ジェイムズとやかん”）。 〈“アハ・モーメント”のストーリー〉 こんど、あなたが目からウロコが落ちるような体験をしたら、それをストーリーにしておこう（第 19 章の“メキシコの朝食”）。	
第 24 章 比喩の活用	〈比喩を活用する〉 • ストーリーで比喩を使う（第 5 章の“タクシー”）。 • ストーリー全体が比喩（第 15 章の“開拓者と入植者”、第 16 章の“縮む巨人”、第 2 章の“大聖堂を建てる”）。 • ストーリーを語るかわりに比喩を使う（第 24 章の“ディズニーのキャスト”、“消費者がボス”）。 〈比喩を発案する〉 • 雑誌の写真を使い、コラージュをつくる。 • あるものをなににたとえられるか尋ねる（動物、車、本、映画など）。	
第 29 章 聞き手をストーリーに組みいれる	• 聞き手を組みいれることができるシーンや出来事をストーリーのなかにつくる（第 29 章の“新しい昇進制度”や“クリーン・デスク・ポリシー”）。 • 確認テストをしよう。ストーリーを聞	

〈聞き手を引きつける工夫〉
- 会話を使う。
- 実在の人物を登場させる。
- 繰り返しを使う（第２章の“大聖堂を建てる”、第20章の“３人のリサーチャー”）。
- ストーリーをはじめるまえに、「これからストーリーを話します」と前置きをしたり、謝ったりしない。ただ、話しはじめる。

第18章
感情に訴えかける

- 感情に基づく決断に影響をおよぼしたいなら、理性的な話ではなく、聞き手を強く感動させるストーリーが必要となる（第18章の“スペシャル・オリンピックス”）。
- あなたの話題に聞き手が関心をもっていないなら、相手が関心をもっていることにむすびつける（第18章の“テキサスを汚すな”、“日本には一度も行ったことがない”）。
- 共感を呼び起こす。あなたが影響をおよぼしたい人たちのストーリーを語る。
- 消費者リサーチの結果などに、感情に訴えるストーリーの源泉をさがす。

第19章
サプライズの要素をとりいれる

〈冒頭に驚きの要素をもってきて、聞き手の注意を引きつける〉
- あなたのストーリーで、予期せぬこと、ふつうでないことはなに？（第26章の“副業必須”、第10章の“契約を解消されそうになる”、第11章の“小作農の娘”）。
- ストーリーのなかに、ニュースになるような出来事はある？（第８章の“エジプトの反政府デモ”、“神戸の震災”）。

ストーリーの構成要素チェックリスト

	項目	あなたのストーリー用のアイデア
第 13 章 具体的にわかりやすく話す	• 抽象的なアイデアを、具体例を挙げて説明する（第 2 章の“タンメルコスキ川のほとり”、第 4 章の“《ビジネスウィーク》誌の記事”、第 13 章のハイポテンシャル・ショッパーの“リサ”、上昇志向ママのジュリー・ウォーカー）。 • 聞き手に理解できない専門用語は避ける。 • 事実、数字、出来事などを、聞き手が実感できるようにする（第 13 章の“法廷で吹雪の話をする”）。 • 難題があれば、正直にありのままを述べる。経営者が使いがちな、曖昧な言い回しや責任を回避する言葉は避ける（第 13 章の給料の支払いの話）。	
第 14 章 スタイルの工夫	〈冒頭で聞き手の心をつかむ〉 • サプライズ（第 19 章）。 • ミステリー（第 5 章の“1983 年の発見の旅”、第 2 章の“大聖堂を建てる”、第 20 章の“３人のリサーチャー”）。 • 難題――聞き手が自分を投影できる主人公がすぐに難問に直面する（第 1 章の“ＣＥＯにしてはならないプレゼン”、第 21 章の“自分を担当からはずしたゲイル”）。 〈文体――話すように書く〉 • 文章は短くまとめる。 • 平易な単語を使う。 • 能動態で書く。 • 無駄な言葉を省く（第 14 章の“新鮮な魚”）。ストーリーは２～４分で話せる長さにする。	

付録

ストーリー構成早見表

	質問	あなたのストーリー用の答え
ストーリーをつくるまえに	• あなたが伝えたい主題は？	
	• ストーリーの聞き手にどんな行動をとってもらいたい？	
背景説明	• いつ、どこで？	
主人公	• 主人公はだれ？	
	• 実在の人物／架空の人物／あなた自身？	
	• 聞き手に「それ、自分のことだ！」と思わせる。	
目的	• 主人公の望みはなに？	
	• 欲しているものや目的をはっきりさせる。	
障害	• 主人公の邪魔をする人／モノは？	
	• 悪役や障害をはっきりさせる。	
行動	• 主人公の身になにが起こる？ 対立？　一時的な挫折？　山あり谷あり？　調査完了？　結論は？	
結果	• 結末で主人公はどうなる？　勝つか負けるか？	
正しい教訓	• ストーリーのモラル。	
理由	• 結末は、あなたがストーリーを話した理由とむすびつき、聞き手に、あなたが望んでいる行動をとらせる。	

著訳者紹介

ポール・スミス (Paul Smith)

P&Gコンシューマー&コミュニケーション研究所所長。アンダーセン・コンサルティングではウォルマート、サムズ・クラブ、コストコといった大企業のコンサルティングを担当。P&Gでは数十億ドル規模の事業部や工場を率いてきた。リーダーシップとコミュニケーションの講師として、P&Gマネジメント・トレーニング・カレッジでも活躍している。ベストセラー作家であるチップ・ハースとダン・ハースが提供するトレーニングプログラムの認定講師でもある。

栗木さつき (くりき・さつき)

翻訳家。慶應義塾大学経済学部卒業。『ライフ・アフター・カレッジ　グーグル式自分を変える10の法則』(ジェニー・ブレイク)、『WHY から始めよ!』(サイモン・シネック)、『「なぜか人に好かれる人」の11の法則』(ミシェル・ティリス・レーダーマン)、『あなたの天職がわかる16の性格』(ポール・D・ティーガー、バーバラ・バロン)、『オスカー　天国への旅立ちを知らせる猫』(デイヴィッド・ドーサ) など訳書多数。

リーダーはストーリーを語りなさい
顧客と従業員を魅了し、
説得し、鼓舞する究極の方法

2013年3月22日　1版1刷

著　者　ポール・スミス
訳　者　栗木　さつき
発行者　斎　田　久　夫
発行所　日本経済新聞出版社
http://www.nikkeibook.com/
東京都千代田区大手町1-3-7　〒100-8066
電話 03-3270-0251（代）

印刷・製本／大日本印刷株式会社

Printed in Japan　ISBN978-4-532-31870-3